A
BÍBLIA
DOS
ANJOS

A BÍBLIA DOS ANJOS

O GUIA DEFINITIVO DA SABEDORIA DOS ANJOS

Hazel Raven

Tradução
Denise de C. Rocha Delela

Editora
Pensamento
SÃO PAULO

Título do original: *The Angel Bible*.
Copyright do texto © 2006, 2008 Hazel Raven
Copyright © 2006, 2008 Octopus Publishing Group Ltd

Copyright da edição brasileira © Editora Pensamento-Cultrix Ltda.
1ª edição.
2ª reimpressão 2015.

Publicado pela primeira vez na Grã-Bretanha em 2006 por Godsfield Books, uma divisão da Octopus Publishing
Group Ltd, 189 Shaftesbury Avenue, London 8JY.
www.octopusbooks.com.uk.
Esta edição foi publicada em 2009.
Todos os direitos reservados. Nenhuma parte deste livro pode ser reproduzida ou usada de qualquer forma
ou por qualquer meio, eletrônico ou mecânico, inclusive fotocópias, gravações ou sistema de armazena-
mento em banco de dados, sem permissão por escrito, exceto nos casos de trechos curtos citados em rese-
nhas críticas ou artigos de revistas.
A Editora Pensamento não se responsabiliza por eventuais mudanças ocorridas nos endereços convencio-
nais ou eletrônicos citados neste livro.
Coordenação editorial: Denise de C. Rocha Delela e Roseli de S. Ferraz
Preparação de originais: Maria Teresa Ornellas

Dados Internacionais de Catalogação na Publicação (CIP)
(Câmara Brasileira do Livro, SP, Brasil)

Raven, Hazel
    A Bíblia dos anjos : o guia definitivo da sabedoria dos anjos /
Hazel Raven ; tradução Denise de C. Rocha Delela. – São Paulo:
Pensamento, 2010.

    Título original: The angel bible.
    ISBN 978-85-315-1689-4

    1. Anjos I. Título.

10-09898   CDD-202.15

Índices para catálogo sistemático:
1. Anjos : Cristianismo   202.15

Direitos de tradução para o Brasil
adquiridos com exclusividade pela
EDITORA PENSAMENTO-CULTRIX LTDA.
Rua Dr. Mário Vicente, 368 – 04270-000 – São Paulo, SP
Fone: (11) 2066-9000 – Fax: (11) 2066-9008
atendimento@editorapensamento.com.br
www.editorapensamento.com.br
que se reserva a propriedade literária desta tradução.
Foi feito o depósito legal.

Sumário

Parte I
Introdução 7

Parte II
Lista de anjos 44
Hierarquias angélicas 46
Os anjos e a Cabala 68
As cores dos anjos 100
Meditações angélicas 148
Anjos de muitos lugares 172
Visões de anjos 196
A cura com os anjos 212
Anjos e cristais 278
Os anjos e os óleos essenciais 334
Os anjos e a astrologia 356
Anjos da Assistência 370

Glossário 380
Índice remissivo 386
Agradecimentos 399

Parte I

INTRODUÇÃO

O que são anjos?

Os anjos são mensageiros alados: a palavra anjo deriva de *angelos*, que em grego antigo significa "mensageiro". Eles atuam como uma ponte entre o Céu e a Terra, servindo como um canal entre Deus e o mundo físico material. São seres imortais feitos de pura consciência e livres das limitações do tempo e do espaço. E estão eternamente ligados à energia de perpétua bem-aventurança que irradia da divindade. Cada anjo é um foco do amor de Deus e o canaliza sem distorções.

Muitos acreditam que todos os anjos foram criados no mesmo instante, no segundo dia da criação; todos perfeitos, inteligentes, imortais e dotados de livre-arbítrio. A maioria dos anjos optou instantaneamente por renunciar ao seu livre-arbítrio e se sintonizar pela eternidade com o criador. Mas alguns quiseram reivindicar o seu próprio poder e glória – esses são os "anjos caídos". Os anjos que abriram mão do livre-arbítrio servem a Deus e protegem a humanidade dos anjos "caídos".

As pessoas veem os anjos de maneiras muito diferentes; os encontros mais profundos consistem em manifestações físicas que podem tomar a forma de seres alados. Os anjos são criaturas sem sexo, de uma vibração que é puro espírito; suas qualidades masculinas e femininas são perfeitas e completas, por isso eles são andróginos.

Os anjos têm asas? A maioria das pessoas conhece os anjos graças à arte religiosa, que os retrata como seres perfeitos, com túnicas esvoaçantes, cabelos longos, auréolas em volta da cabeça e asas, mas os anjos são puro espírito, portanto não têm uma forma física densa. Então de onde vem a ideia de que os anjos têm asas?

Várias fontes religiosas citam certos anjos como seres alados. O Arcanjo

Gabriel (Jibril no mundo islâmico), que revelou o Alcorão para Maomé, foi descrito como dotado de "140 pares de asas". Nos textos místicos judaicos Primeiro Enoque e Segundo Enoque, também há descrições de anjos com asas. Muitas culturas retrataram seres alados, e ainda existem vários mitos, lendas, estátuas e até pinturas rupestres dessas criaturas milagrosas. Relatos visionários de mensageiros celestiais normalmente os descrevem como seres alados ou que aparecem em meio a uma "luz celestial".

A luz que cerca os anjos poderia ser seu corpo astral, ou aura. Místicos e agentes de cura muitas vezes descrevem um campo de energia sutil em volta dos seres humanos. A aura humana é retratada como um campo composto de muitas camadas, mas um exame mais minucioso revela que ele é feito de bilhões de linhas de energia, cada qual irradiando para cima e para fora, a partir de uma "coluna espiritual" central, com aparência de penas. O campo de energia angélico pareceria, aos olhos do místico, como algo gigantesco, e a mente pode tentar revestir essa visão celestial com uma forma humana.

Este vitral retrata o Arcanjo Gabriel na anunciação da Virgem Maria.

Como usar este livro. Este livro é dividido em duas partes. A Parte I introduz o tema dos anjos e o modo como você pode convidá-los a fazer parte da sua vida. A Parte II fornece uma extensa lista de fatos e tradições sobre os anjos. Os onze capítulos tratam das hierarquias, das cores, da cura e dos cristais relacionados aos anjos, da Cabala e de muitos outros temas. Este livro também contém uma série de exercícios práticos, meditações e afirmações.

Fontes dos fatos e tradições sobre os anjos

Não podemos dizer ao certo onde começou a tradição relacionada aos anjos, mas os textos mais antigos encontrados na Suméria, no Egito, na Pérsia e na Índia mencionavam seres alados ou mensageiros dos deuses. Numa estela (coluna de pedra) sumeriana, um ser alado que habita os sete céus é retratado vertendo a "água da vida" na taça do rei.

O estudo dos anjos é conhecido como angelologia. Ao longo dos séculos, muitos manuscritos têm sido escritos e muitos registros exaustivos sobre as hierarquias e tradições angélicas foram compilados, em muitos casos copiados ou traduzidos de outros mais antigos.

Quando examinamos os fatos e as tradições relacionadas aos anjos, precisamos entender que grande parte desse material foi escrita por místicos, profetas, legisladores, poetas e cronistas. Nos primórdios do Cristianismo, por exemplo, havia numerosas fontes sobre anjos que já tiveram tanta autoridade quanto os livros da Bíblia; no entanto, essas informações foram esquecidas quando esses textos foram retirados do Antigo Testamento.

A Bíblia faz várias menções aos anjos, mas, exceto em duas ou três passagens, não dá detalhes nem informações preliminares. Gabriel e Miguel são ambos citados pelo nome no Antigo Testamento, e Rafael aparece no Livro de Tobit ou Tobias. (Tobit é um livro do Antigo Testamento da Bíblia Católica Romana e da Bíblia Ortodoxa, mas ele não aparece na Bíblia Hebraica e é colocado junto dos textos apócrifos nas versões protestantes.) Alguns anjos do Antigo Testamento são descritos como "homens de branco", pois eles eram vistos trajando túnicas de linho branco. (Para os antigos, o linho branco era um símbolo da imortalidade.)

São Pedro recebe o auxílio de um anjo em sua fuga milagrosa da prisão.

INTRODUÇÃO

Outras fontes angélicas Os três livros de Enoque (ver página 66) são textos extra-canônicos riquíssimos em referências angélicas. O Livro de Enoque, também chamado Primeiro Livro de Enoque, sobrevive apenas em sua versão em etíope. Restam ainda dois outros livros: o Segundo Livro de Enoque ou o Testamento de Levi, do qual só resta a versão em esloveno antigo, enquanto do Terceiro Livro de Enoque só resta a versão em hebraico. Os três livros de Enoque foram omitidos da Bíblia, mas continuaram sendo mencionados pelas autoridades da Igreja durante muitos séculos e também são muito citados no Novo Testamento.

Outros fragmentos do Primeiro Livro de Enoque foram descobertos, sobretudo entre os manuscritos do Mar Morto. Acredita-se que os fragmentos em aramai-

Parte dos Pergaminhos de Isaías, um dos manuscritos do Mar Morto encontrados na caverna de Qumran, que inclui desde Isaías 30:20 até 31:4.

co contenham a mais antiga lista de nomes de anjos já vista.

Uma hierarquia celestial Dionísio, o Pseudoareopagita, é o teólogo anônimo e filósofo do século V que escreveu *Corpus Areopagiticum*, falsamente atribuído a Dionísio, na Bíblia, em Atos 17:34. Um dos livros dessa obra era *A Hierarquia Celestial*, que logo foi considerada pela cultura tradicional do Ocidente uma obra clássica sobre os anjos. Esse livro também foi adotado por Santo Tomás de Aquino como a base do seu próprio arsenal de conhecimentos sobre os anjos, na *Summa Theologica*, uma das pedras angulares da crença católica.

O Islamismo sempre teve uma forte tradição angélica. Nele há uma ampla gama de anjos, que parecem ter sido inspirados por textos dos zoroastras, babilônios, assírios e caldeus.

Uma das fontes mais ricas de histórias de anjos é a tradição mística judaica conhecida como Cabala (ver páginas 70-71). Não existe um único livro chamado Cabala; há, isso sim, uma coletânea de informações. Existem, porém, dois importantes grupos de textos originais dentro da Cabala: o *Zohar*, o "Livro do Esplendor"; e o *Sepher Yetzirah*, o "Livro da Criação".

Amigos anjos Emanuel Swedenborg (1688-1772), um cientista, filósofo e místico sueco, acreditava que os anjos eram seres humanos perfeitos, muito semelhantes aos bodhisattvas do Budismo. Segundo ele, os anjos eram almas amigas cujo dever consistia em nos ajudar a evoluir espiritualmente. Swedenborg dizia se comunicar com os anjos diariamente, e mantinha relatos detalhados desses diálogos mentais em seus diários. Seus livros sobre anjos foram publicados em latim e continham seus muitos anos de pesquisa sobre o maravilhoso mundo celestial.

Com o movimento da Nova Era, o tema dos anjos passou por um renascimento. Muitos buscadores espirituais dizem fazer contatos diários com os anjos. No passado, as autoridades cristãs tiveram alguns problemas por causa dos anjos e desencorajavam a curiosidade excessiva com relação ao tema, por causa de discussões teológicas delicadas provocadas pela rixa entre seitas cristãs primitivas. Jesus não tinha problemas com os anjos, mas São Paulo advertia contra o contato com eles. Mesmo assim, a Igreja Católica sempre estimulou as pessoas a se lembrarem do seu anjo da guarda.

Por que convidar os anjos para fazer parte da sua vida?

O nosso fascínio pelos anjos aumenta a cada dia. Pessoas comuns comentam abertamente a ajuda que receberam desses seres. São frequentes as histórias sobre intervenções angélicas e em todo lugar se veem trabalhos artísticos inspirados pelo tema. O interesse pelos anjos transcende as línguas, as culturas e as fronteiras.

Existem anjos de todas as formas, cores e tamanhos. Alguns são seres complexos e poderosos que detêm os mistérios por trás da própria fundação do universo. Os nossos cinco sentidos são simplesmente inadequados para vivenciar e descrever esses seres milagrosos nascidos do amor e da luz de Deus.

Outros nos trazem conforto em momentos de profundo desespero. Esses anjos "mensageiros" têm a capacidade de aparecer justamente no momento certo. O nosso anjo guardião, embora esteja em contato com os grandiosos anjos planetários, está sempre conosco e nunca nos deixará. Alguns anjos são seres inspiradores, que nos ensinam por meio de virtudes cósmicas como a honestidade, a bondade, a humildade, a pureza, a beleza e a alegria. Outros parecem mais líderes de torcida, alegrando nosso coração.

Por que tantas pessoas, como você e eu, convidam os anjos para fazer parte das suas vidas? Talvez os anjos estejam mais em evidência porque as pessoas estejam acordando do feitiço do materialismo, da ganância e da separação de Deus, lançado pela nossa própria prepotência. Ou talvez Deus esteja enviando mais anjos para ajudar na evolução espiritual do planeta à medida que nos aproximamos do "fim do mundo" profetizado na Bíblia e também por muitas culturas antigas. Incontáveis videntes e místicos previram a chegada da "Nova Era Dourada", quando os anjos mais uma vez caminharão sobre a Terra entre os seres humanos.

Como na obra-prima Coroação da Virgem, *Maria é muitas vezes retratada como a Rainha dos Anjos.*

INTRODUÇÃO

Todos temos um anjo da guarda, a nós concedido antes do nascimento, para nos proteger ao longo da vida.

A Era de Aquário Em termos astrológicos, estamos atualmente fazendo a transição da Era de Peixes – uma época de influência paternal em que colocamos a responsabilidade pelo nosso comportamento, evolução e crescimento espiritual nas mãos de outras pessoas – para a Era de Aquário, em que assumimos essa responsabilidade.

O trabalho com os anjos oferece a você a oportunidade de adquirir sabedoria, aumentar seu autoconhecimento e superar obstáculos por meio do contato com a sua luz interior, o caminho direto para Deus. Ao integrar corpo, mente e espírito numa entidade coesa, você eleva não só a sua frequência vibratória mas também a de toda a humanidade e da pró-

pria Terra. Os termos "frequência vibratória", "taxa vibracional" ou "estado de consciência" referem-se à frequência da atividade cerebral no córtex. A elevação gradual dessa frequência vibratória nos leva a atingir estados cada vez mais sutis de atividade cerebral (espiritualidade), até que um dia, com absoluta serenidade, vivenciemos a unidade com Deus.

A energia sutil tem as suas próprias leis espirituais, que são ativadas à medida que a nossa frequência vibratória se eleva. O córtex cerebral produz pensamentos usando energia em forma de fótons – e essa ação se processa num nível quântico. Alguns pesquisadores defendem a hipótese de que os dois hemisférios cerebrais atingem o perfeito equilíbrio nos níveis mais elevados de consciência (frequência vibratória), ocasionando estados de êxtase espiritual.

A reconciliação do Céu e da Terra

Quando convidamos os anjos para participar da nossa vida, evoluímos espiritualmente unindo Céu e Terra dentro de nós. Os anjos esperam o nosso chamado; eles anseiam por nos ajudar em tudo o que fazemos nesta vida e além. Não há tarefa em que eles não possam nos ajudar; na verdade, os anjos dedicam-se o tempo todo a ajudar a humanidade espiritualmente e no dia a dia.

Os anjos obedecem às leis cósmicas, o que significa que eles se doam integralmente e estão incumbidos da tarefa de fazer chegar, a cada um de nós, o amor místico de Deus. Eles ajudam a elevar a nossa frequência vibratória até que, por fim, consigamos atingir a nossa própria consciência divina – uma experiência transformadora da qual não há volta.

Como elevar a frequência vibratória

O primeiro e mais importante passo para estreitarmos a nossa ligação com o reino angélico é purificarmos a nós mesmos e ao nosso ambiente. A importância disso pode não ser tão evidente a princípio, mas saiba que os anjos existem numa frequência vibratória mais elevada que os seres humanos nem sempre percebem. Isso acontece porque os anjos vivem no mundo do espírito (energia sutil) e os seres humanos existem no mundo físico dos cinco sentidos. Os anjos são naturalmente atraídos pelas pessoas que mantêm um estado de consciência elevado e harmonioso.

Coloque ordem na casa Para abrir espaço para os anjos na sua vida, você precisa eliminar toda a bagunça da sua casa. Desfaça-se de tudo o que não usa mais, doando esses objetos para uma instituição de caridade ou reciclando-os. Limpe e renove a sua casa em todos os níveis. Abra as janelas diariamente para deixar sair a energia estagnada – a luz natural do dia a purifica e a torna inofensiva. Também use sons para transformar essa energia; tigelas tibetanas, sinos, gongos, címbalos tibetanos, chocalhos ou tambores podem ser usados. Bater palmas também é um meio

Use um tambor para eliminar a energia estagnada e aumentar a frequência vibratória do seu espaço.

eficaz de eliminar energia parada. Use música "angélica" para elevar as vibrações da casa. Lembre-se, o jeito mais rápido de abrir o Chakra do Coração (ver páginas 122-123) é ouvir uma bela música.

Verifique todas as áreas da sua casa, para certificar-se de que não há nada que perturbe a harmonia do ambiente – a eliminação da bagunça no nível físico ajuda a clarear a mente. Móveis velhos e especialmente joias de segunda mão precisam passar por uma cuidadosa limpeza energética. Use incenso e deixe que a fumaça leve embora as más vibrações do objeto. (Abra uma janela para que a energia estagnada possa sair por ela.)

As tigelas tibetanas são usadas há séculos pelos monges budistas na meditação e em cerimônias religiosas. Agora elas são conhecidas no mundo inteiro.

Desfaça-se das roupas que você não usa há mais de dois anos, especialmente as que não servem mais nem combinam com seu estilo atual. Se comprar roupas usadas, não se esqueça de purificá-las antes de usar.

Evite pessoas e lugares que esgotem a sua energia. Depois que conseguir uma vibração angélica mais elevada, você poderá ajudar a elevar as vibrações de outras pessoas só com a sua presença.

Como sentir a presença dos anjos

Quando as pessoas passam a ter consciência dos anjos, o véu entre o nosso mundo e o deles torna-se mais tênue. Você não precisa ser clarividente ou médium para entrar em contato com os anjos. Também é muito importante lembrar que os anjos na verdade desejam se comunicar conosco; eles buscam a comunhão diária com o ser humano.

Os anjos são seres divinos que vivem de acordo com as leis cósmicas. Seu dever é se doar livremente, irradiando sua essência divina de amor e luz. A assistência dos anjos está sempre ao nosso alcance; tudo o que temos de fazer é pedir.

A maioria das pessoas nunca viu de fato um anjo, mas elas sentem a presença dos seus anjos guardiões. Todos os sentidos humanos são sensíveis a esses seres. Eis algumas maneiras pelas quais podemos perceber a presença dos anjos:

- A atmosfera do ambiente muda repentinamente e você se sente cercado de uma cálida luminosidade. Você sente uma vibração no ar e um jorro de energia desce pela sua coluna.

- Uma deliciosa fragrância de repente se espalha no ar. Esse doce perfume é descrito de diferentes maneiras – como o aroma de flores do campo ou o cheiro adocicado de mirra.

- Você sente um gosto diferente, geralmente doce, como o gosto da celestial ambrosia. Ou pode ouvir um som etéreo. A música angélica é muitas vezes associada à cura e à renovação.

- Você tem um sentimento de amor e uma sensação inesquecível de imensa paz.

- Luzes coloridas aparecem do nada. Irradiações de luz brilhante ou até esferas coloridas dançam diante dos seus olhos, especialmente quando você está trabalhando com anjos de cura ou está pegando no sono.

A meditação nos ajuda a adquirir a serenidade necessária para perceber mudanças energéticas à nossa volta.

- Durante as sessões de meditação angélica, você percebe uma luz ofuscante diante de si, mesmo de olhos fechados.

- Você sente a presença das asas dos anjos roçando em você ou envolvendo seu ser, ou até mãos angélicas sobre os ombros.

- Na meditação, muitas pessoas sentem a "brisa angélica", como se uma brisa quente de verão agitasse suavemente o seu cabelo. Alguns dizem que são os anjos elevando o lótus de mil pétalas (o símbolo do Chakra da Coroa, ver páginas 102-103).

- Você pode perceber um aumento no número de coincidências que ocorrem na sua vida. Ou os seus problemas podem se solucionar sozinhos – às vezes dos modos mais inesperados.

Indicações visíveis da presença de anjos

Às vezes os anjos manifestam a sua presença de uma maneira que qualquer pessoa pode ver. Você pode pedir que um anjo apareça para provar que realmente fez contato com ele. Eis alguns sinais mais comuns da presença dos anjos.

Nuvens Você pode ver anjos nas formações de nuvens, principalmente sobre lugares sagrados ou quando você lhes pede ajuda. Às vezes você vê nuvens que lembram asas.

Flores Muitas pessoas percebem que as flores duram mais quando são oferecidas

Os anjos muitas vezes sinalizam sua presença em formações de nuvens e em nuvens que parecem asas.

aos anjos e deixadas sobre um altar angélico. Uma estudiosa das tradições angélicas percebeu que suas rosas demoravam meses para murchar e, depois de um encontro especialmente profundo, uma delas mudou de cor.

Penas Penas brancas podem aparecer nos lugares mais inusitados. Se você achar uma pena branca, leve-a consigo para manter seu anjo por perto. Uma vez, quando eu estava dando uma palestra sobre anjos, mencionei que penas brancas são um sinal comum da presença deles. Depois da palestra uma mulher me contou que, mesmo após o que ouvira, ela ainda não estava convencida da existência de anjos. Nesse momento, um dos outros alunos notou uma pena branca presa à manga do casaco dela.

Palavras Depois de pedir a ajuda dos anjos, você pode ouvir a palavra "anjo" sendo mencionada numa música no rádio ou na televisão. Também pode acontecer de uma pessoa lhe dizer essa palavra num contexto totalmente diferente.

Cristais Os anjos podem aparecer de repente nos seus cristais. Eles aparecem nos

Uma pena branca é um sinal do reino angélico, e elas parecem estar em todo lugar.

cristais "angélicos", como a celestita, a serafinita ou a danburita, mas, depois que você começa a evocar o reino angélico, também é frequente vê-los aparecer no cristal de quartzo transparente.

Presentes dos anjos Hoje em dia existem muitos objetos com imagens de anjos, como broches, bibelôs, ímãs de geladeira, adesivos, cartões de aniversário e pedras. Se você receber um desses presentes inesperadamente, pode ter certeza de que os anjos levaram essa pessoa a oferecê-lo a você como "prova da presença deles".

Como invocar os anjos

Beba um calmante chá de ervas para relaxar a mente e o corpo, e aumentar a sua chance de atingir estados de consciência mais elevados.

Os anjos são mensageiros celestiais de Deus. Eles não são nossos empregados, mas servos Dele, por isso não é apropriado reverenciá-los. Mesmo sendo dignos de admiração, lembre-se de que eles são um reflexo da perfeição de Deus e é essa energia que abre nosso coração para a adoração.

Os anjos não têm livre-arbítrio como os seres humanos; eles respondem ao "chamado" de Deus. E não podem interferir no nosso livre-arbítrio. Quando evocamos a ajuda dos anjos, precisamos fazer isso com uma postura de amor, humildade, confiança e lucidez. Contanto que o seu pedido seja positivo e não interfira no livre-arbítrio de ninguém, os anjos poderão atendê-lo.

No passado, místicos e santos passavam muitos anos meditando, rezando e jejuando antes de passar por experiências espirituais importantes. Hoje, pelo fato de muitas pessoas praticarem meditação diariamente e o véu entre o mundo material e espiritual estar ainda mais tênue, podemos nos transportar rapidamente para os reinos angélicos.

É mais fácil sintonizar a consciência angélica se você se preparar, entrando em contato com o seu eu superior, por meio do centro do coração. Usando a nossa consciência elevada como uma luz que nos guia, podemos dar início ao processo necessário de purificação mental.

Como conectar-se com o eu superior

A purificação física constituída de jejum e limpeza aumenta nossa conexão com o eu superior. Recomenda-se um jejum de pelo menos 24 horas (evite alimentos sólidos, mas não se abstenha de líquidos). Substâncias e alimentos viciantes também devem ser evitados. O jejum acalma os sistemas energéticos sutis e serena a mente, deixando-a mais focada.

Os chás de ervas calmantes, como o de camomila, relaxam o corpo e a mente, abrindo o caminho para os estados de consciência elevados. Banhos purificadores à luz de velas perfumadas, com sais de banho, cristais, ervas, pétalas de flores e óleos aromaterápicos também abrem o nosso coração profundamente para a beleza espiritual.

O banho nos limpa e equilibra; antes da meditação, ele ajuda a purificar o corpo e a mente.

Controlar o nosso ego (mente inferior) – apegado ao autoengrandecimento e a pensamentos egoístas –, agradecendo às bênçãos diárias, também abre a porta para o reino angélico. A meditação torna a mente inferior uma serva obediente do eu superior.

Como escrever para os anjos

Quando você tem problemas, pode escrever para os anjos. Abra o coração, não reprima os pensamentos e extravase os sentimentos no papel. Entregue-se ao momento e peça aos anjos que resolvam os seus problemas de um modo que seja para o seu bem maior e para o bem de todos. Depois deixe por conta dos anjos. Não tente manipular a situação. Você pode se surpreender com a rapidez com que o problema será resolvido, muitas vezes de modos inesperados. Os anjos agem de uma maneira com que nem sonhamos.

Uma maneira simples de purificar os pensamentos é escrever todas as suas preocupações, fazendo uma lista de tudo o que o deixa com raiva ou faz que você se comporte de modos nem um pouco angelicais. Não deixe de escrever nada, vá até o fim; conte aos anjos o que deixa você com medo, desiludido ou desapontado. As emoções têm um efeito positivo

As velas são muito úteis quando trabalhamos com anjos, mas tome cuidado; nunca deixe uma vela acesa num cômodo vazio.

Escrever para os anjos ajuda você a se purificar das emoções negativas.

sobre a cura e a saúde. Quando expressamos emoções negativas, isso causa uma reação que os clarividentes veem como áreas escuras na aura e que podem se tornar buracos ou rasgões se o acontecimento negativo é repetido. Quando acabar, não escreva o que leu; queime o papel. Ao fazer isso, sinta os efeitos purificadores sobre a sua mente.

Purgando a raiva Também é bom escrever para alguém que o tenha aborrecido ou lhe causado sofrimento. Visto que você vai queimar a carta depois, não há por que reprimir nenhum sentimento. Quando escrever, diga à pessoa exatamente o que sente. A raiva inicialmente prepara o corpo para corrigir injustiças, mas deve ser liberada; do contrário, ela se solidifica e se torna ódio. Precisamos respeitar nossas emoções, mas também elevar nossa consciência, o que é um ato deliberado de fortalecimento pessoal.

Às vezes podemos nos recusar a perdoar uma pessoa para puni-la. Um modo simples de liberar a raiva é reconhecer o que você sente com relação ao comportamento dessa pessoa, depois escolher conscientemente não se punir por ter essa emoção. Pode dizer em voz alta, "Agora quero liberar todo o meu sofrimento causado por essa situação". Depois visualize a pessoa que você precisa perdoar cercada de luz angélica.

Afirmações angélicas

Podemos fortalecer nossa ligação com os anjos pedindo-lhes que nos ajudem a cumprir nossos objetivos e motivando-nos a realizar nossos sonhos. Você pode se surpreender, porém, com o modo como os seus desejos mudam depois que a sua consciência se funde com o fluxo de amor e luz dos anjos.

Antes de evocar os anjos, precisamos saber o que é uma afirmação. Fazemos afirmações positivas ou negativas o dia todo. Nosso corpo acredita em cada palavra que dizemos. Quantas vezes durante o dia você já se pegou fazendo uma afirmação negativa sobre si mesmo?

Desde a infância somos ensinados a usar o que os linguistas chamam de "nominalização" – ou seja, substantivar um verbo. Por exemplo, se diz que não sabe lidar com um relacionamento, você fala como se ele fosse uma coisa física estática e não um "relacionar" – um processo ativo e dinâmico de comunicação. O problema é que a arte de se relacionar, quando chamada de relacionamento, é vista como algo estático e não se assume a responsabilidade pelo processo ativo e contínuo de interação com outra pessoa.

Evoque os anjos para ajudá-lo a desprogramar a sua consciência.

Quando uma pessoa nominaliza sistematicamente, ela restringe as escolhas que tem, pois percebe o mundo de uma maneira fixa e imutável.

Nunca subestime o poder que as palavras têm de afetar você profundamente. Conselheiros espirituais, líderes religiosos, políticos e a mídia sabem disso e bombardeiam os nossos sentidos com suas mensagens.

Afirmações Combata essa "programação" usando afirmações angélicas:

- Evoque os anjos e use o poder desses seres para eliminar essa programação. Você constatará uma mudança na sua saúde, no seu comportamento e na sua atitude com relação à vida.

- Escreva afirmações positivas. Formule-as da maneira mais poderosa e apropriada possível para você e a situação que vive.

- Só faça afirmações positivas. Quando pronunciar uma afirmação, imagine que ela já tenha acontecido.

- Eis duas afirmações angélicas: "Eu deixo que estados mais elevados de consciência angélica se manifestem na minha vida" e "Numa feliz comunhão, meus anjos me orientam diariamente".

Deixe que os anjos o ajudem a formular afirmações positivas.

Organize um altar para os anjos

Organizar um altar é uma maneira excelente de estabelecer uma poderosa conexão com os reinos celestiais. Trata-se de um foco tangível, um portal para a serenidade, um lugar onde você pode acalmar a mente e abrir o coração para os anjos. Ele logo se tornará o seu lugar sagrado, um santuário para a sua alma, carregado de energia positiva, onde você poderá diariamente buscar renovação.

O altar para os anjos oferece uma sustentação inestimável para a sua transformação espiritual, dando-lhe uma oportunidade para explorar a sua criatividade e se expressar do ponto de vista emocional, artístico e espiritual. Os anjos são atraídos para os lugares que irradiam alegria, harmonia, amor e paz.

Por meio da meditação, peça que os anjos o inspirem sobre os objetos mais adequados para o seu altar. Mas só selecione aqueles que têm um significado especial para você. Esses objetos o ajudarão a ficar mais atento às questões e desafios de um aspecto especial da sua vida que você precisa harmonizar no momento.

Depois que você estabelecer uma rotina diária com relação ao seu altar – seja limpá-lo, purificá-lo e reorganizá-lo, ou substituir os objetos sagrados e acender velas e incensos –, será muito mais fácil cultivar o hábito de meditar ou rezar sob a inspiração dos anjos.

Deixe que os anjos guiem você Um bom exercício consiste em meditar sobre quais objetos você deve selecionar para o seu altar, deixando que os anjos o guiem nessa escolha. O que mais importa com relação ao altar é a maneira como ele afeta o seu eu interior. Ele deve deixá-lo centrado, cheio de amor e aberto para as virtudes angelicais do amor, da beleza, da harmonia e da paz.

INTRODUÇÃO

Disponha os objetos sobre o altar. Se algum deles incomodar ou desagradar você, ou se lhe parecer menos inspirador, remova-o. Você pode optar por cristais, imagens de anjos, fotos de entes queridos, conchas, sinos, incensos, velas, flores, óleos essenciais, ícones religiosos, cartas de anjos, afirmações, sinos dos ventos, penas ou uma caderneta e um lápis.

Acrescente uma representação de algo que você queira evocar na sua vida, como

Um altar proporciona um poderoso foco para a meditação, a contemplação e os aspectos sagrados da nossa vida que queremos desenvolver.

amor, sabedoria espiritual, compaixão, paz ou abundância. Nunca deixe velas acesas sobre o altar na sua ausência e mantenha o cômodo ventilado, pois velas consomem oxigênio e podem causar dores de cabeça ou sonolência.

Como usar as cartas de anjos

Os livretos e cartas de anjos são uma ótima maneira de estabelecer contato com os anjos. Você pode comprá-los em livrarias e lojas esotéricas. Esse material foi idealizado para estimular a criatividade e intensificar a interação nos relacionamentos. Ele nos proporciona palavras-chave positivas que nos ajudam a enfocar determinado aspecto da nossa vida interior.

Para intensificar a experiência de comunicação com os anjos, você pode, porém, fazer o seu próprio conjunto de cartas. Não é difícil e você não precisa ter dotes artísticos. Tudo de que precisa é uma caneta e papel-cartão, de preferência branco de um lado e colorido de outro, recortado no tamanho de cartas.

Você pode colar nas cartas adesivos brilhantes de anjos e "dedicá-las" a eles. No lado branco, escreva uma qualidade positiva que você queira manifestar na sua vida. Essa é a *palavra-chave*.

Não existe uma lista pronta de qualidades angélicas, por isso você pode fazer quantas cartas quiser e com palavras-chave da sua escolha. Você pode também aumentar sua lista de cartas à medida que sua compreensão se desenvolve.

Como escolher uma carta

- Escolha uma carta no início do dia. Concentre-se no seu dia por um instante e veja que carta atrai a sua atenção. Mantenha a carta com você ou coloque-a num lugar visível ao longo do dia.

- Escolha uma carta antes de ir para a cama, guarde-a sob o travesseiro e deixe que os anjos inspirem seus sonhos.

- Escolha uma carta no início de um projeto, negócio ou ciclo e no dia do seu aniversário ou aniversário de casamento.

- No Ano-Novo, escolha 12 cartas para o ano que se inicia – uma para cada mês – e tome nota de cada carta na sua agenda ou calendário.

- Escolha uma carta para um amigo que precisa de ajuda. Concentre-se no problema dele – cura, entrevista de emprego ou exames – e envolva-o com a qualidade angélica da carta.

Coloque a carta sob o travesseiro para convidar os anjos a inspirar os seus sonhos.

Palavras-chave para iniciar o seu baralho de anjos

Abundância • Aceitação • Alegria • Amizade • Amor • Equilíbrio • Beleza • Bênçãos • Bom humor • Compaixão • Comprometimento • Confiança • Coragem • Criatividade • Cura • Empatia • Encanto • Entusiasmo • Esperança • Fé • Felicidade • Generosidade • Harmonia • Honestidade • Inspiração • Liberdade • Paciência • Paz • Perdão • Persistência • Purificação • Sabedoria • Sensibilidade • Simplicidade • Verdade

Anjos na vida diária

A primeira regra do trabalho com os anjos é entender que eles estão aqui para nos ajudar em todas as esferas da nossa vida; no entanto, nunca devemos nos aproveitar indevidamente deles. Se você pretende utilizar a energia angélica por razões egoístas ou como uma comodidade para massagear o seu ego, saiba que não conseguirá nenhum resultado positivo, pois nada acontecerá. Existem anjos específicos para cada aspecto da nossa vida diária.

Anjos do amor Esses anjos são regidos pelo Arcanjo Chamuel (ver página 246) e são especialistas em tornar o nosso dia a dia mais harmonioso. Nenhuma tarefa é pequena ou grande demais para esses anjos, e eles nos ajudam em qualquer situação que exija uma comunicação sincera.

Anjos da cura Um dos principais anjos da cura, o Arcanjo Rafael (ver página 240) orienta todos os agentes de cura, ortodoxos e alternativos. Invoque a assistência dele para guiar as mãos dos médicos, cirurgiões e profissionais de saúde.

Peça aos anjos que participem de todas as suas experiências criativas na cozinha.

Invoque a presença desse anjo nos hospitais, asilos e clínicas. Invoque também sua presença para curar desentendimentos entre nações, nos campos de batalha e nas regiões devastadas por desastres naturais ou provocados pelo homem. Peça para que ele inspire os cientistas que buscam novas curas para as doenças.

Anjos das viagens Esses anjos, regidos pelo Arcanjo Miguel (ver página 250) oferecem proteção de perigos físicos. Visualize esse arcanjo velando por você nas viagens.

Anjo dos estacionamentos Quando precisar estacionar seu carro, peça para esses anjos ajudarem você a encontrar um local seguro.

Anjo da cozinha Se pedir aos anjos para ajudá-lo em suas experiências criativas, você descobrirá que eles se manifestam das maneiras mais inesperadas. Peça ao anjo Isda para abençoar a sua comida, tornando-a mais nutritiva e deliciosa.

Anjo dos objetos perdidos Perder chaves, joias ou documentos importantes é bem estressante. Peça imediatamente ao

Peça ao Arcanjo Rafael, um dos principais anjos dos agentes de cura angélicos, para orientar você em seu trabalho de cura.

Anjo Rochel para ajudá-lo a encontrar o objeto perdido.

Anjos dos exames Peça ao Arcanjo Jophiel (ver página 108) e aos anjos da iluminação que o ajudem a estudar e passar nos exames. Eles também podem ajudá-lo a aprender novas habilidades e oferecem clareza e sabedoria para intensificar a sua criatividade.

INTRODUÇÃO

Seu diário angélico

As nossas experiências pessoais e intuições podem se desvanecer como um sonho se não as registrarmos por escrito. Manter um diário angélico é um jeito eficiente de registrar suas experiências com os anjos. Ele será só seu e pode se tornar uma força tangível que atrairá ainda mais energia angélica para a sua vida.

Compre um caderno que você achar bonito e que guardará com carinho para o resto da vida. Você pode personificar a capa com imagens de anjos.

Manter um diário dos seus sonhos com anjos abre a sua mente subconsciente para a inspiração angélica. Registre sonhos, pensamentos, visões e meditações.

Você pode usar o diário para muitas coisas: registrar mensagens amorosas e inspiradoras, poemas ou citações; pode também guardar imagens de anjos, de pessoas queridas ou que lhe são inspiradoras. Ou ainda usá-lo para registrar sonhos, visões e meditações.

Nem sempre é fácil encontrar tempo para registrar meditações, mas os encontros com anjos durante a meditação, embora inspiradores, podem ser desnorteantes. Depois de cada meditação, reserve um tempo para assimilar o que aprendeu. Escreva suas experiências, por mais fragmentadas, vagas ou confusas que elas possam lhe parecer. Mergulhe de cabeça na experiência, com todos os sentidos.

As dicas a seguir o ajudarão a integrar as impressões:

1 Refletir sobre suas experiências faz você entrar em contato com o seu corpo mental – o Chakra do Plexo Solar (ver páginas 102-103).

2 Traduzir a sua experiência em imagens o faz entrar em contato com o seu corpo emocional – o Chakra do Coração (ver páginas 102-103).

3 Conversar com outra pessoa sobre a sua experiência a ancora no seu corpo físico por meio do Chakra da Garganta (ver páginas 102-103).

4 Anotar suas experiências para referência futura (incluindo rascunhos de imagens) ancora-as no Chakra do Sacro (ver páginas 102-103).

Cada um desses passos leva tempo e afasta você um pouco da experiência em si, mas até uma experiência verdadeira de clarividência acaba parecendo uma ilusão se não for totalmente ancorada no reino físico. Registrando suas experiências por escrito, você as ancora no aqui e agora.

Não se preocupe se não conseguir entender bem a experiência logo de início; muitas vezes ocorrem informações fragmentadas nas meditações. Algumas experiências podem parecer sem sentido durante semanas, meses ou até anos, por isso o seu diário é um instrumento especial de assimilação e compreensão acumulada. Nunca se preocupe com a ortografia ou estilo ao escrever; dê-se total liberdade de expressão.

INTRODUÇÃO

Seu livro de agradecimentos aos anjos

Agradecer às bênçãos que recebe é um jeito infalível de elevar a sua frequência vibratória (ver páginas 18-19). Será que você irradia uma energia positiva que as outras pessoas acham carismática e enaltecedora ou as pessoas o evitam porque você gosta de se queixar até do problema mais insignificante?

Pensamentos, emoções e palavras positivas fortalecem o campo energético, elevam a frequência vibratória e atraem a luz dos anjos. Pensamentos, emoções e palavras negativas enfraquecem o campo energético, enquanto reviver eventos negativos intensifica as emoções e provoca buracos na aura (ver páginas 230-231) que atraem larvas astrais ou energia negativa.

Muitas pessoas que trabalham com o reino angélico mantêm um registro diário de todas as coisas positivas que lhes acontecem na vida – esse é o livro de agradecimentos. Você pode personalizar um caderno comum com imagens inspiradoras de anjos.

No livro de agradecimentos, faça uma lista de todas as coisas da sua vida pelas quais você sente gratidão – como a sua família, os amigos e as pessoas queridas. Lembre-se de todos os momentos de alegria, de um pôr do sol especialmente bonito, do perfume das flores ou até de algo simples como o elogio de um amigo.

A gratidão atrai energia positiva para a sua vida e fortalece o campo energético.

Os talentos concedidos pelos anjos

Os anjos nos conferem talentos mágicos e já inspiraram compositores, poetas, artistas, músicos, escritores, professores e agentes de cura. Muitas vezes a pessoa nem desejava ter esse talento! A única coisa que as pessoas dotadas desses talentos têm em comum é a consciência de que suas habilidades provêm de uma fonte externa divina.

Existem muitos exemplos de músicos que são inspirados pelos anjos. Eles ouvem uma música celestial e captam os sons, adaptando-os aos instrumentos e vozes humanas.

O talentoso poeta religioso inglês Caedmon, que morreu entre 670 e 680 EC, era um trabalhador humilde da Abadia de Whitby quando foi inspirado, num sonho, não só a cantar um hino que nunca ouvira antes mas também a se lembrar de todos os detalhes do hino que cantara no sonho.

O compositor Joseph Haydn (1732-1809) confiava nos anjos para o inspirarem. Segundo ele, o seu grande oratório *A Criação* foi uma inspiração divina. O compositor George Frederick Handel (1685-1759) também era inspirado pelos anjos; seu famoso *Messias* – composto em apenas 24 dias, durante os quais ele quase não dormiu nem se alimentou – foi resultado de uma visão de Deus.

Peça aos anjos para ajudar você a desenvolver novos talentos e o guiarem na prática diária dos que você já tem.

INTRODUÇÃO

Templos de Luz

Os sonhos são uma maneira excelente de trabalhar com os anjos. Durante o sono, o nosso espírito viaja para os reinos astrais inferiores ou superiores. Se você tem pesadelos, é sinal de que seu espírito foi para as regiões do astral inferior. Os nossos pensamentos, palavras e ações determinam o nosso nível de consciência. Se nos concentrarmos nas virtudes humanas positivas, somos capazes de elevar nossa frequência vibratória (ver páginas 18-19), evitando pesadelos e aumentando a possibilidade de visitarmos as moradas celestiais dos arcanjos.

Cada arcanjo tem um templo "ancorado" no reino etérico (nosso mundo físico, onde nosso corpo serve como veículo para a alma), que está sob a influência da grade planetária da Terra, ou seja, o campo energético sutil do planeta, que é muito parecido com o sistema de linhas *ley*. Os templos angélicos estão normalmente situados sobre os vórtices de poder da Terra, onde muitas linhas *ley* se entrecruzam, ou sobre remotas cadeias montanhosas ou pequenas ilhas que são resquícios de ilhas maiores ou de continentes. Eles também podem estar situados sobre locais sagrados da Terra, como o templo egípcio em Luxor ou o de Fátima, em Portugal, onde a Virgem Maria apareceu para três crianças durante a I Guerra Mundial.

Místicos, iniciados e mestres espirituais utilizam esses templos desde a aurora da civilização humana. Eles foram fundados sob a orientação dos arcanjos, pela Hierarquia Espiritual (composta de mestres ascensionados, santos e bodhisattvas, que velam pela evolução espiritual da humanidade).

O caminho espiritual Cada um desses templos angélicos tem um enfoque, uma função e um propósito diferentes, voltados para a nossa evolução espiritual. Esse

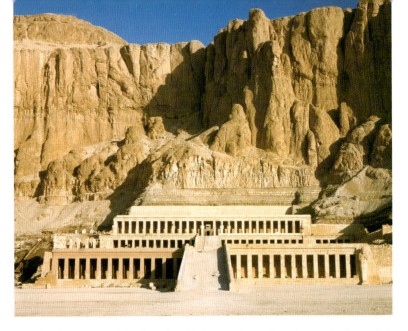

Os templos angélicos podem estar situados sobre locais sagrados, como o templo de Hatshepsut, no Egito.

INTRODUÇÃO

caminho às vezes também é conhecido como escada de Jacó, Escada da Luz, Árvore da Vida, ascensão da consciência cósmica ou retorno ao Paraíso.

O enfoque espiritual de cada templo está relacionado com a "virtude cósmica" que cada arcanjo conserva. Quando os buscadores espirituais visitam um templo durante a meditação ou o sono, eles são "nutridos" e inspirados por essa virtude cósmica em particular.

Cada "Templo de Luz" tem uma aparência diferente. Alguns têm uma arquitetura grega, com muitas colunas de pedra graciosamente entalhadas, parecidas com as do Partenon, enquanto outros lembram pirâmides de pedra ou certas construções sagradas que existiram ao longo da história humana. Os Templos de Luz são sempre extraordinários; seus assoalhos de mármore ou cristal são adornados com um altar central onde arde uma chama da cor daquela que o arcanjo tem como seu foco central (ver a página 160 para saber mais sobre a Meditação do templo angélico).

A canalização de mensagens dos anjos

Os anjos são o poder invisível da criação e nosso anjo guardião é nossa primeira ligação com o mundo invisível. A tarefa do nosso anjo guardião é nos ensinar e conduzir. Ele nos ajuda a desenvolver o conhecimento que já adquirimos por outros meios. Também relaciona informações isoladas e nos ajuda a descobrir padrões subjacentes e a obter revelações básicas sobre a criação de Deus. As revelações angélicas podem vir num sonho ou no momento de vigília imediatamente depois de um sonho, mas a canalização é uma rota mais direta para a inspiração angélica.

É importante estabelecer uma forte amizade com o seu anjo da guarda, com base na confiança e respeito mútuos. Isso ajuda você a desenvolver e identificar a sua própria consciência angélica. Depois que tiver elevado a sua frequência vibratória comungando com o seu anjo da guarda, é mais fácil canalizar outros seres angélicos.

A conexão com o seu anjo por meio da canalização aumenta a sua consciência espiritual.

O seu anjo da guarda sempre tem um jeito amoroso e compreensivo. Todos os anjos, sem exceção, respeitam a nossa dignidade e livre-arbítrio. O seu anjo nunca se expressa de modo autoritário nem dá ordens ou faz escolhas por você. Se o "tom" da sua canalização não for respeitoso ou você tiver a sensação de que está sendo subjugado ou controlado por uma força exterior, pare imediatamente a canalização.

Sempre existe uma conexão direta entre você e o seu anjo da guarda, e você pode estar tão habituado à energia dele que pode nem perceber que já está recebendo a sua orientação. É por isso que o anjo da guarda é uma ótima fonte para a canalização.

CANALIZAÇÃO

VOCÊ PRECISARÁ DE

Caneta e papel ou um computador

O QUE FAZER

1 Tenha papel e caneta à mão ou sente-se em frente ao computador. Formule as suas perguntas por escrito.
2 Relaxe e fique numa posição confortável. Centre-se, ancore-se e concentre-se.
3 Acalme a mente, abra o coração e evoque o seu anjo da guarda.
4 Peça ao seu anjo guardião para abrir um canal harmonioso até você.
5 Escreva o que lhe ocorrer (sem mudar ou censurar o que está ouvindo).
6 Observe que o seu campo energético parece mais iluminado depois da canalização – as informações espirituais são sempre codificadas na forma de luz.

Parte II

LISTA DE ANJOS

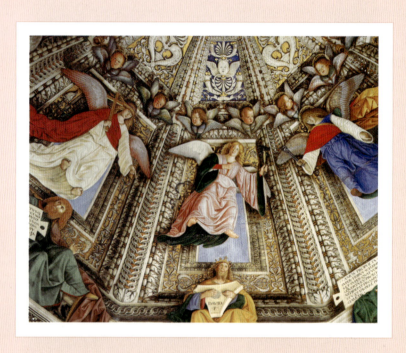

HIERARQUIAS ANGÉLICAS

Os sete céus

Embora existam anjos em todas as dimensões, tradicionalmente se considera que eles habitam sete céus, uma crença integrante das tradições religiosas monoteístas, como o islamismo, o cristianismo e o judaísmo. O sétimo céu é a morada de Deus. Mas a tradição dos sete céus remonta à Suméria há cerca de 7 mil anos. Numa antiga estela suméria, um ser alado – um habitante das sete esferas celestes – é retratado vertendo a "água da vida" na taça do rei. A civilização suméria da Mesopotâmia deu origem às civilizações dos assírios, babilônios e caldeus, que, por sua vez, influenciaram todas as religiões do Oriente Próximo e a angelologia.

Os sete céus são os reinos espirituais. Muitos dos nomes dessas esferas celestes são encontrados no Antigo Testamento e derivam da palavra "céu".

O primeiro céu Chamado *Vilon* (do latim *velum*, véu), o primeiro céu também recebe o nome de *Shamajim* ou *Shamayim*, uma palavra comum na Bíblia para céu. Esse é o céu mais inferior, associado com os anjos planetários e com os anjos que regem as estrelas e os fenômenos naturais, como a atmosfera, o vento e a água. O primeiro céu é regido pelo Arcanjo Gabriel e é supostamente o Paraíso onde Adão e Eva viveram a princípio e onde estão a Árvore da Vida e a Árvore do Conhecimento.

O segundo céu Considerado por alguns como o lugar dos pecadores que aguardam pelo Juízo Final, o segundo céu é chamado *Raqia* (que significa "expansão" no Gênesis 1:6, 1:14, 1:17). Os anjos do zodíaco regem essa esfera e os anjos caídos são dela prisioneiros. Segundo a tradi-

HIERARQUIAS ANGÉLICAS

ção islâmica, *Raqia* é a morada de João Batista, e esse céu é regido pelos Arcanjos Rafael e Zachariel.

O terceiro céu *Shechakim* ou *Shehaqim* (que significa os "céus" nos Salmos 18:11) é um céu estranho, pois em sua região norte fica o inferno. Um rio de chamas

Quando Jesus foi batizado, ele viu os céus se abrirem e o Espírito Santo descer até ele.

corre através dessa terra gelada e é ali que os anjos castigam os ímpios. O anjo Anahel rege esse domínio junto com Jagniel, Rabacyle e Dalquiel, os três *Sarim* (em hebraico, "príncipes"), uma ordem

angélica de "anjos cantores". Na metade sul existe um paraíso; esse jardim celestial tem um portão de ouro (os famosos "portões perolados"), pelo qual passam todas as almas perfeitas ao morrer. Dois rios correm através desse céu: o rio de leite e mel e o rio de azeite e vinho.

O quarto céu *Zebhul* (o "local altivo" em Isaías 63:15) é regido pelo Arcanjo Miguel. Trata-se do lugar onde a "Jerusalém celestial" está localizada – o Altar e Templo de Deus. A "Cidade de Cristo", da visão apocalíptica de São Paulo, é uma cidade de ouro com 12 muralhas em torno dela e outras 12 muralhas dentro destas, pontuadas por 12 portões de grande beleza. A cidade é circundada por quatro rios – de mel, leite, vinho e azeite.

O quinto céu *Machon* (a "morada" em Deuteronômio 26:15), regido pelo Arcanjo Sandalphon, é onde os vastos coros de anjos cantam louvores a Deus à noite e os escolhidos de Deus cantam seus louvores de dia. Alguns dos anjos caídos também são mantidos nessa esfera.

O sexto céu *Makon* (a "habitação" em Salmos 89:14, 97:2), regido por Zachiel, é onde os registros akáshicos estão armazenados. Esses registros contêm todos os acontecimentos da Terra, inclusive as realizações de cada indivíduo que já pisou neste planeta e as punições ou recompensas de cada um deles (karma).

O sétimo céu *Araboth* (as "santas moradas" em Salmos 68:5) é regido por Cassiel, o anjo da solidão e das lágrimas, e um dos anjos que regem Saturno. Trata-se da morada de Deus, o Trono e o absoluto Santo dos Santos. As ordens superiores de anjos, os Serafins, Querubins e Tronos, habitam este céu, que é a morada dos espíritos iluminados e das almas não nascidas.

Os anjos declaram sua presença por meio da beleza manifesta da luz.

As nove ordens de seres angélicos

No céu existem muitas ordens (ou coros) de seres angélicos, e várias fontes compilaram suas próprias hierarquias de anjos. O Antigo Testamento refere-se a príncipes, filhos de Deus, seres sagrados, sentinelas, Anjos, Arcanjos, Serafins e Querubins. São Paulo escreve no Novo Testamento sobre Principalidades, Tronos, Forças, Dominações e Poderes, enquanto o papa Gregório I (c. 540-604 EC) declarou que existem nove ordens de anjos no Céu – as cinco da lista de São Paulo mais os Anjos, os Arcanjos, os Querubins e os Serafins.

Dionísio, o Pseudoareopagita, um erudito do século V (ver página 13) já tinha descrito essas ordens. Entre o Céu e a Terra existem três níveis ou esferas de influência angélica. A primeira e mais próxima de Deus é composta de Serafins, Querubins e Tronos; a segunda inclui as Dominações, as Virtudes e os Poderes; e na mais inferior estão as Principalidades, os Arcanjos e os Anjos. *A Hierarquia Celestial,* de Dionísio, com três ordens, foi inspirada pelo trabalho do filósofo neoplatônico Plotino (c. 205-270 EC).

Ninguém, ao que parece, chegou a um acordo com relação às graduações das hierarquias celestiais. Autoridades de outras fontes cristãs e de outras religiões propuseram outras hierarquias, chegando até a apresentar as graduações numa ordem diferente. Os fariseus (ativos de 536 AEC até 70 EC), em cujos conceitos se baseia o Judaísmo tradicional, acreditavam em anjos, assim como os célebres filósofos gregos Aristóteles e Sócrates. Aristóteles chamava-os de inteligências, enquanto Sócrates tinha seu *daimon*, um espírito auxiliador que o orientou ao longo de toda sua vida.

O grande filósofo e teólogo católico Santo Tomás de Aquino (1255-1274) usou

HIERARQUIAS ANGÉLICAS

A Hierarquia Celestial como modelo quando escreveu a *Summa Theologica*, em que debate sobre Deus, a criação, os anjos e a natureza humana. Ele acreditava que os anjos eram espíritos puros criados por Deus com o propósito de sustentar o universo, e que, se ignorarmos os anjos, destruiremos a própria trama de que é feito o universo. Santo Tomás de

O afresco italiano do século XIV, O Concerto dos Anjos, em Santa Maria delle Grazie, em Saronno, é um maravilhoso retrato de um coro de anjos.

Aquino também acreditava que cada pessoa tem seu anjo guardião, mas que eles estão abaixo da categoria da nona ordem de anjos.

Primeira esfera

Esta primeira esfera contém as três ordens mais elevadas de anjos, as que estão mais próximas de Deus. Dentro dessa esfera, estão os Serafins, os Querubins e os Tronos.

Serafins Os Serafins são a ordem mais elevada de anjos na hierarquia dionisíaca (ver página 52) e também na lei judaica. Serafim significa "o que se consome", da raiz hebraica *saraph* ("queimar"), e esses são os anjos do fogo divino, do amor e da luz. Os Serafins têm o poder de nos purificar com o raio e a chama – carregam consigo a luz desvelada de Deus e são grandes iluminadores. Depois de Deus, os Serafins são os seres mais cheios de luz da criação. Eles têm seis asas, circundam o trono de Deus e cantam continuamente o "Trisságio", um hino de louvor a Deus cuja tradução é "Santo, Santo, Santo".

Regidos por: Arcanjo Seraphiel, também chamado de "Príncipe da Paz", e pelo Arcanjo Metatron, que preside Kether (coroa) na Árvore da Vida cabalística (ver página 76). Também são citados Jehoel, Miguel e Lúcifer, antes da queda.

Querubins Depois dos Serafins, os Querubins são os seres mais próximos de Deus. O conceito de querubim é originalmente assírio ou acadiano; a palavra acadiana *karibu* significa "aquele que ora" ou "aquele que intercede". Os Querubins estão presentes na arte e nos textos assírios, caldeus e babilônios, nos quais os profetas Isaías e Ezequiel podem tê-los encontrado. Essa influência pode ter determinado os relatos de Querubins do Gênesis e de outros livros do Antigo Testamento.

Este Serafim de seis asas em mosaico adorna a Cúpula do Gênesis da grande basílica medieval de São Marcos, em Veneza.

HIERARQUIAS ANGÉLICAS

O Querubim carrega a energia do Sol, da Lua e das estrelas. Esse anjo poderoso não é parecido com o cupido muitas vezes retratado na arte, mas é um vasto ser cósmico.

Regidos por: Zophiel, Ophaniel, Rikhiel, Cherubiel, Rafael e Gabriel.

Tronos Os Tronos estão sempre na presença de Deus. No Antigo Testamento, Ezequiel os descreve como um redemoinho de vento, uma grande nuvem de fogo; suas asas se unem umas às outras como grandes rodas ígneas repletas de olhos. Essas são as rodas do Merkabah, o trono ou carruagem de Deus. Esses anjos detêm a energia de Deus em forma de justiça divina – eles dão a conhecer a vontade de Deus aos anjos da guarda. A Virgem Maria é supostamente um Trono.

Regidos por: Tzaphkiel, Zadkiel, Raziel, Jophiel e Oriphiel.

Segunda esfera

Esta segunda esfera contém as três ordens seguintes mais elevadas de anjos: os Domínios, as Virtudes e os Poderes.

Domínios Esta ordem de anjos – às vezes chamada de Dominações ou Senhores – supervisiona a hierarquia angélica mais inferior e serve de canal para o amor de Deus por meio da energia da misericórdia, o poder de governar sem oprimir. Os Domínios manifestam a majestade de Deus e regem o nível em que os reinos espiritual e físico começam a se fundir. Seus emblemas de autoridade são um cetro ou orbe na mão esquerda e um cajado de ouro na mão direita.
Regidos por: Zadkiel, Muriel, Yahariel e Hashmal.

Virtudes As Virtudes podem suspender as leis da natureza e operar milagres na Terra. Essa ordem confere graça e bravura aos mortais que precisam de inspiração e coragem. Às vezes as Virtudes são chamadas de "iluminados" ou "brilhantes" e dizem que eles inspiram os santos. Jesus estava acompanhado de duas Virtudes quando ascendeu ao Céu. As Virtudes do Céu, na ascensão de Jesus, cercaram-no para escoltá-lo. As Virtudes também foram as parteiras de Eva, quando ela deu à luz Caim.
Regidas por: Uriel, Cassiel e Gabriel.

Poderes Os Poderes também são conhecidos como Autoridades, Potestades e Dínamos – os "Senhores do Karma", que protegem a nossa alma e são os guardiões dos registros akáshicos (ver páginas 260-261). Deles é a tarefa de manter os demônios sob controle. Com isso, os Poderes evitam que os demônios dominem o nosso mundo. Eles são muitas vezes vistos como anjos da morte e

HIERARQUIAS ANGÉLICAS

do renascimento, pois guardam os caminhos para o Céu e guiam as almas perdidas de volta ao Paraíso.

Regidos por: Chamuel, Sammael, Camael, Ertosi e Verchiel.

A inspiração divina transmitida pela Luz de Deus foi um tema comum nas pinturas ao longo dos séculos, e nos proporciona imagens de anjos.

Terceira esfera

A terceira esfera contém as últimas três ordens: as Principalidades, os Arcanjos e os Anjos (inclusive os anjos da guarda).

Principalidades As Principalidades, ou Principados, são os guardiões das nações e os supervisores do trabalho dos anjos, abaixo deles na hierarquia. As Principalidades supervisionam os países, as cidades, as vilas e os locais sagrados. Dizem que o Arcanjo Miguel é a Principalidade de Israel, mas outros países como a Espanha também o têm como guardião. As Principalidades também guiam as religiões e os líderes religiosos no caminho da verdade. Elas trabalham com os anjos da guarda para nos inspirar.
Regidas por: Haniel, Anael, Cerviel e Requel.

Arcanjos Os Arcanjos também são conhecidos como Anjos Regentes. No Novo Testamento, o termo "Arcanjo" só ocorre duas vezes: na Primeira Carta aos Tessalonicenses e em Judas. No Apocalipse de São João 8:2, São João se refere aos "sete anjos que se acham em pé diante de Deus", o que por tradição é interpretado como sendo os sete Arcanjos. O Livro de Enoque nomeia os sete como Uriel, Raguel, Gabriel, Miguel, Seraqael, Haniel e Rafael. Outras fontes atribuem-lhes variantes desses nomes.

Enoque também viu os sete anjos diante do trono de Deus (eles eram seres compostos, não separados, e representavam inúmeros outros). Eram iguais em altura, tinham faces brilhantes e vestes idênticas. Eram sete, porém, um só – a unidade dos anjos. Eles controlavam e harmonizavam toda a criação de Deus. Controlavam o movimento das estrelas, as estações e as águas da Terra, assim como as plantas e a vida animal. Os Arcanjos também manti-

Uma versão do século XVI do Arcanjo Gabriel na Anunciação da Virgem Maria. Gabriel é muitas vezes retratado carregando um lírio (símbolo da pureza).

nham um registro de todas as encarnações de cada ser humano.

São João viu sete tochas (arcanjos) diante do trono de Deus, ardendo como uma só. As sete tochas são representadas pelo candelabro de sete braços (menorá, na tradição judaica) – sete lamparinas, todas irradiando uma só luz, a luz de Deus. A presença sétupla é uma antiga tradição adaptada pelo Cristianismo, em que a luz central foi substituída por uma cruz, com três velas de altar acesas de cada lado.

Os Arcanjos operam em muitos níveis diferentes, pois são mensageiros dos decretos divinos. Eles fazem que se cumpra a vontade de Deus, e ignorar um de seus mensageiros divinos é arriscado.

Anjos Existem milhões de anjos nos ajudando em muitas tarefas diferentes. Eles são guardiões de todas as coisas físicas e pessoas. Tudo na criação fica sob os cuidados dos anjos, que irradiam harmonia e beleza cósmicas para a nossa vida. Existem anjos do amor, da alegria, da coragem, da paz, da esperança, da fé, da liberdade e da harmonia. Há muitas referências aos anjos tanto no Antigo quanto no Novo Testamento, mas eles normalmente não são identificados por um nome em particular.

Anjos da guarda

A tarefa dos nossos anjos da guarda é nos proteger, guiar e fortalecer contra as forças do mal. Embora esses anjos estejam no patamar mais inferior em termos de poderes celestiais, eles estão, ainda assim, ligados aos imensos anjos "planetários". Nosso anjo da guarda é, portanto, nossa primeira rota para Deus.

Todos nós temos um anjo da guarda que nunca nos abandonará. Nosso anjo da guarda nos é designado quando encarnamos pela primeira vez, e nos acompanha ao longo de todas as encarnações, evoluindo à medida que evoluímos rumo a um destino comum.

A tarefa do guardião é canalizar a maior quantidade possível de luz para nós, com o objetivo de nos inspirar nos caminhos da retidão e nos fortalecer contra as forças da negatividade. Ele nos traz conforto nas horas de necessidade e nos ajuda ao longo da vida. Alguns cristãos acreditam que todos nós nascemos com um anjo da guarda, mas, se somos batizados, então a missão desse anjo é nos levar a Deus. O anjo da guarda faz isso rezando constantemente pela iluminação da nossa alma.

A maioria das pessoas entra em contato pela primeira vez com o reino angélico por meio do anjo da guarda. Essa experiência inicial de uma presença angélica é muitas vezes tangível em momentos de extremo perigo físico ou espiritual, em momentos de pesar, desespero ou doença ou de alegre inspiração.

Nosso anjo da guarda nunca pode violar nosso livre-arbítrio ou nos ajudar quando optamos por ignorar a assistência oferecida. O livre-arbítrio é o dom mais sagrado da vida; é o que nos permite escolher a cada instante se queremos sintonizar a nossa consciência com o bem ou com o mal. Algumas pessoas sentem que seu anjo da guarda é, na verdade, seu eu superior ou, como afirmam os ensinamentos

Esta pintura do séc. XVII, Hagar e Ishmael resgatados pelo anjo, *mostra ambos sendo guiados para fora do deserto por um anjo enviado por Deus, que os leva em direção à água.*

HIERARQUIAS ANGÉLICAS

budistas, é a nossa natureza búdica, a centelha divina dentro de cada um de nós.

Anjos guias Todos nós temos um anjo que nos orienta, trabalhando tanto conosco quanto o nosso anjo da guarda. O seu anjo guia muda à medida que você evolui espiritualmente ou precisa aprender lições espirituais diferentes. Algumas pessoas têm vários anjos orientadores.

O Reino dos Elementais

As crianças do reino angélico são os espíritos mágicos da natureza que criam abundância e harmonia na Terra quando são respeitados e reconhecidos. Eles muitas vezes aparecem como luzes coloridas ou uma névoa em torvelinho. Os espíritos da natureza nos ajudam a entender os ritmos da natureza e o nosso lugar neste mundo.

Os espíritos das árvores nos conectam com à teia multidimensional da vida, na qual habitam todos os seres vivos.

Os elementais atuam junto com os anjos dos locais sagrados, ajudando-nos a entender o que os nossos ancestrais sabiam instintivamente – a importância da correlação entre as fases da Lua, as marés e as estações.

O planeta Terra é um ser vivo que também evolui por meio da vida das criaturas que nutre. Os anjos planetários, os devas e outros espíritos da natureza ajudam a Terra ao longo de seus estágios de crescimento desde os seus primórdios.

Fadas Fadas, elfos, gnomos e duendes são espíritos da Terra que regem as flores, as plantas, as árvores, o solo, a areia e os cristais. A Terra é o menos dinâmico e mais estático dos quatro elementos básicos. Os espíritos da Terra mostram como podemos nos nutrir e viver em abundância como cocriadores, em equilíbrio e harmonia. Isso significa viver de modo responsável com relação a toda a vida do planeta. Ao nos concentrarmos na energia poderosa que flui ao nosso redor, levamos estabilidade e abundância a todas as áreas da nossa vida. Os espíritos das árvores e das plantas, como nossos ancestrais sabiam, têm o poder de curar todas as nossas doenças, se optarmos por trabalhar com eles. Encontre simplesmente uma árvore com que você se harmonize, cumprimente-a e peça para trabalhar com sua essência espiritual.

Sereias Ondinas e sereias são espíritos da água que regem a água e cuidam das criaturas que habitam tal reino. Os espíritos da água nos ensinam a purificar e equilibrar nossas emoções. Eles nos ensinam a seguir com o fluxo e tomar o caminho da menor resistência. A água pode assumir qualquer forma, muitas vezes é difícil contê-la e ela pode ser consideravelmente poderosa. Os espíritos da água têm muito a nos ensinar sobre a adaptação a situações diferentes sem perder nossa receptividade básica.

A água é receptiva e carrega as mensagens das áreas pelas quais passa. A água tem muitas mensagens ocultas e se tornará crucial para a humanidade nos próximos anos.

Salamandras As salamandras são espíritos do fogo que guardam os segredos da transformadora energia do fogo. Há uma grande quantidade deles em torno dos vulcões. Os espíritos do fogo nos ensinam sobre a energia dinâmica da nossa

Os transformadores espíritos do fogo acendem nossa centelha divina para despertar nosso espírito.

força vital, a centelha de fogo divino que reside em cada um de nós. Essa força nos convoca diariamente a seguir na direção da luz e a despertarmos do nosso torpor. O fogo purifica, queima e destrói o obsoleto, de modo que o novo possa emergir. O fogo criativo nos ensina a firmeza espiritual. O raio, o fogo supremo, nos traz crescimento espiritual sem precedentes e a iluminação do nosso espírito.

Sílfides Espíritos do ar, as sílfides levam nossas orações até os anjos. O ar é leve, livre e flexível. Ele também é invisível e só pode ser visto por meio dos efeitos que cria. A maioria das formas de vida precisa de ar para viver. O trabalho com as sílfides aguça nossa mente, intuição, comunicação e imaginação criativa, além de nos proporcionar momentos de inspiração. Os pássaros, que são criaturas do ar, acalentam nosso coração com seu canto. Eles cantam para nós as belezas ocultas da criação.

Devas Os devas são mais evoluídos do que os elementais e muitas vezes trabalham com os seres humanos, especialmente como guardiões de lugares sagrados e bosques antigos. Eles também habitam belos cristais de quartzo transpa-

Criatura do ar, a magnífica águia é o símbolo de uma nova era de iluminação.

rentes. Se você tiver a sorte de encontrar um cristal do templo dévico, ele se tornará uma grande fonte de informações. Esses cristais têm uma assinatura vibratória que nos permite acessar informações para unir o Céu e a Terra. Eles nos ensinam a elevar não só nossa frequência mas também a de outras pessoas e do planeta. Os devas que fizeram de cristais de quartzo sua morada lhe ensinam a cura tanto pessoal quanto planetária.

Os anjos de Enoque

Existe uma ramificação dos textos extracanônicos rica em tradições angélicas: os três livros de Enoque (ver página 12), atribuídos ao bisavô de Noé. O Livro de Enoque ou Primeiro Enoque só existe completo na língua etíope; o Segundo Enoque existe apenas no antigo esloveno e o Terceiro Enoque sobreviveu em hebraico. O último deles é composto de "As Visões de Sonhos", "O Livro das Luminares Celestiais" e "As Parábolas" ou "As Similitudes", e fragmentos do "Livro de Noé". Os três livros de Enoque foram escritos entre 200 AEC e 100 EC por vários autores, com diferentes pontos de vista religiosos. Os três livros de Enoque foram omitidos na Bíblia, mas continuaram a ser citados pelas autoridades da Igreja durante muitos séculos.

Enoque era uma figura-chave tanto na tradição angélica cristã quanto na judaica. Suas descrições vívidas e detalhadas do Céu e sua intrincada teologia angélica podem ter inspirado outros escritores – as visões de São João no Livro do Apocalipse são um ótimo exemplo.

O texto místico de Enoque, o Livro de Enoque, começa com uma visão onírica em que ele é solicitado a interceder junto de Deus pelos anjos caídos, que deixaram sua morada celestial. Enoque cita todos os "anjos caídos" pelo nome e o papel que representaram na "queda".

Ele vê querubins flamejantes (Enoque I:17), "que eram como fogo ardente e, quando queriam, apareciam como homens". Mostraram-lhe os lugares das luminares e ele foi levado pelo Arcanjo Miguel aos céus mais elevados e testemunhou os mecanismos do universo e toda a criação. Em outra seção, ele descreve o lugar da punição final dos anjos caídos. Há fragmentos de outras viagens que Enoque faz com os anjos para a "Árvore

da Sabedoria" e o "Jardim da Retidão".

Em Enoque I:70: "A Tradução Final de Enoque", vemos Enoque transformado no Arcanjo Metatron. Como Metatron, ele é o anjo mais importante dos textos do Merkabah. Seu nome significa "participante do trono" ou Jeová (Deus) menor.

Enoque foi transformado no Arcanjo Metatron por meio da purificação do fogo divino para se tornar o arcanjo mais importante.

HIERARQUIAS ANGÉLICAS

OS ANJOS E A CABALA

A História da Cabala

Uma das mais ricas fontes de informações sobre anjos deriva das tradições místicas judaicas conhecidas como Cabala. O folclore judaico afirma que, antes de Deus criar o mundo em que vivemos, ele ensinou a Cabala para os anjos. Adão foi o primeiro anjo a receber esses ensinamentos, que lhe foram transmitidos em forma de livro pelo Arcanjo Raziel, assim que ele e Eva foram expulsos do Jardim do Éden.

Os ensinamentos da Cabala deveriam ajudar Adão e Eva – ou pelo menos seus descendentes – a voltar ao paraíso (paraíso deriva de *pardes*, palavra hebraica que significa "pomar"). Dizem que o Livro de Raziel ou *Sepher Raziel* foi, portanto, o primeiro livro escrito e era um vasto compêndio da tradição mágica hebraica.

Os ensinamentos da Cabala se perderam, mas foram transmitidos ao profeta Abraão, só para serem perdidos novamente quando o povo judeu vivia no Egito. (Segundo uma tradição, Abraão na verdade escondeu o livro numa caverna.) Depois do êxodo dos judeus do Egito, Moisés recebeu os ensinamentos quando subiu a montanha para encontrar Jeová.

Cabala é uma palavra hebraica que significa "receber sabedoria interior" e é transmitida por tradição oral. Não existe um livro único chamado Cabala, mas mais propriamente um corpo de conhecimentos. Dois textos originais existem dentro da Cabala – o *Zohar*, o "Livro do Esplendor" e o *Sepher Yetzirah*, o "Livro da Criação"; o último, segundo a lenda, é atribuído a Melquisedeque, um rei sacerdote de Salém (posteriormente Jerusalém), e foi oferecido como uma revelação a Abraão, o pai da nação judaica.

A estrutura da existência como descrita pelos cabalistas mostra os estágios lógicos descendentes pelos quais Deus criou

o esquema divino original. A palavra Cabala tem várias grafias diferentes, que variam de acordo com os períodos históricos e tradições. A expressão "Árvore da Vida" foi popularizada na Idade Média.

A maioria das tradições espirituais tem uma história da "criação" em que um poder criativo de outro reino cria o universo. A tradição mística judaica da Cabala não é diferente: Deus, a Presença Divina, onipotente, indefinível e sem forma, manifesta o mundo a partir do nada. Quando Deus criou o mundo e fez uma forma a partir do que não tinha forma, a primeira ideia criou a luz. Deus então separou a luz da escuridão (masculino/feminino ou yin e yang) e assim definiu a polaridade.

Versões da "Árvore da Vida" como uma expressão da cosmologia são encontradas em todo o mundo. Esta é de Gustav Klimt (1862-1918).

O poder criativo do som

As 22 letras do alfabeto hebraico se compõem unicamente de consoantes, e são consideradas sagradas. Essas consoantes têm uma vibração ou assinatura vibratória, o que significa que elas estão vivas graças ao poder cósmico criativo. Esse poder cósmico é latente e só pode ser ativado pela voz humana, quando ela pronuncia os sons das vogais; os cabalistas afirmam que a oração só é eficaz quando feita em voz alta.

O som é gerado como um movimento vibratório de partículas e objetos. As vibrações que produzem o som têm uma energia, um padrão vibratório sônico, que é encontrado em toda a natureza, não só dentro de nós e do nosso mundo, mas nos recônditos mais distantes do cosmo. Os padrões vibracionais do som guardam a chave da compreensão dos padrões do ser e da organização da matéria no universo físico.

Na escala cósmica, o som é um poder invisível universal, capaz de promover profundas mudanças em muitos níveis – físico, emocional e espiritual. O som está entre as energias mais transformadoras do planeta. Ele pode restaurar a harmonia e o equilíbrio na nossa vida. Por outro lado, ele também tem a capacidade de nos afetar de maneira desfavorável, levando nossas taxas vibracionais já pouco elevadas a novos patamares de desequilíbrio (ver páginas 18-19).

Os antigos sabiam o que os físicos modernos agora entendem – que tudo está num estado de constante vibração. Eles agora compartilham a crença de que o mundo foi criado por meio do som. No Gênesis, o primeiro livro do Antigo Testamento, uma das primeiras sentenças é: "Disse Deus: Faça-se a luz". João escreveu no Novo Testamento: "No princípio era o Verbo, e o Verbo estava com Deus, e o Verbo era Deus". Nos Vedas, da tradição hindu, há uma afirmação quase idêntica: "No princípio era Brahman, com ele estava o Verbo. E o Verbo é Brahman".

Os antigos egípcios acreditavam que o deus Thoth criou o mundo apenas com a voz. Em Popul Vuh, o texto sagrado da tradição maia, o primeiro povo de verdade ganhou vida puramente pelo poder da "palavra". A história da criação dos indígenas hopi fala que todos os animais foram criados pela Mulher-aranha, enquanto cantava as Canções da Criação sobre eles.

Cada letra do alfabeto hebraico tem um valor numérico: as primeiras três letras, Aleph, Beth e Gimel têm valores 1, 2 e 3, respectivamente, e assim continua pelas 22 letras do alfabeto.

Os cabalistas acreditam que o cálculo do valor numérico de uma palavra define sua essência eterna arquetípica. Qualquer combinação de palavras ou frases, portanto, que tenha o mesmo valor numérico tem também a mesma essência. A arte de encontrar palavras com o mesmo valor numérico é chamada de gematria e é geralmente praticada nos nomes bíblicos e angélicos.

Aleph

Mem

Shin

Estas são as chamadas letras "mãe" no hebraico, e correspondem aos elementos ar, água e fogo. Os sons são comuns a todas as línguas.

O absoluto

A Cabala é um ensinamento místico esotérico que elabora princípios fundamentais da criação mística e da metafísica. Os princípios da Cabala são usados para ilustrar ideias relacionadas à natureza do Absoluto, às leis cósmicas fundamentais e às hierarquias da criação. A Cabala é um profundo ensinamento de mistério, pertinente às teorias modernas relacionadas aos eventos da criação e à compreensão da natureza das realidades dimensionais superiores que sustentam todas as coisas.

Além das esferas imediatamente acima de Kether, no topo da Árvore da Vida, está o Divino, que algumas pessoas chamam de "Mente de Deus". Ele é incognoscível, perfeito, puro e absoluto. Nada pode existir sem o poder de Deus, no entanto ele é ao mesmo tempo um nada e todas as coisas, pois contém todas as possibilidades.

Os cabalistas usam vários termos e distinções para representar aquilo que está além da compreensão humana. Essas imagens e termos são tentativas sutis de nos apontar a direção do incompreensível que é preexistente à criação do universo.

Isso é representado como uma tríade na natureza, *Ain*, *Ain Soph* e *Ain Soph Aur* (ver ilustrações na página ao lado).

Ain: Vácuo (nada ou vazio absoluto, inconcebível e impronunciável).

Ain Soph: o Todo Ilimitado (infinito, sem limites, todas as possibilidades ou Deus Imanente).

Ain Soph Aur: Luz Infinita ou Luz Ilimitada (o terceiro aspecto do Absoluto).

Acredita-se que o Divino gere uma sequência de véus de existência negativa. Para ilustrar esses três reinos de existência negativa, podemos representar Ain como sendo um espaço em branco, Ain Soph como sendo completamente preto e Ain Soph Aur como branco. Esses três reinos de existência negativa ou não ser são eternos com respeito a sustentar todas as coisas em todas as dimensões (espaço) e por todo o tempo. Eles são o universo quântico, além do espaço, do tempo e da realidade, mas responsável por eles.

Esses são os estágios que o Divino precisa atravessar para efetuar a manifestação ou ponto de luz. Esse ponto de luz é onipotente e onipresente: é ilimitado e sem dimensão, contendo todas as possibilidades.

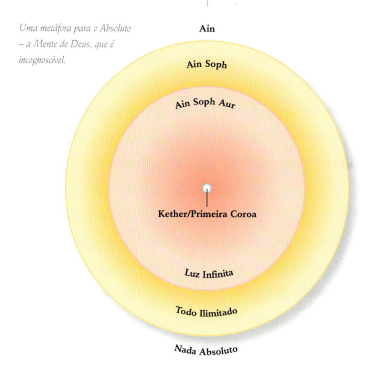

Uma metáfora para o Absoluto – a Mente de Deus, que é incognoscível.

Os Arcanjos e as dez sephiroth

A energia divina desce do alto e dá origem às dez sephiroth. Você pode imaginá-las como emanações ou esferas. Cada sephirah (a forma singular de sephiroth, que significa "vaso") representa uma assinatura energética. A Árvore da Vida é uma representação visual ou mapa do caminho de volta da ascensão para a consciência divina. Ascendendo de baixo até o topo na ordem inversa (de dez a um), por meio das sephiroth, podemos voltar a Deus. Com a ajuda das sephiroth, a humanidade ascende a Deus entrando em sintonia com o significado de cada sephirah, uma de cada vez.

A Árvore da Vida pode ser usada como um modelo para inúmeros sistemas de

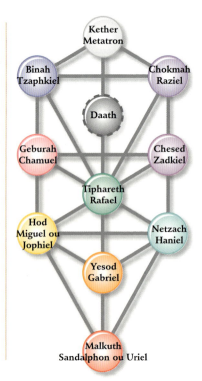

A Árvore da Vida cabalística é um mapa mágico que leva à iluminação ou união com Deus.

crença. Ela nos permite organizar e ordenar a nossa vida de acordo com a maneira como vemos e compreendemos o mundo.

Não é fácil fazer o caminho pelas sephiroth, pois se acredita que cada sephirah é dividida em quatro seções que correspondem aos Quatro Mundos. No interior da sephirah há também o nome sagrado, incognoscível e impronunciável de Deus: YHVH (Jeová) ou o Tetragrammaton. O Tetragrammaton é tão sagrado que é substituído por outros nomes de Deus, como Jeová, Elohim ou Adonai. As letras YHVH correspondem aos Quatro Mundos.

As sephiroth e seus Arcanjos

Kether (Coroa)	–	*Arcanjo Metatron (Divino)*
Chokmah (Sabedoria)	–	*Arcanjo Raziel (Pai Cósmico)*
Binah (Compreensão)	–	*Arcanjo Tzaphkiel (Mãe Cósmica)*
Chesed (Misericórdia)	–	*Arcanjo Zadkiel (Tzadkiel)*
Geburah (Severidade)	–	*Arcanjo Chamuel (Khamael)*
Tiphareth (Beleza)	–	*Arcanjo Rafael*
Netzach (Vitória)	–	*Arcanjo Haniel*
Hod (Glória, Majestade)	–	*Arcanjo Miguel ou Arcanjo Jophiel*
Yesod (Fundação)	–	*Arcanjo Gabriel*
Malkuth (Reino)	–	*Arcanjo Sandalphon ou Arcanjo Uriel (Auriel)*
*Daath (Conhecimento)	–	*Espírito Santo (Shekinah) ou conhecimento*

* Alguns cabalistas consideram Daath um lugar de poderes e milagres misteriosos. Daath e Kether são a mesma sephirah de dois aspectos diferentes.

As três tríades

Dentro da estrutura da Árvore da Vida estão as três tríades (triângulos), formadas pelas primeiras nove sephiroth, com a décima formando a base. Cada tríade tem o princípio (atributo do Divino) masculino (positivo) e feminino (negativo) com um princípio mais moderado entre eles, criando um equilíbrio.

Cada princípio funciona de acordo com suas características ou natureza. Em geral, os princípios masculinos (às vezes chamados de forças) são caracterizados como positivos, ativos ou dinâmicos e os princípios femininos são considerados passivos. O princípio que reside entre o masculino e o feminino supostamente harmoniza os opostos.

A primeira tríade Na primeira tríade, Chokmah (o princípio masculino) é oposto a Binah (o princípio feminino). Esses princípios são considerados o Pai e a Mãe, respectivamente. Chokmah, também chamado a ativa Sabedoria de Deus, atua acima de Binah, a passiva Compreensão de Deus. Kether é o princípio harmonizador que mantém o equilíbrio entre os dois.

A segunda tríade Na segunda tríade (em que o pai, a mãe e o filho são representados) as sephiroth são: Chesed, Geburah e Tiphareth. Chesed (masculino) é o pai bondoso e misericordioso que protege e orienta o filho, enquanto Geburah (feminino) é a mãe austera e autoritária. O princípio equilibrador é Tiphareth, que é muitas vezes comparada com o Sol.

As funções de Tiphareth (que combina as características de Chesed e Geburah) são frequentemente comparadas com as da natureza. Tiphareth é tanto o Sol que nos aquece e brilha suavemente quanto o calor ardente que mata.

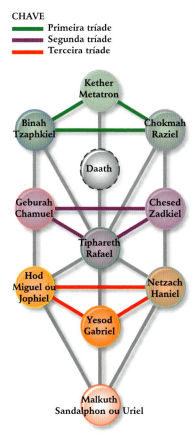

CHAVE
— Primeira tríade
— Segunda tríade
— Terceira tríade

As três tríades dentro da estrutura da Árvore da Vida são mostradas sobrepostas sobre a Árvore em verde, em roxo e em laranja.

A terceira tríade A terceira tríade representa o filho entrando na idade adulta. Suas sephiroth (Netzach, Hod e Yesod) simbolizam a luta ente as forças duais do instinto e do intelecto. Netzach (masculino) representa a permanência e a vitória de Deus. Ela apoia o impulso eterno da natureza, permitindo que a humanidade aja naturalmente.

A sephirah oposta, Hod (feminino) contém as qualidades da intuição, da imaginação e da inspiração. Yesod (o filho) está agora adulto e é a sephirah harmonizadora entre Netzach e Hod. Ela está na esfera da Lua. Yesod é o poder mágico potencial dentro de si mesmo. Yesod é considerada a ligação entre Tiphareth (o Sol) e Malkuth (a Terra). Malkuth como a sephirah-base representa a Terra.

Os Três Pilares

Existem muitos padrões na Árvore da Vida. Os três pilares ou colunas propiciam um importante padrão (ver ilustração à direita). O Divino desce do alto usando esses três pilares como estrutura: é assim que toma forma o que não tem forma. Os cabalistas usam o pilar do meio como uma rota direta para Deus.

O Pilar da Severidade A coluna da esquerda é *Boaz* ou o Pilar da Severidade, e é água, passiva e feminina. Boaz é composta de Binah no topo, Geburah no centro e Hod na base. Esse é o pilar da forma, e as três sephiroth desse lado estão relacionadas com restrição ou confinamento.

O Pilar da Misericórdia A coluna da direita é *Jachin* ou o Pilar da Misericórdia e é fogo, ativa e masculina. Jachin é composta de Chokmah no topo, Chesed no centro e Netzach na base. Esse é o pilar

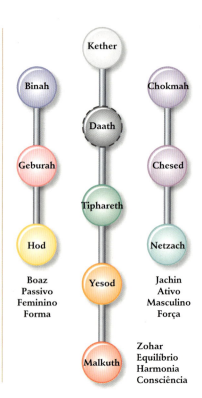

da força, e as três sephiroth desse lado estão relacionadas com movimento e expansão.

O Pilar do Equilíbrio A coluna do meio é *Zohar* ou o Pilar do Equilíbrio e é ar e equilíbrio. Zohar é composto de Kether no topo, Tiphareth e Yesod no centro e Malkuth na base. Esse pilar também é conhecido como o Pilar da Consciência e contém a sephirah oculta Daath (ver páginas 86-87 para mais informações).

VISUALIZAÇÃO PARA O REEQUILÍBRIO

Esta visualização corresponde à sua coluna espiritual restabelecendo o equilíbrio. Sente-se confortavelmente num lugar tranquilo.

O QUE FAZER

1 Comece tomando consciência da sua respiração e relaxe. Concentre-se na percepção do seu Chakra da Coroa, no topo da cabeça. Visualize ali uma esfera de luz branca e brilhante.

2 Veja um raio de luz descendo da esfera sobre a sua cabeça e formando uma esfera azul-lavanda no seu Chakra da Garganta.

3 Veja um raio de luz descendo da esfera de luz do Chakra da Garganta para o Chakra do Plexo Solar. Visualize-o preenchendo o seu plexo solar com uma luz dourada.

4 Veja um raio de luz descendo para o seu Chakra do Sacro. Visualize-o preenchendo esse chakra com uma luz violeta-prateada.

5 Veja um raio de luz descendo para os seus pés, onde ele forma uma esfera negra. Agora visualize todas as esferas de luz conectadas por um tubo de luz.

6 Para fechar a sessão, traga sua consciência de volta à realidade do dia a dia.

As três partes da alma

Os cabalistas acreditam que a alma tem três partes, cada qual vinda de uma sephirah. Essas partes, porém, não estão necessariamente ativas em todas as pessoas. O *Zohar* chama esses três elementos de *nefesh, ruach* e *neshamah*.

A nefesh está presente em todos os seres humanos e entra no corpo humano no nascimento. Ela é a fonte da natureza física e psicológica da pessoa. As outras duas partes da alma não são implantadas no nascimento, mas se desenvolvem lentamente ao longo do tempo; esse desenvolvimento depende das atitudes e crenças da pessoa. Acredita-se que elas só existam integralmente em pessoas que já despertaram espiritualmente.

Nefesh vem de Malkuth e sustenta o corpo, incutindo-lhe vida e permitindo que ele faça parte do mundo material. Ruach se origina em Tiphareth e é o espírito. Trata-se do aspecto que nos permite transcender a humilde condição humana por meio do desenvolvimento do intelecto e da razão. É o aspecto da alma que nos leva a mergulhar numa profunda contem-

No nascimento, nefesh entra no corpo físico, para que possamos fazer parte do mundo material.

Zohar *ou o* Livro do Esplendor *é um dos principais textos da Cabala.*

plação de Deus e nos ajuda a distinguir ações boas e más.

Neshamah é uma emanação de Binah, a Mãe Cósmica. Trata-se da sobrealma, puro espírito que nunca perece nem é corrompido: é o aspecto eterno de Deus. Essa parte da alma é propiciada tanto aos judeus quanto aos não judeus, no momento do nascimento. Ela permite que a pessoa tenha alguma consciência da existência e da presença de Deus, e possibilita a vida após a morte.

Outros aspectos da alma Um texto tardio acrescentado ao *Zohar*, intitulado *Raaya Meheimna* e de autor desconhecido, sugere que a alma humana tem ainda outras duas partes, *chayyah* e *yehidah*. Chayyah nos dá consciência da força vital divina, enquanto Yehidah é a parte superior da alma, que possibilita a total união com Deus.

Algumas obras cabalistas afirmam que existem alguns outros estados anímicos, estes não permanentes, que a pessoa pode desenvolver em certas ocasiões. Uma delas é *ruach ha kodesh*, uma parte da alma usada para profecias.

O Raio

Pode-se usar o Raio na meditação ou visualização, acompanhando-se mentalmente a trajetória da energia, à medida que ela sobe ou desce pelas sephiroth, "acendendo" cada uma delas. Esse exercício ajuda você a focar sua intenção, uma vez que a energia segue o pensamento (intenção). A focalização da energia espiritual em cada sephirah e a "iluminação" do caminho que ela percorre intensificam a nossa comunicação com Deus.

Como cada sephirah representa um estado diferente de consciência, ao acompanharmos a trajetória da energia podemos ver que mudanças estarão ocorrendo em nossa mente consciente. O Relâmpago é outro instrumento cabalista que nos ajuda a entender Deus. Os cabalistas tentam descrever o indescritível usando exemplos e aproximações. Veja a seguir um guia de pronúncia para os nomes das sephiroth, que você poderá usar ao meditar sobre a Árvore da Vida usando o Raio.

- Kether (pronuncia-se "ketta")
- Chokmah (pronuncia-se "ocma")
- Binah (pronuncia-se "bina")
- Daath (pronuncia-se "dart", como em Darth Vader, de *Guerra nas Estrelas*)
- Chesed (pronuncia-se "quesed")
- Geburah (pronuncia-se "gebuur")
- Tiphareth (pronuncia-se "tifaret")
- Netzach (pronuncia-se "netzac")
- Hod (pronuncia-se "rod")
- Yesod (pronuncia-se "iesod")
- Malkuth (pronuncia-se "maalcut")

São muitos os caminhos criados pelas sephiroth fixas da Árvore da Vida. O Raio é um caminho importante pelo qual a energia divina (emanação) de Deus pode descer à Terra. Esse caminho descendente é chamado de involução.

A luz divina percorre a Árvore da Vida como um raio, da esquerda para a direita, de Kether até Malkuth, e depois faz o caminho de volta. A energia flui de Kether para Chokmah e Binah, depois passa pela "não sephirah" Daath. Devidamente carregada com poder cósmico, ela então passa para a sephirah de Chesed e então para Geburah, fluindo finalmente através de Tiphareth, Netzach, Hod e Yesod, aterrando em Malkuth.

O inverso do Raio é o caminho da evolução ou da serpente, que é parecido com o despertar e o movimento ascendente da energia Kundalini, encontrado no Chakra da Raiz. O movimento evolutivo da energia começa em Malkuth e passa por Yesod, Hod, Netzach, Tiphareth, Geburah, Chesed, Daath, Binah e Chokmah, finalizando em Kether.

À medida que visualiza o Relâmpago e move a consciência pelas sephiroth, uma a uma, você pode pronunciar cada nome como se fosse um mantra. A pronúncia do som faz que a energia espiritual purifique e aperfeiçoe cada esfera da consciência, abrindo caminho para Deus.

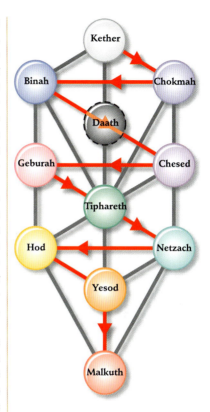

Este caminho descendente pela Árvore da Vida, muito usado para auxiliar a meditação, é chamado de Relâmpago ou involução.

Daath

As sete sephiroth inferiores são separadas das três superiores, a "Trindade Divina" pela "não sephirah" Daath, o lugar do conhecimento, conhecido como vácuo, abismo, véu ou sala vazia. Trata-se de um "não lugar", pois ele é transpessoal e não tem forma.

A existência de um vácuo entre as três sephiroth divinas, Kether, Chokmah e Binah, e as sete sephiroth inferiores é uma ideia bem desenvolvida na Cabala. Ao visualizar a trajetória descendente do Relâmpago pela Árvore da Vida, você percebe que ele segue um caminho ligado às sephiroth, com exceção do momento em que salta de Binah para Chesed, o que reforça a ideia de um vácuo ou abismo que precisa ser atravessado. Não existem caminhos laterais fáceis para essa esfera: o único acesso fácil, nos dois sentidos, é pelo pilar do equilíbrio, ao meio.

Daath significa conhecimento, todo conhecimento, e o melhor caminho para se

O símbolo de Daath é uma sala vazia. Ela oculta um grande segredo; acenda uma vela na sua mente para que possa passar por Daath com segurança.

abordar o vácuo, o grande desconhecido, é adquirindo conhecimento. No entanto, como você descobrirá, o conhecimento não é suficiente; você precisa equilibrar o conhecimento que adquire com Binah (compreensão) e Chokmah (sabedoria).

Essa não sephirah contém o conhecimento do passado, do presente e do futuro. Ela é o útero do silêncio e tradicionalmente é a morada do Espírito Santo (*ruah ha kodesh*). Para acessar o "Santo dos Santos", você passará por Tiphareth, que é regida pelo Arcanjo Rafael. Ele o ajudará a desenvolver equilíbrio e compaixão na vida, para que você possa adquirir o conhecimento do eu.

VISUALIZAÇÃO DE DAATH

Esta visualização nos permite iluminar as trevas interiores. Muitas vezes, quando estamos na "escuridão" (ignorância), Daath é percebida pelo "pequeno ego" como o desconhecido. Sente-se ou deite-se confortavelmente num lugar tranquilo, onde não será perturbado. Talvez você queira ler a seção sobre sintonização com os anjos (ver páginas 218-219) antes de começar.

O QUE FAZER

1 Sente-se confortavelmente.

2 Feche os olhos, relaxe e respire devagar, prestando atenção na respiração.

3 Imagine-se num cômodo escuro.

4 Deixe que seus olhos se ajustem à escuridão e a sua mente, ao silêncio. Quando estiver pronto e à vontade na escuridão, acenda uma vela na sua mente. Use-a como uma centelha de luz para acender a chama.

5 Registre num diário todas as suas experiências, sonhos, visualizações e meditações cabalísticas.

O Caduceu

O Caduceu ou Bastão de Hermes (mensageiro e escriba dos deuses gregos) é um símbolo de sabedoria, cura e fertilidade. Ele era, na verdade, um ramo de oliveira com dois brotos decorados com guirlandas de flores ou fitas, que foram estilizadas como duas serpentes. De acordo com a lenda antiga, o deus Apolo deu o Caduceu a Hermes.

Esculápio, o deus grego da cura, também é retratado carregando um bastão circundado por duas serpentes; ele foi morto por um raio enviado por Zeus, que receava que esse médico brilhante tornasse o homem imortal. Thoth, o deus egípcio, também carrega um caduceu, que igualmente está presente na cultura babilônica.

A serpente verde começa em Malkuth e se enrodilha para a esquerda em Yesod, espirala para a direita tocando Netzach, depois volta para o centro em Tiphareth, finalizando em Geburah. A serpente verde representa o êxtase e a natureza, onde Deus é revelado em ação e no mundo natural das árvores, plantas e flores.

A serpente laranja também começa em Malkuth e se enrodilha para a direita, tocando Yesod; depois faz uma curva para a esquerda, tocando Hod, e depois volta para o centro em Tiphareth, finalizando em Chesed. A serpente laranja representa a análise e a compreensão, que é o caminho da Gnose Hermética para a consciência divina por meio do intelecto.

O círculo entre as duas asas está sobre Kether. A asa esquerda cobre Binah e a asa direita, Chokmah. Quando o Caduceu é sobreposto à Árvore da vida, vemos um movimento novo e sofisticado, que representa melhor o equilíbrio yin e yang, que está alinhado com a Era de Aquário atual, em que os opostos se complementam.

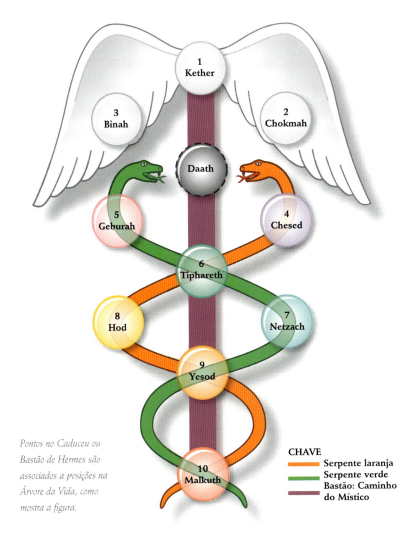

Pontos no Caduceu ou Bastão de Hermes são associados a posições na Árvore da Vida, como mostra a figura.

CHAVE
― Serpente laranja
― Serpente verde
― Bastão: Caminho do Místico

A Escada de Luz

No Antigo Testamento (Gênesis 28:10-22), o patriarca Jacó sonhou com anjos subindo da Terra e descendo para ela por meio de uma escada flamejante. Na visão, Deus estava ao lado de Jacó e prometia ficar sempre com ele. A escada dos anjos simbolizava a ligação entre o Céu e a Terra.

Na Cabala, a Escada de Luz transmite os ensinamentos da Cabala luriânica com uma só imagem. O rabino Isaac Luria (1534-1572) foi um dos maiores cabalistas de todos os tempos, e seu trabalho se baseava exclusivamente no Antigo Testamento e no *Zohar* (ver página 70). O rabino Luria cruzou várias informações para criar uma cosmologia mais abrangente e compreensível. Seu mais profundo *insight* foi sobre a natureza de Deus como criador. A seu ver, Deus era como o "big bang" (a teoria científica do séc. XX sobre a criação) e, o que é mais importante, ainda está evoluindo, por meio do processo da sua criação. No momento da criação, as "centelhas divinas" voaram em todas as direções – algumas caíram neste mundo, outras voltaram para sua fonte. Esse cataclismo deu início à evolução. Os ensinamentos de Luria, reunidos em *O Despedaçamento dos Vasos*, formaram o sistema de crença básico dos cabalistas que se seguiram e da teosofia cabalística.

A parte de Deus que é o aspecto criador é chamada Adão Kadmon, o homem arquetípico. As "centelhas divinas", segundo a visão dos cabalistas, anseiam por voltar ao estado de unidade com Deus. Os componentes básicos da Árvore da Vida são as dez sephiroth – a Escada de Luz é uma extensão da Árvore da Vida e oferece não só uma visão do mundo à nossa volta (outras dimensões) mas também do nosso mundo interior (dimensões interiores).

Esta pintura francesa do século XV, intitulada A Escada de Jacó, *ilustra claramente o sonho de Jacó com anjos subindo para o céu.*

Os Quatro Mundos

A Escada de Luz nos leva para o alto, através dos quatro mundos imperfeitos. Esses Quatro Mundos são, para os cabalistas, uma investigação da complexa relação de interpretações da Cabala, que pode nos levar a profundas revelações sobre nossa constituição psicológica, visto que cada pessoa interpreta a Cabala da sua própria maneira.

As letras YHVH correspondem aos Quatro Mundos. Na Cabala clássica, esses Quatro Mundos descrevem a estrutura do cosmo, desde a Divindade, passando pelos reinos angélicos, até chegar a este mundo físico.

Esses Quatro Mundos, juntos, podem ser considerados uma hierarquia linear, cada qual contendo sua própria Árvore completa, em que Malkuth num mundo se torna Kether do mundo imediatamente abaixo, e Kether desse mundo inferior se torna Malkuth do mundo acima dele. Malkuth é visto como a parte complementar de Kether: o primeiro é a Imanência Divina e o segundo, a Transcendência Divina.

Atziluth, que significa "emanação ou proximidade de Deus" é o mundo espiritual dos arquétipos dos quais se origina toda manifestação das formas. Esse é o mundo mais próximo do criador, Adão Kadmon. Trata-se da realidade divina absoluta, a divindade, perfeita e imutável, representando as polaridades masculina e feminina de Deus.

Briah é o mundo mental da criação, onde as ideias arquetípicas se tornam padrões. Também é chamado Trono. O Arcanjo Metatron, que é puro espírito e está encarregado de uma miríade de anjos, habita esse mundo. Todos os outros arcanjos que regem cada uma das dez sephiroth também habitam esse mundo, pois eles acabam por trazer a consciência imaginativa de Deus para a forma, nos mundos inferiores.

Yetzirah é o mundo psicológico da forma, onde os padrões são expressos. Esse mundo da formação está repleto de anjos, que são ainda puros espíritos envoltos em vestes luminosas. Esses anjos são divididos em dez graduações, de acordo com as dez sephiroth, e cada um deles está encarregado de uma parte diferente do universo e deriva seu nome do elemento ou corpo celeste que protege.

Assiah significa "O mundo da ação" e é o mundo físico onde o materialismo se manifesta. Embora os detalhes difiram de acordo com as diversas escolas cabalistas, o consenso básico é que o universo de Assiah compreende o mundo inferior ou subespiritual. Cada um desses Quatro Mundos se relaciona a um tipo particular de consciência.

CHAVE
- **Deus**
- **Atziluth**
- **Briah**
- **Yetzirah**
- **Assiah**

Esta Escada de Luz incorpora os ensinamentos da Cabala luriânica num único hieróglifo. Em vez de uma Árvore, existem cinco, que se sobrepõem.

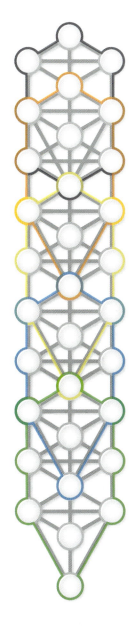

OS ANJOS E A CABALA

Pathworking com os anjos

A técnica conhecida como Pathworking (Trabalho dos Caminhos) é um importante aspecto das tradições de mistério da Cabala ocidental. Usando a estrutura Árvore da Vida, podemos criar fontes de imagens riquíssimas para mudar nossa consciência e frequências, à medida que passamos pelas sephiroth. Desse modo podemos adquirir experiência pessoal direta, conhecimento, compreensão, sabedoria, unidade e, por fim, a consciência divina ou iluminação.

Foram criadas muitas correspondências com a trajetória descendente da energia divina que dá origem às dez sephiroth. Depois que as 10 sephiroth estão posicionadas, 22 caminhos interligados as unem. A cada um desses caminhos é atribuída uma letra do alfabeto hebraico e uma das cartas do Tarô.

Às sephiroth também são atribuídos um arcanjo, um planeta, uma cor, ervas, árvores, plantas, flores, cristais e anjos especializados.

As 10 sephiroth mais os 22 caminhos interligados perfazem os 32 caminhos de sabedoria no mundo arquetípico.

O Pathworking ou visualização ajuda a nos vermos de perspectivas diferentes.

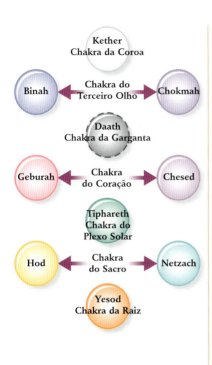

O diagrama acima representa as dez sephiroth (inclusive a não sephirah Daath) e a sua relação com os sete chakras principais.

Entre as 10 esferas e os 32 caminhos estão os 50 portais da luz interior. As esferas, os caminhos e os portais de luz formam o padrão da Árvore da Vida, que pode ser aplicado a muitos sistemas de crença diferentes, inclusive o sistema dos chakras (ver página 102).

Quando as dez sephiroth, a não sephirah (Daath) e os caminhos interligados são posicionados sobre os chakras principais, as correspondências são as seguintes:

Kether = Chakra da Coroa
Binah e Chokmah = Chakra do Terceiro Olho
Daath = Chakra da Garganta
Geburah e Chesed = Chakra do Coração
Tiphareth = Chakra do Plexo Solar
Hod e Netzach = Chakra do Sacro
Yesod = Chakra da Raiz
Malkuth = Chakra da Estrela da Terra

As correspondências entre os chakras e as sephiroth funcionam muito bem. Combinando duas sephiroth (os três pares de opostos) com os chakras da polaridade feminina – Terceiro Olho, Coração e Sacro – passamos a entender muito melhor a energia feminina (yin), que também contém o elemento "filho" da trindade ou equilíbrio.

O Ritual da Cruz de Luz

Propósito *Propiciar purificação, bênçãos e equilíbrio*

Este ritual cria uma poderosa cruz de luz interior. A meditação é realizada de pé já que a maioria dos sacerdotes e rabinos permanece de pé em seus rituais e preces. Talvez você prefira estudar as meditações angélicas (ver páginas 148-171) antes de realizar este ritual.

Fique de pé, com os pés plantados no chão, para ancorar a energia e permitir que um fluxo mais forte de luz celestial se estabilize. Você primeiro absorverá esse fluxo e depois o irradiará para purificar, abençoar e proteger o planeta.

O ritual da Cruz de Luz cria uma cruz interior de luz e poder.

Tradução das palavras

Atoh — significa Tu És
Malkuth — significa o Reino
Ve Geburah — significa o Poder
Ve Gedulah — significa a Glória
Le Olahm — significa Para Sempre

COMO REALIZAR O RITUAL

O QUE FAZER

1 Fique de frente para o leste, relaxado, mas com uma boa postura, com as mãos nas laterais do corpo e os olhos fechados.

2 Visualize-se ficando cada vez mais alto, até a Terra ser um pontinho minúsculo aos seus pés e a sua cabeça estar no ponto mais elevado do céu.

3 Perceba uma esfera de luz branca, pura e brilhante, bem acima de você, e alcance-a com a mão direita.

4 Enquanto pronuncia "Atoh", guie essa luz para um ponto central da testa, logo acima dos olhos (o Chakra do Terceiro Olho).

5 Enquanto pronuncia "Malkuth", atraia essa luz para baixo, através do corpo, em direção aos pés (Chakra da Estrela da Terra), e sinta-se preenchido com essa luz branca, pura e brilhante.

6 Imagine o mesmo ponto de luz branca do seu lado direito e estendendo-se para longe. Com a mão direita, guie a luz para o seu ombro direito, entoando "Ve Geburah".

7 Continue a atrair a luz através do seu corpo até o ombro esquerdo, tocando-a e depois estendendo essa luz para a esquerda, com a mão esquerda, enquanto entoa "Ve Gedulah".

8 Abra os braços na forma de uma cruz; veja-se como uma cruz de luz branca e brilhante.

9 Una as palmas no nível do coração (a posição de prece), entoando "Le Olahm".

10 Com as mãos em prece, respire fundo para absorver toda essa luz e energia.

11 Diga "Amém". Ao expirar, irradie a luz e a energia para fora, banhando o seu mundo com o amor divino.

12 Ao remodelar o sinal da cruz usado pelos católicos, você pode usar palavras em português, pois o ritual terá o mesmo efeito.

Ritual menor de banimento do pentagrama

Propósito *Purificar e evocar proteção imediata dos anjos*

Este ritual é uma continuação do Ritual da Cruz de Luz (ver páginas 96-97) e seu propósito é evocar a proteção dos anjos e promover a meditação. Ele também propicia a clareza de pensamentos e acalma a mente, livrando-a de influências externas indesejáveis.

COMO REALIZAR ESTE RITUAL

VOCÊ PRECISARÁ DE

Um cristal de quartzo transparente, com uma ponta numa extremidade (ver figura na página ao lado).

O QUE FAZER

1 Volte-se para o leste e faça o Ritual da Cruz de Luz (ver páginas 96-97).
2 Ainda voltado para o leste, e usando o cristal de quartzo, trace na frente do seu corpo um pentagrama grande no ar, com a ponta voltada para cima. Comece pelo quadril esquerdo, suba acima da testa, no centro do seu corpo, e desça até o quadril direito. Depois suba para o ombro esquerdo, cruze para o ombro direito e desça ao ponto de partida, em frente ao quadril esquerdo.

3 Visualize o pentagrama numa luz verde com uma aura dourada. Aponte o cristal para o centro do pentagrama e diga "YHVH" (Yod-heh-vahv-heh – o Tetragrammaton traduzido para o latim como Jeová).

4 Volte-se para o sul e repita a instrução nº 2 visualizando o pentagrama numa luz amarela com uma aura azul-índigo, e diga "Adonai" (outro nome de Deus traduzido como Senhor).

5 Volte-se para o oeste e repita a instrução nº 2, visualizando o pentagrama numa luz laranja com uma aura branca, e diga "Eheieh" (outro nome de Deus traduzido como "Eu sou o que sou").

6 Volte-se para o norte e repita a instrução nº 2, visualizando o pentagrama numa luz vermelha com uma aura violeta, e diga "Agla" (uma combinação de Atoh, Geburah, Le Olahm e Amém).

7 Retorne para o leste, apontando o cristal para o mesmo ponto, como na instrução nº 2. Visualize os quatro pentagramas flamejantes à sua volta, conectados por uma linha azul incandescente.

Volte-se para o leste, segurando um cristal de quartzo transparente de uma ponta.

8 Estenda os braços para os lados, formando uma cruz. Diga, "À minha frente, Rafael; atrás de mim Gabriel; à minha direita, Miguel; à minha esquerda, Uriel; pois ao meu redor flamejam os pentagramas, e na coluna está a estrela de seis pontas".

9 Repita a instrução nº 1, do Ritual da Cruz de Luz, voltado para o leste, relaxado, mas com boa postura, com as mãos dos lados do corpo e os olhos fechados.

10 Para terminar, volte a consciência para a realidade diária.

AS CORES DOS ANJOS

Os anjos dos raios

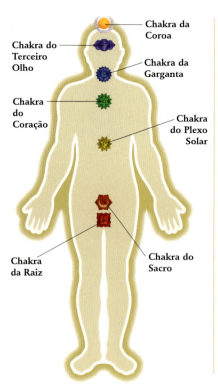

Em alguns textos sobre anjos, os setes arcanjos representam os sete raios da iluminação espiritual e as sete cores do arco-íris. Os sete raios também estão relacionados com os sete chakras principais. Depois de ter entrado em sintonia com os "Anjos dos Raios" e desenvolvido a sensibilidade com relação aos chakras, você estará em equilíbrio com os seus próprios níveis de energia, obterá mais intuição e terá condições de curar outras pessoas.

Chakras Centros de energia sutil, os chakras são extremamente importantes tanto para o seu bem-estar físico e emocional quanto para o seu crescimento espiritual. Cada chakra está associado a órgãos e glândulas endócrinas específicas. Os chakras processam energia sutil, levando-a a causar mudanças químicas, hormonais e celulares no corpo. Cada chakra vibra em determinada frequência, cor e nota musical, e tem uma polaridade: feminina ou masculina. Os Chakras da Coroa, da Garganta, do Plexo Solar e da Raiz são masculinos (positivos) e os Chakras do Terceiro Olho, do Coração e do Sacro são femininos (negativos).

Os sete chakras principais estão na linha central do corpo, dos quais os cinco primeiros estão alinhados com a coluna vertebral. O Chakra da Raiz se abre para baixo e o Chakra da Coroa se abre para cima. Os outros cincos se abrem da frente para a parte posterior do corpo.

A luz branca é composta de todas as cores. A passagem de um raio de luz branca através de um prisma faz surgir as sete cores do arco-íris.

Luz e cor A cor é uma linguagem universal que transcende a mente lógica e fala diretamente à alma. Cada uma das sete cores visíveis principais tem características terapêuticas que podem ser ligadas, por meio da sua ressonância, aos sete chakras principais.

Conhecimento antigo A terapia com luzes coloridas, a cromoterapia, e a terapia hidrocromática (tinturas coloridas) são formas antigas de cura natural. Os raios coloridos afetam o corpo físico, as emoções, as disposições de humor, as faculdades mentais e a natureza espiritual. Todos temos um relacionamento estreito com a cor. Às vezes, fazemos em nós mesmos um tratamento cromático subconsciente escolhendo joias ou roupas de certas cores ou cercando-nos com vibrações cromáticas específicas em nossa casa, ambiente de trabalho ou jardim.

A maioria das nossas reações é inconsciente, e é só quando começamos a usar as assinaturas mágicas das cores de maneira informada e esclarecida que podemos aproveitar essa maravilhosa força vital para melhorar a nossa qualidade de vida, harmonia, equilíbrio e bem-estar geral.

Raio Rubi

Arcanjo Uriel

Cor *Vermelho-rubi* • **Foco** *Devoção espiritual por meio do serviço altruísta aos outros*
Chakra *da Raiz* (muladhara) *– elemento Terra – equilíbrio expresso por meio da estabilidade, da confiabilidade e da segurança*

O Raio Rubi é o sexto raio de luz espiritual e o primeiro raio do espectro visível do arco-íris. Ele influencia o Chakra da Raiz no nível físico (terceira dimensão) e é o raio transmutador (transformador) do Chakra do Plexo Solar (quarta dimensão). O Raio Rubi tem um tom vermelho profundo com matizes de púrpura profundo e pequenos pontos dourados, assim como os cristais de cor rubi da melhor qualidade.

O nome Uriel significa "Fogo de Deus" ou "Luz de Deus". Um dos mais poderosos arcanjos, Uriel é o "Anjo da Presença", capaz de refletir a luz inimaginável que é Deus. Ele é associado à eletricidade, ao relâmpago, ao trovão e à ação repentina; é retratado segurando um pergaminho (contendo informações sobre a sua jornada de vida) ou um cajado.

A Luz de Deus, transmutada por Uriel, nos ilumina, o que é vital para aqueles que estão sem rumo; por isso podemos recorrer ao Raio Rubi sempre que nos sentirmos perdidos, abandonados, temerosos, desamparados, rejeitados, desiludidos ou com ímpetos suicidas.

Associações físicas Partes do corpo: genitais e aparelho reprodutor; regula a descarga de adrenalina no fluxo sanguíneo; sangue; circulação; músculos; pés; pernas; joelhos; quadris. Desintoxica o corpo eliminando a inércia. Aquece o corpo. Aumenta a energia física e combate a debilidade. Fortalece a capacidade de ouvir a sabedoria do corpo. Não o use em situações provocadas pela ira, como pressão alta, inchaços, inflamação, agitação, hiperatividade, febre e úlceras.

Associações emocionais e mentais Ativa, fortalece, expressa e estimula a libido, o desejo e a paixão. Libera a energia bloqueada. Promove a ação, a força vital, a coragem, a resistência e a resignação. Dá um novo impulso a processos morosos ou estagnados. Em casos de risco de morte, restaura a vontade de viver. Por ser um raio dinâmico, elimina o medo. Liberta de padrões de comportamento obsessivo.

Associações espirituais Ensina a dominar o mundo material, ajuda os seres humanos a se conectarem com a

O primeiro raio do espectro visível do arco-íris, o vermelho, pode ser usado para evocar o Arcanjo Uriel a fim de ajudar a desfazer bloqueios energéticos arraigados.

ordem divina para trazer harmonia e paz mundial. Traz espiritualidade à nossa vida diária.

Raio Laranja

Arcanjo Gabriel

Cor *Laranja* • **Foco** *Criatividade – também usado para dissipar o medo*
Chakra *do Sacro* (svadhisthana) *– elemento Água – equilíbrio expresso como vitalidade; criatividade e originalidade*

O segundo raio do espectro visível do arco-íris, o Raio Laranja, influencia o Chakra do Sacro no nível físico (terceira dimensão). O Raio Laranja é percebido como vermelho vivo, passando do laranja para o dourado, como as granadas hessonitas da melhor qualidade.

O Arcanjo Gabriel, o mensageiro, é um dos quatro grandes arcanjos. Ele é um dos únicos dois anjos (juntamente com o Arcanjo Miguel) a ser mencionado pelo nome no Novo Testamento. O anjo da Anunciação Gabriel anunciou o futuro nascimento de Jesus a Maria, sua mãe, e também estava presente na morte de Jesus, como o anjo que velou sua tumba e deu a boa nova da sua ressurreição para os discípulos (embora ele não tenha sido mencionado pelo nome). No islamismo, o Arcanjo Gabriel (Jibril) despertou Maomé, o Profeta de Deus, e lhe ditou o Alcorão. Dizem que o Arcanjo Gabriel inspirou Joana D'Arc. A cor de Gabriel é o branco quando usado para transmutar o raio da quarta dimensão do Chakra da Raiz.

Associações físicas Partes do corpo: região lombar, intestinos, abdômen e rins. Governa a função da glândula suprarrenal. Ajuda a digestão.

Alivia a bronquite e a asma. Útil durante a menopausa. Equilibra os hormô-

AS CORES DOS ANJOS

O laranja pode ser usado para evocar o Arcanjo Gabriel a fim de amenizar o stress e aumentar a criatividade.

gia gradativamente. Desbloqueia processos sem solução. Alivia a constipação.

Associações emocionais e mentais Ameniza o pesar, facilita a aceitação das perdas. Aumenta a criatividade, o otimismo e uma visão mais positiva da vida. Ajuda a eliminar os medos e as fobias. Ameniza o medo de sentir prazer.

nios e promove a fertilidade. Extremamente motivador, esse raio equilibra os níveis energéticos do corpo, aumenta a vitalidade, atua com mais suavidade do que o raio vermelho, aumentando a ener-

Associações espirituais Estimula a alegria, que é espiritualmente enaltecedora.

Raio Amarelo

Arcanjo Jophiel
Cor *amarela* • **Foco** *Sabedoria*
Chakra *do Plexo Solar* (manipuraka) – *elemento Fogo – equilíbrio expresso como processos de raciocínio lógico, autoconfiança e manifestação de objetivos*

O terceiro raio do espectro visível do arco-íris, o Raio Amarelo, influencia o Chakra do Plexo Solar no nível físico (terceira dimensão) e é o raio transmutador do Chakra da Coroa (quarta dimensão). Trata-se do segundo raio espiritual e é percebido como amarelo-alaranjado, passando para o dourado pálido, como os cristais de citrino da melhor qualidade.

Jophiel é o Arcanjo da Sabedoria e trabalha com os anjos das Câmaras da Sabedoria. Seu raio é muitas vezes chamado de raio da luz solar. Seu nome significa "Beleza de Deus".

O raio do Arcanjo Jophiel ajuda você a desenvolver uma nova maneira de ver a vida, trazendo de volta mais encanto e prazer. Jophiel estabelece conexões para sintonizá-lo com seu eu superior por meio de uma infinidade de dimensões; ele pode ser visto como uma escada cósmica. É capaz de ajudá-lo instantaneamente a recuperar fragmentos da sua alma que podem ter se separado devido a um choque, terror ou doença grave.

Os talentos de Jophiel incluem a chama da sabedoria, a intuição, a percepção, a alegria, a felicidade e a iluminação da alma. Invoque Jophiel quando precisar de mais criatividade, para evitar sentimentos de baixa autoestima, inércia ou embotamento mental. Ele o auxilia a absorver novas informações. Sua chama da sabedoria pode ser invocada para ajudá-lo em qualquer situação que precisar de uma clara percepção mental, discernimento ou inspiração.

Associações físicas Partes do corpo: pâncreas, plexo solar, fígado, vesícula biliar, baço, parte central do estômago, sistema nervoso, sistema digestório e pele.

Fortalece, ilumina, tonifica, estimula e reforça a energia. Fortifica corpos debilitados. Diminui a celulite e remove toxinas. Renova a alegria de viver. Os cromoterapeutas usam-no para curar a artrite, a rigidez das articulações e a imobilidade.

Associações emocionais e mentais Agilidade mental e estímulo do aprendizado. Sabedoria e estímulo intelectual. Aumento da concentração. Propicia a elevação contínua, liberdade, risadas e alegria. Aumenta o autocontrole. Eleva a autoestima e promove uma sensação de total bem-estar. Estimula o diálogo e pode facilitar a comunicação. Combate a timidez, dá coragem. Evita a confusão mental.

Associações espirituais Promove a iluminação da alma; fortalece a ligação com o eu superior, guias e anjos. Ajuda a alma a recuperar fragmentos dispersos devido à doença ou depressão.

O amarelo é usado para evocar o Arcanjo Jophiel, que traz clareza e sabedoria.

Raio Verde

Arcanjo Rafael

Cor *verde-esmeralda* • **Foco** *Cura e harmonia*
Chakra *do Coração* (anahata) *– elemento Ar – equilíbrio expresso como amor incondicional por si mesmo e pelos outros*

O quarto raio do espectro visível do arco-íris, o Raio Verde, influencia o Chakra do Coração no nível físico (terceira dimensão) e é o raio transmutador do Chakra do Terceiro Olho (quarta dimensão). Trata-se do quinto raio espiritual, percebido como um verde-esmeralda tremeluzente, como os cristais de esmeralda lapidados da melhor qualidade.

O Arcanjo Rafael é o aspecto auditivo do Senhor. É conhecido como o médico do reino angélico, o agente divino da autocura; ajuda-nos a encontrar a orientação interior, amor, compaixão, equilíbrio e inspiração para curar outras pessoas.

Rafael é um dos sete anjos ou príncipes regentes. É um dos três únicos anjos reconhecidos pela Igreja Cristã, ao lado de Miguel e Gabriel. Ele também é conhecido como o líder dos anjos guardiões e protetor dos viajantes. É muitas vezes retratado segurando um caduceu ou como um peregrino, portando um cajado numa mão e uma tigela na outra, cheia de um bálsamo terapêutico. Como anjo iluminador da cura, o Arcanjo Rafael tem a capacidade de nos conduzir em todo trabalho de cura – seja ele ortodoxo, seja complementar.

Associações físicas O verde é a cor da natureza e está exatamente no meio do espectro das cores. Ele nivela, acalma e relaxa. Estimula o crescimento pessoal

O verde pode ser usado para evocar o Arcanjo Rafael, que promove a cura e o equilíbrio.

dores de cabeça provocadas pela tensão e enxaquecas, úlceras gástricas, mal-estar digestivo e todos os tipos de stress, inclusive estados emocionais de extrema agitação. Ajuda a combater problemas cardíacos, pulmonares e relativos ao timo.

Associações emocionais e mentais
Combate a claustrofobia e os sentimentos de confinamento. Estabiliza o sistema nervoso, suaviza as emoções, reduz a confusão mental. Acalma todos os sentidos. Ajuda no desenvolvimento de relacionamentos saudáveis.

Associações espirituais Desenvolve a visão divina, a intuição e também os vislumbres intuitivos por meio do equilíbrio e da harmonia. Facilita as visualizações criativas e as técnicas de manifestação.

trazendo harmonia. Mantém a energia mental e física num equilíbrio dinâmico. Alivia processos que causam tensão. Esse raio sintoniza a natureza com os reinos dévicos e é o raio dos grandes curadores e da cura. O Raio Verde é usado para curar

Raio Azul

Arcanjo Miguel

Cor *Azul-safira* • Foco *Comunicação*
Chakra *da Garganta* (visuddha) *– elemento Éter – equilíbrio expresso como facilidade para a comunicação consigo mesmo e com os outros, em todos os níveis*

O quinto raio do espectro visível do arco-íris, o Raio Azul, influencia o Chakra da Garganta no nível físico (terceira dimensão) e é o raio transmutador do Chakra da Garganta (quarta dimensão). Trata-se do primeiro raio espiritual.

O poderoso Arcanjo Miguel é o protetor da humanidade, o comandante supremo e incorruptível de todos os arcanjos, e lidera as forças celestiais – suas "legiões de luz" – contra o mal. Sua cor principal é o amarelo solar; na verdade, o poder ígneo do plexo solar é seu domínio, mas como ele carrega uma espada feita de safira, a chama azul, ele é muitas vezes associado ao poder e desenvolvimento dos Chakras da Garganta e do Terceiro Olho. O Raio Azul representa o poder e a vontade de Deus, assim como os poderes da fé, da proteção e da verdade. Como o guerreiro de Deus, ele é frequentemente retratado matando um dragão.

Associações físicas Partes do corpo: garganta, tireoide e paratireoide, parte superior dos pulmões, maxilares, base do crânio e peso corporal.

Suaviza, restringe, inibe e acalma condições ligadas ao calor. Reduz febres e regula a hiperatividade, os processos inflamatórios e de desvio de pensamento; traz lucidez e serenidade. Combate infecções de ouvido e garganta. Alivia torcicolos e teimosia. Analgésico natural. Baixa a pressão sanguínea e desacelera o ritmo cardíaco. Acalma o sistema nervoso central, o que reduz o stress. Bom para enfermarias e para doentes terminais.

Associações emocionais e mentais Combate o medo de falar a verdade. Acalma a mente, o que ajuda você a pensar com mais clareza. Promove a paz e o desapego dos problemas mundanos.

Associações espirituais Inspira você a buscar a verdade superior e o conhecimento oculto. O Raio Azul representa o poder e a vontade de Deus e tem o poder da fé e da proteção. Ajuda a desenvolver a determinação para renunciar à nossa vontade (ego) em favor da vontade superior de Deus, por isso pode ser usado para desenvolver a devoção.

O azul pode ser usado para evocar o Arcanjo Miguel, pela proteção que ele confere, e para aumentar sua capacidade de comunicação.

Raio Índigo

Arcanjo Raziel

Cor *Índigo* • Foco *Intuição* e insight
Chakra *do Terceiro Olho* (ajna) *– elemento* avyakta *(nuvem primordial de luz indiferenciada) – equilíbrio expresso como intuição, clarividência, clariaudiência, clarissenciência*

O Índigo é o sexto raio do espectro visível do arco-íris, e o raio transmutador quadridimensional do Chakra da Garganta. É a chave para o desenvolvimento das capacidades psíquicas latentes e promove a conexão consciente com o "espírito".

Raziel é o arcanjo dos mistérios secretos, cujo nome significa "o segredo de Deus". Ele confere informações divinas permitindo-nos um vislumbre do enigma que é Deus. Essa experiência leva nossa consciência além do confinamento do tempo, por isso qualquer lampejo desse nível de existência mostrará passado, presente e futuro como o eterno agora. De acordo com as tradições sagradas, o Arcanjo Raziel está diariamente sobre o Monte Horeb, proclamando os segredos da espécie humana a toda a humanidade.

O conhecimento de Raziel é total, absoluto, inequívoco e perfeito. Quando recebemos esses *insights* maravilhosos, não precisamos da confirmação dos outros com respeito ao nosso entendimento. Nosso Chakra da Coroa é aberto, as chamas da iluminação descem sobre nós e podemos transcender a realidade cotidiana. Esses encontros com Raziel podem parecer muito radicais para os seus amigos, familiares, colegas de trabalho e a sociedade em geral, mas depois que você tem certeza deles e certo conhecimento dos mecanismos da Divindade, nada jamais será como antes!

O Índigo pode ser usado para evocar o Arcanjo Raziel a fim de aumentar a intuição

Associações físicas Partes do corpo: glândula pituitária, ossos, parte inferior do cérebro, olhos e sinos nasais.

O mais forte analgésico do espectro do arco-íris. Diminui a negatividade da estrutura óssea. Mata bactérias da comida, da água e do ar. Elimina a poluição em todos os níveis. Ameniza a sinusite crônica. Combate a insônia, a bronquite, a asma e os problemas pulmonares. Alivia a enxaqueca e as dores de cabeça provocadas pela tensão. Melhora o hipertiroidismo. Fragmenta tumores e cistos. Ajuda a combater problemas nos rins, controla a diarreia. Baixa a pressão sanguínea elevada. Alivia os problemas nas costas, especialmente a ciática, o lumbago e problemas de coluna. O Índigo pode viciar, pois alivia problemas cotidianos e as experiências difíceis.

Associações emocionais e mentais
Seda a mente consciente, o que tranquiliza as emoções. Promove a comunicação interna. Ajuda a concentração nas questões pessoais – autoconsciência, autoconhecimento e compreensão de si mesmo. É usado para tratar obsessões e todas as formas de instabilidade emocional.

Associações espirituais Antisséptico astral, que limpa as formas-pensamento negativas. Permite que impressões sutis sejam registradas, auxilia a capacidade telepática, a intuição, a clarividência, a clariaudiência, a clarissenciência. Aumenta o conhecimento espiritual. O Índigo é o reino do mistério e do entendimento psíquico; trata-se do raio dos artistas e das profissões ligadas às representações teatrais.

Raio Violeta

Arcanjo Zadkiel

Cor *Violeta* • **Foco** *Autotransformação, crescimento espiritual, alquimia cósmica*
Chakra *da Coroa* (sahasrara) – *elemento de energia cósmica – equilíbrio expresso como consciência cósmica, percepção cósmica e discernimento*

A vibração mais elevada do arco-íris, o Violeta é o sétimo raio e tem o mais curto comprimento de onda. É também o mais rápido, por isso simboliza um ponto de transição entre o visível e o invisível para a visão humana normal – por isso sempre representou a alquimia divina e a transmutação da energia da matéria densa para o Divino.

O Arcanjo Zadkiel é o anjo da misericórdia ou da benevolência. Ele também é conhecido como "o sagrado", que ensina sobre a confiança em Deus e a Sua benevolência. Ele traz conforto nas horas de necessidade. É o regente de Júpiter e das quintas-feiras. É muitas vezes retratado segurando um punhal, pois foi o anjo que impediu Abraão de sacrificar o filho Isaac no Monte Moriá. Ele é o líder da ordem angélica dos Domínios e um dos sete grandes seres angélicos que estão diante do trono de Deus. No livro *Ozar Midrashim* 11.316, de J. D. Eisenstein, ele é chamado de *Kaddisha* e considerado um dos guardiões dos portais do vento leste.

Associações físicas Partes do corpo: glândula pineal, topo da cabeça, coroa, cérebro, couro cabeludo.

Ameniza inflamações internas e palpitações cardíacas. Ajuda a fortalecer o sistema imunológico. Ajuda em casos de contusões, inchaços e hematomas em volta do olho. Alivia problemas oculares e vista fraca. Suaviza irritações, alivia a dor, acelera processos de recuperação da saúde.

Associações emocionais e mentais Acalma a agitação emocional e restaura o equilíbrio. Combate vícios e traços de compulsão da personalidade. Elimina obstáculos emocionais.

Associações espirituais Inspira, libera a imaginação, ajuda a meditação, aumenta as capacidades psíquicas e desenvolve a intuição. Incentiva a dedicação espiritual e provoca sonhos significativos. Usado na regressão a vidas passadas. Ajuda a desenvolver o Chakra da Coroa, estimula a ligação com a alma e o seu desenvolvimento, e abre o portal para a mente superior. Confere proteção psíquica. Possibilita que você tenha visões. Limpa e purifica qualquer coisa que toca, o que faz desse raio um agente de cura completo para a alma e o corpo.

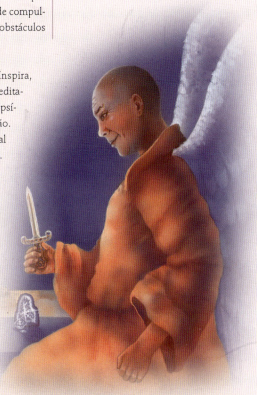

O Raio Violeta pode evocar o Arcanjo Zadkiel, que promove a transformação espiritual.

Meditação das cores com os anjos dos sete raios

Propósito *Um tônico multicolorido para identificar de que raio você precisa mais para atingir o equilíbrio.*

Se você precisa de uma cor em particular, recorra ao arcanjo que rege esse raio. Você pode usar a respiração colorida para preencher todo o seu corpo ou só uma parte dele. Isso se aplica à dor ou a qualquer parte do corpo que precise ser curada. Você pode simplesmente invocar o Anjo do Raio da cor para a qual se sente intuitivamente mais atraído.

Os arco-íris são símbolos da esperança, da sorte e da alegria angélica em nosso mundo.

COMO PRATICAR A MEDITAÇÃO

O QUE FAZER

1 Sente-se confortavelmente, com os olhos fechados.

2 Respire fundo, relaxando conscientemente todas as partes do corpo.

3 Depois de relaxar, invoque o Arcanjo Zadkiel para colorir o ar à sua volta de violeta.

4 Inspire contando até três e visualize-se inalando a cor violeta. Mentalize essa cor com firmeza. Veja-se sugando essa cor pelo nariz e observe-a espalhando-se pelo seu corpo.

5 Segure a respiração colorida enquanto conta até três, depois expire contando até três. Repita esse processo mais duas vezes. Isso completa o primeiro ciclo de três respirações coloridas.

6 Agora invoque o Arcanjo Raziel para colorir o ar à sua volta de índigo.

7 Inspire contando até três e visualize-se inalando a cor índigo. Mais uma vez, veja-se sugando essa cor pelo nariz e observe-a espalhando-se pelo seu corpo.

8 Segure a respiração colorida enquanto conta até três, depois expire contando até três. Repita esse processo mais duas vezes. Isso completa o segundo ciclo de três respirações coloridas.

9 Continue com esse processo de ciclos de três respirações, invocando cada Anjo do Raio e a cor apropriada.

10 Quando tiver terminado o processo, você pode se concentrar na respiração da luz branca ou simplesmente relaxar e deixar o corpo voltar ao normal lentamente.

AS CORES DOS ANJOS

Raio Branco

Arcanjo Metatron

Cor *Luz branca (luminosidade)* • **Foco** *Evolução espiritual, iluminação, ativação e ascensão do corpo de luz* • **Chakra** *da Estrela da Alma*

O Chakra da Estrela da Alma é conhecido como a "sede da alma" e está situado a uns quinze a vinte centímetros de distância do topo da cabeça. Às vezes considerado o oitavo chakra, ele é o primeiro dos chakras não físicos ou dos chakras transcendentais acima da cabeça. O Chakra da Estrela da Alma contém informações com respeito à sua alma; depois que esse chakra transcendental é ativado pelo Arcanjo Metatron, informações-chave são baixadas para o seu sistema chákrico inferior, que inicia o processo conhecido como "ativação do corpo de luz", uma "ascensão para a consciência cósmica" ou iluminação.

A luz branca é o raio supremo. Ela contém e reflete todas as cores, até mesmo as que os olhos humanos não veem.

A invocação do Arcanjo Metatron e o uso do raio branco de luz propiciam uma evolução espiritual sem precedentes. Seu vórtice de luz é tão luminoso e vasto que muitas vezes o percebemos como um pilar de fogo mais ofuscante que o Sol. Ele é a luz que Moisés viu na Sarça Ardente antes de receber os Dez Mandamentos. Ele é a luz que São Paulo encontrou na estrada para Damasco. Na verdade, ele é a luz muitas vezes vista por aqueles que passaram por experiências de quase-morte.

Associações físicas Partes do corpo: todas as áreas. Restaura a vibração, quando usado como uma "panaceia". Trata-se do mais versátil e harmonizador de todos os raios.

Associações emocionais e mentais Purifica e equilibra as emoções. Inspira paz interior e tranquilidade. Permite-nos passar uma borracha no passado. Dissipa detritos emocionais. Refina as emoções.

Associações espirituais Multidimensional. Promove o crescimento espiritual. Prepara os chakras "físicos" da terceira dimensão para que correspondam a estados de percepção da iluminação espiritual.

A luz branca é o raio supremo do Arcanjo Metatron.

Raio Cor-de-rosa

Arcanjo Chamuel

Cor *Cor-de-rosa* • **Foco** *Relacionamentos* • **Chakra** *do Coração* (anahata) – *elemento Ar – desenvolvimento das emoções superiores*

O equilibrado Raio Cor-de-rosa é a união do Céu e da Terra manifesta no coração humano. Ele é resultado do casamento do Raio Vermelho físico e do Raio Branco do despertar e da plenitude espiritual.

O Arcanjo Chamuel ajuda a renovar e melhorar relações de carinho com as outras pessoas, ajudando a desenvolver o Chakra do Coração. Isso é possível por meio do belíssimo Raio Cor-de-rosa, que representa a capacidade de amar e nutrir as outras pessoas, de dar e receber amor incondicionalmente, sem nenhum interesse egoísta. Trata-se de um amor que transcende e transforma o eu e nos faz avançar com compaixão na direção do estado divino da maturidade emocional. Muitas pessoas têm medo de abrir o Chakra do Coração. Aqueles capazes de superar esse medo têm uma atitude calorosa e carismática que faz que as pessoas se sintam reconfortadas, enlevadas e mais tranquilas.

O Arcanjo Chamuel nos ajuda em todos os nossos relacionamentos, especialmente quando passamos por situações difíceis como conflitos, divórcios, a perda de um ente querido ou até o desemprego. O Arcanjo Chamuel nos ajuda a valorizarmos os relacionamentos amorosos que já temos na vida. Sua mensagem é: "É apenas a energia de amor dentro de qualquer propósito que garante um valor e um benefício duradouros a toda a criação".

Associações físicas Partes do corpo: coração, ombros, pulmões, braços, mãos e pele.

Cura qualquer parte do corpo que você rejeite ou julgue não merecedora de amor. Alivia tensões físicas e doenças psicossomáticas. Também é útil quando uma doença foi diagnosticada e o medo está bloqueando a recuperação física.

Associações emocionais e mentais O Raio Cor-de-rosa está relacionado com o desenvolvimento da confiança e da autoestima. Ele dissipa rapidamente emoções negativas de autocondenação, baixa autoestima, repulsa por si mesmo e egoísmo. Ele ativa a felicidade "interior" mostrando-lhe os seus talentos e capacidades inigualáveis e ajuda você a nutrir esses atributos e a valorizar-se. Detém a depressão, o comportamento compulsivo e as tendências destrutivas.

Associações espirituais Abre o Chakra do Coração para o desenvolvimento de dons de cura. Atrai almas gêmeas, pessoas com quem você pode dividir seus pensamentos e sentimentos mais íntimos. Prepara você para receber a consciência crística, o Espírito Santo.

O delicado Raio Cor-de-rosa do Arcanjo Chamuel inspira felicidade e prepara você para receber a consciência crística.

Raio Turquesa

Arcanjo Haniel

Cor *Turquesa* • **Foco** *Autoexpressão por meio de sentimentos e emoções mais elevadas – expressão da alma* • **Chakra** *do Timo – também conhecido como o ponto de observação ou Chakra do Coração Superior*

O turquesa é uma mistura equilibrada de verde e azul. Ele ajuda a desenvolver a nossa individualidade. Trata-se da cor da Nova Era da Era de Aquário, que nos estimula a buscar conhecimento espiritual.

Haniel é o arcanjo da comunicação divina por meio da percepção clara. Ele é um anjo guerreiro; sua autoridade ajuda você a cumprir a missão da sua alma, que é louvar, honrar e amar a Deus, e reunir-se a Ele, confiando na sua própria capacidade de ligação com o Divino; isso inspirará outras pessoas também. Invoque o Raio Turquesa do Arcanjo Haniel para lhe dar força e perseverança quando se sentir fraco. Ele o guiará por meio de visões, revelações pessoais e coincidência angélica. Haniel é o protetor da sua alma. Ele lhe concede a virtude da determinação e o abastece com a energia necessária para que você realize o seu Dharma (que significa atingir a iluminação renunciando à ilusão).

O turquesa invoca a essência de *shunyata*, o vazio azul infinito que irradia em todas as direções, absolutamente cristalino, puro e glorioso. Por meio desse céu azul, que se estende até o infinito, podemos vir a compreender a expansividade da verdadeira liberdade de alma, que só pode ser conquistada se nossos horizontes não forem estreitos e limitados.

Associações físicas Partes do corpo: timo, garganta. Combate problemas respiratórios, reativa um sistema imunológico debilitado. Alivia a fadiga, problemas de peso, alergias, diabetes, doenças cardíacas, pressão alta, inflamação de garganta, torcicolo, asma, dores de cabeça de tensão, doenças nervosas e vertigem.

Associações emocionais e mentais Propicia liberdade emocional, confiança e força interior. Acalma os nervos e serve como calmante natural. Ameniza a agitação emocional, equilibrando as emoções. Centra, combate ataques de pânico. Promove a comunicação sincera.

Ao longo da história da humanidade, as pedras turquesas têm sido usadas como amuleto de proteção.

Associações espirituais Amplia nossos horizontes espirituais e supera os obstáculos da vida (até as forças sombrias da negatividade). Proporciona a armadura espiritual necessária para a salvação e a liberdade da alma. Purifica o Chakra da Garganta. Favorece a canalização e a comunicação com guias espirituais e anjos. Aumenta a intuição e proporciona conforto espiritual.

AS CORES DOS ANJOS

Raio Lilás

Arcanjo Tzaphkiel

Cor *Lilás* • **Foco** *Ativa o Chakra Angélico – acessando a orientação dos anjos*
Chakra *Angélico – também conhecido como Chakra Angélico do Quinto Olho*

Existem dois chakras muito importantes situados acima do Chakra do Terceiro Olho. Um deles é o Chakra do Quarto Olho. O nome dele em sânscrito é *Soma*, que significa água. Esse chakra equilibra o fogo do Chakra do Plexo Solar, trazendo equilíbrio e harmonia quando está ativado (ver o Sol e a Lua na Meditação da Harmonia, na página 140). O Chakra do Quinto Olho, situado no alto da testa, é chamado *Lalata*, em sânscrito. No movimento da Nova Era ele é muitas vezes chamado de Chakra Angélico. Quando desperto e totalmente ativado, ele não só permite que você se torne mestre do seu próprio destino como também propicia um profundo contato com os anjos na vida diária.

O Chakra Angélico tem uma ressonância natural com a tonalidade bem pálida do lilás, que consiste no Raio Violeta da transformação espiritual perfeitamente imbuído com o raio branco da pureza espiritual.

O Arcanjo Tzaphkiel é o anjo da profunda contemplação de Deus, e representa o aspecto feminino divino da criação relacionado com a água. Tzaphkiel nutre todas as coisas e proporciona vislumbres de outras realidades. Ele concede bênçãos que são conferidas por meio da fé e propiciam uma sabedoria que impulsiona o crescimento espiritual. O Arcanjo Tzaphkiel expulsa tudo o que é superficial para o crescimento interior. Ele estimula a visão espiritual, o misticismo e o discerni-

O delicado Raio Lilás do Arcanjo Tzaphkiel nos dá acesso à orientação dos anjos.

Associações físicas Equilibra e harmoniza qualquer área do corpo físico. Elimina bloqueios energéticos e ameniza as dores de cabeça causadas pela tensão.

Associações emocionais e mentais Reduz a inquietação, a irritação e a preocupação. Usado na cura emocional profunda, ele traz paz à mente perturbada. O lilás suaviza a influência dos pensamentos, impressões e registros de outras pessoas. Aumenta a objetividade e a concentração. Dá suporte, ajuda a combater vícios e traços obsessivos da personalidade.

Associações espirituais Ajuda em viagens astrais ou interiores, em estados alternativos de realidade e na meditação profunda. É um portal para o desconhecido. Liga você ao reino angélico. Dissipa doenças espirituais e antigos padrões de karma.

mento, ajudando você a desenvolver integralmente o seu lado feminino. Só faz isso, porém, se você pedir para atingir um novo nível de consciência em que seu coração possa se abrir completamente e a pureza da sua alma se manifestar.

Os raios transmutadores da quarta dimensão

O Arcanjo Melquisedeque ajuda-o a desenvolver o seu "Corpo de luz" ou "Corpo de Luz Merkabah" enquanto você busca a iluminação. É costume dizer que as pessoas da Terra dispostas a elevar suas vibrações por meio de práticas espirituais estão em meio a um "Processo de Ascensão".

Os Anjos dos Raios, os sete arcanjos, canalizam a força vital de Deus para o desenvolvimento do sistema chákrico físico ou tridimensional.

Nesta seção, começamos a desenvolver nossos centros chákricos e a alterar nossa percepção para nos tornarmos espiritualmente conscientes (o que é a quarta dimensão). Em vez de existirmos como seres físicos que têm uma experiência espiritual ocasional, a consciência espiritual nos ajuda a identificar nossa verdadeira natureza. Quando evoluímos espiritualmente, nosso corpo físico e nosso sistema de chakras e frequência da terceira dimensão também evoluem e tornam-se "trabalhadores da luz".

Um trabalhador da luz é alguém consciente de que tem um propósito espiritual mais elevado. Ele não é materialista e está consciente dos rei-

O Arcanjo Melquisedeque nos ajuda durante o nosso processo de desenvolvimento espiritual.

nos espirituais dos anjos; busca curar a si mesmo, aos outros e ao meio ambiente por meio da energia sutil de cura. Os trabalhadores da luz estão cientes da inter-relação entre todas as coisas e de que a autocura e a autoconsciência são o caminho não só para a libertação espiritual de si mesmos, mas de toda a vida senciente.

Essa evolução espiritual rumo à condição de trabalhador espiritual adelgaça o "véu" entre as dimensões. Mas, para nos tornarmos totalmente conscientes das dimensões superiores e ativarmos o Corpo de Luz Merkabah", usamos os raios transmutadores do sistema de chakra da quarta dimensão. Esta seção explica a meditação que evoca esses raios quadridimensionais e ancora os raios do chakra dessa dimensão no nosso corpo físico tridimensional.

Melquisedeque é o anjo que ajuda você nesse processo e o supervisiona. As cores são diferentes porque elas são os raios transmutadores dos chakras usados para o desenvolvimento espiritual.

Raios transmutadores, cores e propriedades

Chakra	Tri (3ª)	Raio (4ª)	Propriedades do raio
Raiz	Vermelho	Branco	Purificação, Ressurreição
Sacro	Laranja	Violeta	Liberdade, Perdão
Plexo solar	Amarelo	Rubi	Devoção, Paz
Coração	Verde	Cor-de-rosa	Adoração, Amor divino
Garganta	Azul	Índigo	Mistério, Milagres
Terceiro Olho	Índigo	Verde-esmeralda	Visão divina
Coroa	Violeta	Branco-dourado	Iluminação, Sabedoria

Meditação para ancorar os raios chákricos da quarta dimensão

Propósito *Evocar os raios transmutadores da quarta dimensão e ancorá-los no seu corpo físico e sistema chákrico tridimensionais.*

O Arcanjo Melquisedeque transmite à humanidade a "Chave do Reino" codificada nas frequências de luz que penetram no corpo humano. Para se tornar consciente das dimensões mais elevadas, você pode usar esta meditação para evocar os raios transmutadores do sistema de chakra da quarta dimensão.

COMO PRATICAR A MEDITAÇÃO

O QUE FAZER

1 Sente-se confortavelmente. Feche os olhos, respire fundo e relaxe conscientemente todas as partes do corpo.

2 Depois de relaxar, invoque o Arcanjo Melquisedeque, o guardião do Raio Branco-dourado, para guiá-lo, protegê-lo e supervisionar o processo. Peça-lhe que envie os raios transmutadores da quarta dimensão na ordem, começando pelo Chakra da Raiz e subindo até o Chakra da Coroa.

3 Comece com o Raio Branco e deixe que ele preencha seu Chakra da Raiz. Deixe que a energia flua no seu próprio ritmo; não tente controlá-la, mas deixe que ela encontre o equilíbrio. Depois que o movimento energético cessar, você está pronto para receber o raio seguinte.

4 Deixe que o Raio Violeta do Chakra do Sacro desça e preencha esse chakra. Como antes, deixe o processo seguir naturalmente e encontrar seu próprio equilíbrio. Quando o movimento cessar, receba o raio seguinte.

5 Continue dessa maneira com: o Raio Rubi do Chakra do Plexo Solar; o Raio Rosa do Chakra do Coração; o Raio Índigo do Chakra da Garganta; o Raio Verde-esmeralda do Chakra do Terceiro Olho; e finalmente o Raio Branco-dourado do Chakra da Coroa. A cada raio evocado você vai senti-lo desenvolvendo o chakra a que ele se relaciona.

6 Quando acabar o processo, concentre-se em inspirar a luz branco-dourada de Melquisedeque para purificar, harmonizar e integrar todos os seus canais de energia sutil, o seu labirinto pessoal. A prática de circular a luz branco-dourada de Melquisedeque aumenta nossa luz interior ou iluminação espiritual, levando a um aumento da sensibilidade e à consciência de tudo o que é místico na natureza.

A meditação dos raios transmutadores da quinta dimensão

Propósito *Desenvolver dons espirituais e a compreensão das vibrações refinadas da energia sutil disponível para os buscadores espirituais.*

Depois que tiver ancorado e desenvolvido o seu sistema chákrico da quarta dimensão, você está pronto para fazer esta meditação, que invoca os raios transmutadores da quinta dimensão e os ancora no seu corpo físico e no sistema chákrico da terceira dimensão.

A quinta dimensão vem logo depois da quarta e tem uma vibração mais refinada do que esta. A frequência energética de cada dimensão superior é maior, mais sutil e refinada. Ao tomarmos consciência dessas dimensões superiores, adquirimos mais compreensão da natureza do universo, desenvolvemos nossos dons espirituais e podemos avançar no nosso processo de ascensão, que nos levará para mais perto de Deus.

COMO PRATICAR A MEDITAÇÃO

O QUE FAZER

1 Sente-se confortavelmente e feche os olhos.

2 Invoque o Arcanjo Metatron, o guardião do Raio Branco da Luminosidade, para guiá-lo e protegê-lo. Peça a ele que envie os raios transmutadores da quinta dimensão na ordem, começando pelo Chakra da Raiz e subindo até o Chakra da Coroa. Cada vez que um raio descer, você o sentirá preenchendo o chakra a que está relacionado.

3 Quando tiver acabado o processo, concentre-se em inspirar a luz branco-diamante do Arcanjo Metatron para limpar, harmonizar e integrar todos os canais de energia sutil. Sinta-se cercado de uma hoste de anjos à medida que as informações são plenamente integradas nos seus chakras.

Raios transmutadores da quinta dimensão

Chakra	Tri (3ª)	Raio (5ª)	Propriedades do raio
Raiz	Vermelho	Platino	Alinhamento divino
Sacro	Laranja	Magenta	Criatividade
Plexo solar	Amarelo	Dourado	Conexão
Coração	Verde	Branco	Consciência crística
Garganta	Azul	Violeta	Energia canalizada
Terceiro Olho	Índigo	Branco-dourado	Equilibrar o cérebro
Coroa	Violeta	Transparente	Iluminação, Sabedoria

Cores do ambiente natural

Arcanjo Sandalphon

Cor *Cores da Natureza* • **Foco** *Consciência do ambiente – Responsabilidade pessoal e global* • **Chakra** *da Estrela da Terra – Situado sob os pés – a profundidade varia de pessoa para pessoa, dependendo do quanto você se dedica à sua prática espiritual*

A natureza nos supriu com todas as cores presentes na infinidade de árvores, plantas, flores e cristais. Quando usamos as cores da natureza para nos curar e para curar o nosso ambiente, entramos naturalmente em sintonia com a energia do Arcanjo Sandalphon, pois ele é o guardião da Terra e é responsável pelo bem-estar da espécie humana. Sandalphon é o responsável pela cura do planeta e pela cura a distância.

De acordo com S.L. Mathers, no livro *Greater Keys of Solomon*, Sandalphon é o "querubim feminino do lado esquerdo da arca". Ele é considerado um anjo de "grande estatura", reflexo do Divino idêntico ao do Arcanjo Metatron. Na condição de gêmeos, eles são Alfa e Ômega, o início e o fim; a presença desses arcanjos também é uma lembrança da expressão esotérica "assim em cima como embaixo".

Associações físicas Aumenta a força vital prana e estimula a vitalidade física. Ajuda a integrar a energia de cura dentro do corpo físico, algo vital para a manutenção da estabilidade e do equilíbrio. Muitas vezes a energia de cura não é plenamente aceita e assimilada, o que significa que ela se dissipa e não traz benefícios duradou-

O Arcanjo Sandalphon usa as cores da Mãe Natureza para nos curar e para curar o planeta.

ros. Esse arcanjo fortalece o sistema imunológico e ajuda as crianças a expressar sua imaginação criativa.

Associações emocionais e mentais
Aumenta a produção de prana, que estimula a clareza e argúcia mentais. Instila e favorece a maturidade emocional. Permite que "vejamos" o cerne do problema e assumamos a responsabilidade pessoal pelas nossas próprias ações e emoções. Também alivia o stress e a dependência psicológica excessiva com relação a pessoas, comida, álcool, tabaco e outras substâncias viciantes.

Associações espirituais Ancora a prática espiritual. Os xamãs e outros curandeiros que utilizam a magia natural usam essa energia. Valiosa para unificar o eu liberando a energia de alienação e de fragmentação.

Meditação sobre o uso das cores da natureza

Propósito *Conexão com a Terra por meio do Arcanjo Sandalphon. Esta meditação purifica a sua conexão com a Terra e revigora o corpo físico aumentando a produção de energia prana. Também ajuda a desenvolver uma espiritualidade ancorada na Terra, consciência ambiental e um sentimento de responsabilidade pessoal e global.*

Trabalhar com o Arcanjo Sandalphon inclui ter respeito por toda a vida na Terra e assumir um compromisso com ela. Trata-se de um caminho xamânico para a iluminação. O Arcanjo Sandalphon desperta você do transe em que pode estar vivendo. A maioria das pessoas tem uma realidade deturpada pela ilusão, memória, condicionamento, experiência e mente consciente.

O Chakra da Estrela da Terra, quando completamente ativado, parece ao clarividente uma hematita arco-íris, preta e com raios coloridos semelhantes a um deslumbrante arco-íris.

COMO PRATICAR A MEDITAÇÃO

O QUE FAZER

1 Providencie e dedique um espaço para a meditação (ver páginas 18-19).

2 Sente-se numa postura estável e confortável; se não puder se sentar de pernas cruzadas no chão, sente-se numa cadeira de espaldar reto, com os pés apoiados no chão.

3 Invoque o Arcanjo Sandalphon para que o abençoe, proteja e supervisione a meditação.

4 Visualize ou sinta raízes crescendo do Chakra da Raiz, na base da sua coluna, se estiver sentado no chão, ou da sola dos pés, se estiver sentado numa cadeira.

5 Deixe que as raízes conectem você ao seu Chakra da Estrela da Terra; veja esse chakra começando a brilhar e pulsar com força vital.

6 Deixe que as raízes penetrem cada vez mais fundo na Terra, até que cheguem a um cristal, no próprio centro da Terra. Esse cristal etérico, feito de carbono, é um fabuloso diamante que contém todas as cores que você possa imaginar.

7 Atraia essa energia do diamante para cima, por meio das suas raízes, sentindo-a subir cada vez mais alto, até tocar o seu Chakra da Estrela da Terra. Ali, ele faz que esse chakra se inflame com todas as cores imagináveis.

8 Deixe que a energia flua para o corpo físico, sinta-a nutrindo cada célula, cada molécula, até que todo o seu ser esteja pleno com a luz do arco-íris.

9 Dê a si mesmo o tempo que for necessário para voltar lentamente à consciência normal do dia a dia.

Stonehenge é um local mágico da Terra, onde nossos ancestrais celebravam a mudança das estações.

Raios metálicos

Raio Prateado Este raio é feminino (yin) na natureza. Suavizante e confortador, ele está relacionado com as energias lunares do Arcanjo Auriel e os anjos da Lua. O Raio Prateado permite que vejamos a nós mesmos de um diferente ângulo. Ele ilumina e reflete a energia: ele é fluido, suave, dócil e um calmante natural. O Raio Prateado ajuda a equilibrar as funções fluidas do corpo assim como os hormônios femininos. Esse raio também governa o lado direito, feminino, do cérebro. E ajuda você a usar sua intuição e analisar seus sentimentos e instintos.

Raio Dourado Poderoso e masculino (yang) por natureza, o Raio Dourado relaciona-se com a energia do Sol e os anjos solares. O Sol tem alguns efeitos fisiológicos positivos, levando-nos a nos sentir felizes e positivos quando somos expostos a ele. Este raio elimina energias parasitas e impede que energias externas indesejáveis nos influenciem, fortalecendo-nos contra a corrupção. Este raio também nos

O âmbar (resina vegetal fossilizada) engastado em joias de prata é usado para atrair os efeitos do Raio Prateado, que equilibra, ilumina e reflete energia.

ajuda em situações relacionadas com o lado esquerdo do cérebro, mais masculino, nos quais a lógica e o raciocínio sistemático são necessários, e nos ajuda a tomar a atitude apropriada.

Raio Cobre Muito feminino por natureza, mas de um modo diferente do prateado, o Raio Cobre é o aspecto dinâmico, vigoroso e primitivo da psique feminina. Ele carrega as energias de renovação, criatividade, nascimento e do útero feminino. O Raio Cobre nos ajuda a realizar sonhos e desejos, especialmente se estamos em sintonia com a energia da Grande Mãe Terra ou da Energia Anciã. Ele guarda memórias ancestrais e poder criativo além da nossa limitada compreensão humana. Ajuda-nos a tomar decisões que mudam nossa vida e tornam nossos sonhos realidade.

Cristais engastados em prata e ouro – a prata reflete o princípio feminino e o ouro reflete o que é masculino por natureza.

Raio Platina Masculino por natureza, mas de um modo diferente do dourado, o Raio Platina propicia a cura do aspecto masculino da nossa personalidade. Ele ajuda a superar a raiva e a agressão, e libera emoções ardentes reprimidas. Transmuta a agressão competitiva em pacífica cooperação. O Raio Platina é extremamente penetrante, focado e puro. Ele pode refletir a energia negativa agressiva de volta para a sua fonte e expor o que não é verdadeiro. É um ótimo purificador do sistema energético humano e do ambiente, conferindo-nos as habilidades necessárias para florescermos sob a tempestade do caos.

Meditação do Sol e da Lua em harmonia

Propósito *Harmonizar os aspectos masculino e feminino – equilibrando os hemisférios esquerdo e direito do cérebro para ativar o Chakra do Quarto Olho.*

Esta meditação pode parecer complicada a princípio, pois você precisa focar primeiro o Chakra do Sacro e depois fazer a energia que criou (força vital) subir pela sua coluna espiritual (canal de energia sutil que vai do períneo ao topo da cabeça) até o Chakra do Quarto Olho, que está situado na testa, logo acima do Chakra do Terceiro Olho. Nesse local visualize uma Lua cheia prateada sobre o olho esquerdo e um disco solar dourado sobre o olho direito.

O Raio Prateado se relaciona com as energias lunares do Arcanjo Auriel e os anjos da Lua, enquanto o Raio Dourado se relaciona com a energia do Arcanjo Camael e a outros anjos solares.

A Lua é o nosso vizinho celeste mais próximo e influencia as marés da Terra.

COMO PRATICAR A MEDITAÇÃO

O QUE FAZER

1 Invoque os Arcanjos Camael e Auriel para bênçãos e proteção. Sente-se numa postura estável e confortável de meditação.

2 Foque a atenção no seu Chakra do Sacro (sua pélvis) e, a cada inspiração, imagine ou sinta esse chakra se enchendo de energia vital. Quando inspirar, sorva profundamente o ar até a barriga, expandindo e estendendo os músculos; ao expirar, pressione a região inferior do abdômen.

3 Depois de gerar essa energia (que tem a aparência de um balão laranja inflado), use o poder da sua intenção (vontade) para fazer que a energia suba em espiral até o Chakra do Terceiro Olho.

4 Mantenha a atenção focada no Chakra do Terceiro Olho e tome consciência do Chakra do Quarto Olho. Visualize ou veja um disco lunar prateado sobre o olho físico esquerdo e um disco solar dourado sobre o olho físico direito.

5 Deixe que esses dois discos se harmonizem e se equilibrem. Ao fazer isso, eles se transformam num disco central de cor branco-dourada, na posição do Chakra do Quarto Olho.

6 Concentre-se nessa energia harmonizadora pelo tempo que quiser.

7 Para acabar a meditação, deixe que essa energia harmoniosa que você gerou flua por todos os seus canais de energia sutil e pela aura (para purificá-la). Espere o tempo que for preciso para voltar à consciência do dia a dia.

Meditação da criatividade e da harmonia da alma

Propósito *Harmonizar a criatividade com o propósito da reencarnação da alma*

Muitas vezes, não encontramos o nosso verdadeiro caminho na vida porque fomos influenciados, quando jovens, a seguir a profissão errada. Depois que você descobre o seu verdadeiro talento criativo, a sua vida flui suavemente e com facilidade. Durante os tempos de stress, depressão ou desespero, as pessoas pedem a ajuda dos anjos. A assistência que os anjos oferecem pode consistir numa mudança radical na sua vida. Talvez você tenha uma alma de artista, de desenhista, de escritor ou de poeta. Talvez você queira viajar ou morar num país diferente. Talvez precise viver mais próximo da terra e cultivar seus próprios alimentos. Tudo é possível; não deixe que o medo aniquile a sua alma. Deixe que os seus sonhos se manifestem.

COMO PRATICAR A MEDITAÇÃO

VOCÊ VAI PRECISAR DE

Caneta ou lápis e papel

O QUE FAZER

1 Invoque o Arcanjo Uriel para bênçãos, proteção e para supervisionar o processo. Peça a ele que ilumine o seu caminho pela vida e diga que você busca a missão da sua alma, razão para ter encarnado nesta vida.

2 Sente-se numa posição estável e confortável de meditação, com papel e lápis à mão, para escrever as informações que receber. Concentre-se na respiração para relaxar.

3 Massageie o Chakra do Plexo Solar, tanto na frente quanto atrás, com movimentos circulares no sentido horário, até sentir uma sensação forte de formigamento.

4 Mova a consciência para o Chakra da Coroa, no topo da cabeça, e visualize ou sinta uma linda esfera de luz dourada entrando nesse chakra. Essa esfera de luz é enviada pelo Arcanjo Uriel.

5 Mova a esfera dourada para o Chakra do Plexo Solar. Absorva essa esfera.

6 Quando estiver pronto, escreva exatamente o que ouviu sobre o seu verdadeiro caminho na vida. É muito importante não mudar o que foi dito; deixe apenas que as palavras fluam para o papel.

7 Agradeça ao Arcanjo Uriel pela sua nova vida celestial! Reserve algum tempo para voltar à consciência do dia a dia.

Certas árvores têm associações planetárias específicas e são usadas para cura. O carvalho é usado para conferir força.

AS CORES DOS ANJOS

Meditação da Chama Violeta da Transformação

Propósito *Transformar as energias inferiores em energia positiva benéfica à vida*

Esta meditação recorre à ajuda do Arcanjo Zadkiel, guardião da Chama Violeta da Transformação. A Chama Violeta de Zadkiel tem a mais elevada frequência vibratória que, quando invocada, traz alegria e liberdade à alma, desvinculando você do comportamento limitante, de conceitos e miasmas kármicos (ver página 270), incluindo lembranças de vidas passadas que podem ter sido trazidas para esta vida.

Esta chama purifica os chakras, amenizando vícios e comportamentos obsessivos. Ela funciona como um amplificador de energias espirituais e terapêuticas.

A cor violeta é o portal para reinos invisíveis, além de purificar os chakras.

Quando dirigida pelo Arcanjo Zadkiel, ela rompe bloqueios ou energias estagnadas causadas por raiva, ódio, ressentimento, amargura, ciúme, intolerância, censura, medo e culpa. Protege contra o excesso de indulgência, de miasmas que podem ter se alojado no corpo emocional.

COMO PRATICAR A MEDITAÇÃO

O QUE FAZER

1 Sente-se em postura de meditação. Concentre-se na respiração, deixando o corpo relaxar.

2 Invoque o Arcanjo Zadkiel, dizendo: "Arcanjo Zadkiel, direcione a energia da Chama Violeta da Transformação para todas as regiões do meu corpo e para a minha aura, até que eu esteja purificado de toda negatividade e centrado na minha poderosa presença Eu Sou".

3 Relaxe e deixe-se envolver pela poderosa energia da Chama Violeta. Aproveite essa experiência magnífica enquanto sente o seu corpo e a sua aura sendo banhados e purificados suavemente, à medida que a Chama Violeta transmuta tudo o que é negativo e purifica todas as áreas do seu corpo, mente e aura. Sinta todos os seus chakras sendo instantaneamente purificados, libertando-se de vícios e comportamentos obsessivos.

4 Sinta a Chama Violeta rompendo e transformando bloqueios e energias estagnadas. Deixe que ela acalme a sua mente e ative a centelha divina dentro de você, enquanto propicia o seu crescimento espiritual e transmuta o karma negativo.

5 Quando você vir a Chama Violeta diminuindo, é porque a meditação está no final. Dê a si mesmo tempo suficiente para voltar lentamente à consciência normal de vigília.

Velas violeta propiciam o desenvolvimento espiritual e protegem contra entidades astrais inferiores.

Meditação da Chama Cor-de-rosa da Estrela do Coração

Propósito *Invocar o Arcanjo Chamuel e os anjos do amor para desenvolver o seu Chakra do Coração*

Esta meditação para desenvolver o Chakra do Coração é importantíssima para quem quer fazer um contato sólido e verdadeiro com os anjos, pois permite que você se conecte com eles num nível elevado de consciência. O Arcanjo Chamuel tem como foco os relacionamentos amorosos. A meditação cria naturalmente um canal para as forças angélicas fluírem, permitindo que a nossa consciência se funda suavemente com a deles. Uma música suave e uma vela cor-de-rosa favorecerão esta meditação.

Coração de quartzo rosa, um símbolo do amor eterno.

O símbolo tradicional do Chakra do Coração é uma flor de lótus de 12 pétalas, contendo no centro dois triângulos sobrepostos chamados *trikonas* em sânscrito e formando uma estrela de seis pontas perfeita. A Estrela do Coração simboliza o espírito descendendo à matéria e a matéria ascendendo ao espírito. Essa é a estrela que você vai ativar dentro do coração durante esta meditação.

O tradicional som hindu do Chakra do coração é o mantra *bija* "YAM". Use-o para ativar a Estrela do Coração durante a meditação.

COMO PRATICAR A MEDITAÇÃO

VOCÊ VAI PRECISAR DE

Uma vela cor-de-rosa
Música angélica suave

O QUE FAZER

1 Acenda a vela e coloque para tocar a música da sua escolha.

2 Sente-se numa postura estável e confortável de meditação. Concentre-se na respiração e deixe o corpo relaxar. Faça que a expiração seja um pouco mais longa e lenta do que a inspiração.

3 Deixe que um sentimento suave de receptividade e aceitação flua através de você.

4 Permita que a sua consciência transcenda o nível terreno.

5 Invoque o Arcanjo Chamuel e os anjos do amor para que o cerquem com sua sagrada luz cor-de-rosa. Sinta a atmosfera à sua volta ficando cálida e íntima.

6 Toque gentilmente o seu Chakra do Coração com a mão esquerda. Visualize as 12 pétalas desse chakra se abrindo e, ao mesmo tempo, veja o seu altar interior (o ponto mais sagrado da consciência).

7 No centro do altar veja a sua chama do coração cor-de-rosa. Comece a entoar o som do mantra *bija* "YAM".

8 Convide os anjos do amor para habitarem o seu coração; veja a chama se transformar numa bela estrela de seis pontas rosa-dourada. Deixe que essa energia maravilhosa flua através do seu corpo e aura e depois se espalhe pelo mundo, irradiando amor para todos que quiserem aceitá-la.

9 Dê a si mesmo tempo suficiente para voltar lentamente à consciência normal de vigília, depois que a meditação tiver terminado.

MEDITAÇÕES ANGÉLICAS

Postura de meditação

Sente-se de pernas cruzadas, numa postura confortável e estável, com a coluna e o pescoço eretos, mas não tensos, especialmente se você estiver meditando por períodos prolongados. Coloque uma almofadinha firme sob a base da coluna, para que a corrente psíquica possa fluir sem impedimento desde a base da coluna até o topo da cabeça.

Você também pode se deitar de costas no chão. Deixe braços e pernas esticados, mas relaxados e cubra-se com uma manta se sentir frio.

Se preferir uma cadeira, escolha uma de espaldar reto, apoie os pés no chão e descanse as palmas das mãos nos joelhos. Não deixe a cabeça tombar para a frente, pois isso restringe a respiração.

Ancore-se Algumas pessoas gostam de se ancorar antes e depois da meditação, pois isso lhes confere uma percepção mais clara da experiência e propicia um maior autocontrole. Ancore-se ao se sentar numa cadeira apoiando os pés no chão; depois visualize fortes raízes crescendo das solas dos pés e fincando-se firmemente na terra. Ao se sentar na postura clássica de meditação, imagine fortes raízes crescendo da base da coluna e penetrando nas profundezas da Mãe Terra.

Sente-se ereto, com os pés apoiados no chão, mãos nos joelhos e coluna reta.

Espaço de meditação

Todos precisamos de espaço para nos recolhermos do mundo lá fora. O seu cômodo ou espaço de meditação deve ser confortável e acolhedor, mas também arejado, especialmente se você usa velas ou incenso. Mantenha-o limpo e despojado; isso favorecerá a sua concentração. As cores são muito importantes no ambiente em que você medita; muitas pessoas preferem a simplicidade clássica do branco, mas você pode preferir um azul pálido, por exemplo. Crie um altar simples para os anjos e use-o como foco espiritual, ou tenha nas proximidades algo da natureza, como um lindo cristal.

Reserve um horário e um espaço da casa para a prática de sua meditação; os horários mais propícios são o amanhecer e o crepúsculo. Procure se sentir confortável com a ajuda de travesseiros, almofadas, tapetes ou até de uma poltrona macia. Procure ficar aquecido; use uma manta para se cobrir se sentir frio. Certifique-se de que não será incomodado durante a meditação – reserve pelo menos uma hora.

Um círculo sagrado Algumas pessoas criam um círculo sagrado como proteção enquanto meditam, para não sofrer a influência de energias externas indesejáveis. Coloque quatro velas em castiçais firmes em cada um dos pontos cardeais, assegurando-se de que não estejam próximas de materiais inflamáveis. Você pode usar mais velas para completar o círculo ou usar velas coloridas apropriadas para representar o anjo que está invocando.

Os cristais podem ser usados no lugar das velas ou em conjunto com elas. Algumas pessoas gostam de ficar no centro do círculo e usar o dedo ou um cristal de quartzo transparente para desenhar um círculo de luz. Ande no sentido horário (deosil) para criar o círculo e anti-horário para fechá-lo.

Preparação

Depois que tiver reservado um cômodo ou o canto de um cômodo para ser seu espaço sagrado, você pode começar a prepará-lo para a meditação. Seguem abaixo algumas sugestões que podem lhe ser úteis:

- Você pode acender uma vela da cor mais apropriada.

- Purifique seu espaço energético com incenso, *sprays* angélicos perfumados ou difusores de óleos essenciais.

- Coloque uma gota de um óleo essencial na palma da mão e esfregue as mãos suavemente; então aspire a fragrância para que ela o induza a um estado alterado de consciência.

- Coloque uma suave música angélica, caso o som não o distraia demais.

- As flores são ótimas oferendas para os anjos, que também apreciam sinos; toque um sininho no início e no fim de uma meditação para estabelecer o seu período de dedicação ao sagrado.

- Segure um cristal angélico como a serafinita, a angelita, a celestita, o quartzo serifos verde ou o quartzo aura angélica.

- Purifique o seu corpo físico tomando um banho de chuveiro ou banheira e vestindo roupas limpas; isso fará que você se sinta mais receptivo e em sintonia com os anjos.

- Use roupas soltas de algodão, que sejam confortáveis e lhe deem liberdade de movimento. Reserve-as especialmente para a meditação, pois cada vez

Purifique seu espaço de meditação com uma essência perfumada ou a luz de uma vela da cor mais apropriada.

que as vestir estará indicando à mente subconsciente que está se preparando para a meditação.

- Evite tecidos sintéticos, pois eles interferem no fluxo energético dos canais meridianos e podem manter a negatividade no sistema energético. Roupas pretas, escuras ou pardas interferem na meditação, pois baixam a taxa vibratória.

- Pratique a clareza mental eliminando "detritos psicológicos" e adotando a clareza de propósito.

Quanto mais você se preparar para as sessões de meditação, mais rápido entrará em sintonia com o reino angélico. Depois que se acostumar a se comunicar com os anjos, você será capaz de se transportar instantaneamente para o centro do coração e consultar seus anjos muitas vezes por dia.

Sintonia com os anjos

Esta meditação pode ajudá-lo a entrar em contato com o seu anjo da guarda, pois trata-se de uma sintonização que lhe permitirá se abrir para o seu guardião. E esse relacionamento o fará dar passos firmes no caminho rumo à iluminação.

COMO PRATICAR A MEDITAÇÃO

O QUE FAZER

1 Sente-se numa posição confortável de meditação. Relaxe o corpo, concentrando-se na respiração.

2 Depois de relaxar, imagine que você pode inspirar e expirar energia através da coluna vertebral.

3 Ao inspirar, sorva a energia terrena vinda do Chakra da Raiz e leve-a até o Chakra da Coroa e, ao expirar, faça a energia percorrer o caminho inverso. Essa técnica purifica e elimina bloqueios energéticos.

4 Depois de ter dominado essa técnica e sentir sua coluna "espiritual" purificada, leve a energia a subir por ela, ao inspirar, até chegar ao Céu. Junto com ela transmita sua gratidão por todas as coisas boas que tem na vida. Ao fazer isso, imagine um dia nublado e depois veja as nuvens se dissipando e uma luz branca e brilhante atravessando-as e atingindo a sua cabeça.

5 Deixe que todo o seu ser absorva essa luz brilhante através do topo da cabeça. Essa é a sua ligação com os anjos.

6 Sinta essa luz celestial banhando todo o seu corpo e nutrindo cada uma das suas células.

7 Receba as bênçãos angélicas dirigidas a você, e sinta essa energia positiva percorrendo todo o seu corpo, banhando-o interna e externamente.

8 Agora concentre a atenção no Chakra do Coração, o ponto onde a sua ligação com os anjos é mais forte, e visualize-o num tom cor-de-rosa forte.

9 Deixe a consciência transcender os cinco sentidos e entre num estado de percepção mais elevada. Essa é a sua ligação com um reino ilimitado de sabedoria angélica.

10 Agora é hora de fazer um contato direto com a orientação dos anjos. Do fundo do seu coração, onde habita a centelha divina, envie o pedido para que um anjo seja o seu guia.

11 Sinta o seu anjo se aproximando e experimente uma mudança à medida que você se liga com a consciência superior dos reinos angélicos.

12 Imagine o seu anjo em pé ao seu lado, envolvendo-o com as suas asas. Sinta o amor incondicional que o seu anjo dirige a você.

13 Se quiser, você pode pedir uma orientação ao seu anjo ou até perguntar o nome dele; mas fique tranquilo e espere pacientemente pela resposta.

14 Para terminar a sessão, traga a consciência de volta à realidade do dia a dia.

Meditação das asas do anjo

Aqueles que costumam entrar frequentemente em sintonia com o reino angélico desenvolvem uma aura espiritual que, aos olhos de um clarividente, tem a aparência de asas de luz. Depois que desenvolvemos essas asas, podemos utilizá-las de várias maneiras. Elas nos sintonizam instantaneamente com o reino angélico e tornam mais leve nossa frequência vibratória, o que nos eleva acima dos nossos problemas. Podemos nos embrulhar nas nossas asas para nos confortar ou proteger de energias indesejáveis.

As asas das pessoas são diferentes umas das outras e são uma radiação direta da centelha divina de luz que habita nosso Chakra do Coração. Algumas asas parecem penas, enquanto outras têm fibras etéricas que lembram uma luz estelar tremeluzente. Algumas asas são imensas e se estendem por toda a coluna (esse é normalmente um sinal de que todos os chakras ao longo da coluna estão em equilíbrio). Esse tipo de asa pode se estender abaixo dos pés e acima da cabeça.

Algumas pessoas sentem que suas asas etéricas parecem ter penas brancas, enquanto outras podem ter asas de fibras que lembram a luz das estrelas.

COMO PRATICAR A MEDITAÇÃO

Recomenda-se fazer esta meditação em pé.

O QUE FAZER

1 Fique de pé, com os pés descalços apoiados firmemente no chão.

2 Levante os braços bem acima da cabeça e visualize os pés plantados na Terra e a sua cabeça atingindo o espaço sideral, no mais alto dos céus. Sinta o corpo conectando o Céu e a Terra.

3 Estique os dedos para cima e sinta as mãos do seu anjo guardião descendo em direção às suas, até que vocês dois fiquem de mãos dadas. Essa é uma experiência especial e talvez você queira prolongar esse contato por alguns instantes enquanto abre o Chakra do Coração.

4 Quando estiver pronto, deixe que suas asas cresçam a partir do espaço entre as suas escápulas. Veja-as crescendo para cima e para os lados. Procure senti-las e ver que aparência têm.

5 Com as asas totalmente abertas, deixe o seu corpo se ajustar à experiência de ter asas, seja qual for a sensação que elas lhe causem. Você pode sentir uma alteração no seu campo energético, pois a frequência vibratória se eleva e você fica mais acostumado com a experiência de ter asas.

6 Veja se consegue mover suas asas.

7 Peça que os anjos abençoem as suas asas.

Abra suas asas e embrulhe-se nelas para sentir sua proteção. Você pode sentir certo desequilíbrio enquanto se adapta a elas.

MEDITAÇÕES ANGÉLICAS

Meditação da auréola angélica

Esta meditação começa com a ativação dos chakras transcendentais situados sobre a sua cabeça, a partir do Chakra da Estrela da Alma, também conhecido como "a sede da alma" ou Chakra da Auréola. A um palmo de distância do topo da sua cabeça, esse chakra, às vezes considerado o oitavo chakra, contém informações sobre a sua alma; depois que este primeiro chakra transcendental é ativado, você automaticamente se define por meio da *gnosis* (iluminação), e não mais pela religião ou pelo dogma.

O Chakra da Estrela da Alma é branco como o luar ou transparente como um cristal. Quando totalmente aberto e ativado, ele se liga, numa espiral, aos outros seis chakras transcendentais alinhados acima da cabeça. O chakra seguinte, do Portal da Estrela, é conhecido como o nono chakra. Ele lembra uma explosão de energia estelar e está situado no ponto mais alto que as suas mãos podem alcançar sobre a cabeça.

Branco lunar, o Chakra da Estrela da Alma está situado bem acima da sua cabeça e está relacionado com a sua alma.

COMO PRATICAR A MEDITAÇÃO

O QUE FAZER

1 Sente-se numa postura confortável de meditação. Relaxe o corpo concentrando-se na respiração.

2 Concentre a atenção no Chakra da Coroa; visualize a flor de lótus de mil pétalas se abrindo. As mil pétalas estão dispostas da esquerda para a direita em 20 camadas com 50 pétalas. O Chakra da Coroa, normalmente violeta quando aberto, muda para branco. O pericarpo (onde ficam as sementes) é de ouro puro.

3 Olhe no fundo do Chakra da Coroa; veja a esfera lunar irradiando uma suave luz reflexiva. No centro dessa esfera há um triângulo de luminosa luz dourada apontando para baixo. No centro do triângulo existe o que parece ser um ponto de luz vermelho.

4 À medida que olha o ponto vermelho de luz, você vê que ele contém duas luas crescentes vermelhas (uma sobre a outra). Um círculo branco está acima da primeira e um círculo vermelho de fogo vermelho está acima da segunda. Acima delas existe outro círculo branco contendo um ponto vermelho de luz e um ponto branco de luz.

5 À medida que você fita essa imagem, atente para uma espiral de luz vinda do Chakra da Coroa, que forma uma auréola de luz cristalina em volta da sua cabeça e sobre ela. Essa luz ativa e forma o seu Chakra da Auréola.

6 Para terminar a meditação, traga a consciência de volta à realidade do dia a dia.

Meditação do templo angélico

Os Arcanjos e suas esferas de influência

Arcanjo Miguel — Fortalecimento, proteção, poder e verdade
Arcanjo Jophiel — Sabedoria, iluminação e renovação energética
Arcanjo Rafael — Artes de cura e conhecimento científico
Arcanjo Haniel — Trabalho com energias grupais, comunicação
Arcanjo Gabriel — Orientação, despertar e purificação
Arcanjo Zadkiel — Transformação e transmutação com a Chama Violeta
Arcanjo Uriel — Caminho da vida, paz e união das nações
Arcanjo Metatron — Ascensão e ativação do Corpo de Luz
Arcanjo Chamuel — Relacionamentos, amor, beleza e compaixão
Arcanjo Melquisedeque — Consciência crística e evolução espiritual
Arcanjo Seraphiel — Eliminação do karma e purificação cósmica
Arcanjo Sandalphon — Cura da Terra, oração e cura a distância
Arcanjo Tzaphkiel — Mãe Cósmica, contemplação, nutrição espiritual
Arcanjo Raziel — Pai Cósmico, mistérios cósmicos do universo
Arcanjo Auriel — Feminino divino, Magia da Lua, fases da vida
Arcanjo Muriel — Autorreflexão, trabalho com golfinhos e outras criaturas marinhas

Cada arcanjo tem uma morada espiritual ou Templo de Luz ancorado nos reinos etéricos, sobre vários vórtices de "poder" da Terra. Essas moradas foram estabelecidas pela "Hierarquia Espiritual" sob a orientação dos arcanjos. Cada templo tem um diferente propósito, que o ajudará no seu caminho espiritual. O foco de cada templo está relacionado com a "virtude cósmica" do anjo a que pertence. Quando buscadores espirituais visitam o templo durante a meditação, eles se sentem revitalizados e inspirados.

COMO PRATICAR A MEDITAÇÃO

O QUE FAZER

1 Sente-se numa postura confortável de meditação. Relaxe o corpo concentrando-se na respiração e fazendo que ela fique cada vez mais lenta e profunda; as expirações devem ser mais lentas que as inspirações.

2 Invoque o arcanjo cujo templo você deseja visitar e peça-lhe que a sua percepção consciente seja transportada para lá durante a meditação.

3 Sinta o arcanjo que você invocou aproximando-se e deixe-se envolver pela energia dele e transportado para sua "morada espiritual".

4 Quando você chegar ao templo, afirme o que gostaria de estudar ou de que modo gostaria de ser inspirado e acalentado.

5 Os arcanjos lhe darão um sinal quando for hora de voltar da meditação e o trarão em segurança de volta ao corpo e para a realidade do dia a dia.

MEDITAÇÕES ANGÉLICAS

Meditação da espada do Arcanjo Miguel

Cada arcanjo tem um templo "ancorado" no reino etérico (ver páginas 40-41). O Templo de Luz que você optou por visitar durante esta meditação é o retiro do Arcanjo Miguel, que está ancorado perto do lago Louise, no Canadá.

COMO PRATICAR A MEDITAÇÃO

O QUE FAZER

1 Sente-se numa posição confortável de meditação. Relaxe o corpo concentrando-se na respiração.

2 Depois de relaxar, chame o Arcanjo Miguel, por meio desta invocação:

Poderoso Arcanjo Miguel, fortalece-me. Eu reconheço que tenho livre-arbítrio, por isso agora escolho ter uma vida de alegria e liberdade. Se for apropriado para o meu caminho espiritual, concede-me minha espada da liberdade. Prometo usá-la apenas para o bem maior de todos.

3 Sinta-se envolvido pela energia do Arcanjo Miguel e deixe que uma espiral de pura luz o eleve às alturas. Lentamente, essa espiral o leva cada vez mais alto, enquanto você se sente perfeitamente seguro nos braços de um anjo.

4 Você se descobrirá num templo e será guiado até a porta da sala das espadas.

5 O Arcanjo Miguel o levará para dentro da sala das espadas, onde há fileiras e fileiras de espadas, que se destinam àqueles que estão incumbidos de serem seus portadores. Estes são os que concordam em carregar a chama azul-safira da liberdade. As espadas têm uma aparência muito diferente uma da outra, assim como cada ser deste planeta é um indivíduo. Mas cada espada é idêntica com relação à autoridade que carrega, pois todas conferem liberdade e proteção.

6 O Arcanjo Miguel passa-lhe a sua espada: o nome dela estará escrito nela na "linguagem da luz". Ele também lhe dará autoridade para usá-la. Você receberá um símbolo secreto especial que é impresso no seu campo de energia; esse símbolo "cristalino" deve estar em equilíbrio no seu campo ou a sua espada se revelará inútil.

7 O Arcanjo Miguel o deixará permanecer na sala das espadas pelo tempo que quiser. Esse é um momento muito especial do seu processo evolucionário. Quando estiver pronto, o Arcanjo Miguel gentilmente o guiará de volta para o seu corpo físico.

O templo do Arcanjo Miguel está ancorado em algum lugar sobre o cristalino lago Louise, no Canadá.

Meditação com o Arcanjo Uriel para descobrir o seu caminho de vida

Uriel é o arcanjo que você deve invocar se quiser paz interior e tranquilidade de espírito. O Templo de Luz do Arcanjo Uriel fica sobre as montanhas Tatra, na Polônia (ver página 40). Ele nos salva da confusão espiritual, iluminando o nosso caminho pela vida. Seu símbolo é o raio, que ele usa para nos dar lampejos de inspiração. Todos nós nascemos com um "dom" especial, que é a razão para termos encarnado. Cada ser sobre o planeta tem um lugar especial no esquema da vida e na evolução da Terra.

A poderosa energia do raio simboliza a capacidade de Uriel para nos dar inspiração e lampejos intuitivos.

COMO PRATICAR A MEDITAÇÃO

O QUE FAZER

1 Sente-se numa postura confortável de meditação. Feche os olhos e relaxe o corpo.

2 Chame o Arcanjo Uriel, por meio desta invocação:

Arcanjo Uriel, traz paz à minha mente e ao meu espírito. Elimina todos os obstáculos do meu caminho espiritual, mostrando-me meu verdadeiro caminho na vida, para que eu possa cumprir meu Dharma.

3 Sinta-se envolvido pela energia do Arcanjo Uriel e deixe que uma espiral de luz rubi-dourada o eleve às alturas. Lentamente, essa espiral o leva cada vez mais alto, enquanto você se sente perfeitamente seguro nos braços de um anjo, ao ser transportado para o templo de Uriel.

4 Você fica diante do Arcanjo Uriel, que lhe perguntará se você deseja visitar a sala dos pergaminhos. Ali estão guardados bilhões de pergaminhos, um para cada pessoa encarnada neste planeta. O seu pergaminho está ali, escrito na "linguagem da luz", e contém o seu Dharma, o acordo feito pela sua alma. Esse acordo foi feito antes do seu nascimento, num nível mais elevado do seu ser. Trata-se do seu verdadeiro caminho de vida.

5 O Arcanjo Uriel o fará saber quando é hora de partir, levando-o em segurança de volta para o corpo.

As montanhas Tatra, na Polônia, ancoram o templo do Arcanjo Uriel.

Meditação dos anjos da manhã

Entrar em sintonia com os anjos do Sol ao romper de cada manhã ajuda você a aceitar a felicidade em sua vida e a apreciar os prazeres simples, as alegrias e bênçãos que você já tem na vida.

O Arcanjo Miguel é o anjo mais fortemente associado ao Sol, mas você pode descobrir que outros anjos são atraídos pela sua disposição alegre e renovada pela manhã. Esta meditação foi feita para promover equilíbrio e harmonia, e é parecida com a "Saudação ao Sol", da Hatha Yoga, que foi projetada para ativar e energizar cada um dos chakras. Esta meditação deve ser realizada quando os primeiros raios do Sol da manhã estiverem abençoando a Terra com seu glorioso despertar. Ela traz harmonia para o seu mundo e desperta você para a beleza e abundância da Terra.

Invocar os anjos da manhã para que seu corpo fique pleno de otimismo e alegria no dia que se inicia é semelhante a recitar a "Saudação ao Sol" da Hatha Yoga.

COMO PRATICAR A MEDITAÇÃO

O QUE FAZER

1 Comece reservando alguns minutos para fazer várias respirações profundas.

2 Fique de pé, com a coluna ereta, e junte as palmas das mãos na posição de prece, sobre o Chakra do Coração.

3 Faça mais algumas respirações profundas e deixe o corpo relaxar. Perceba o peso do seu corpo e os pés apoiados no chão. Certifique-se de distribuir o peso do seu corpo igualmente entre os dois pés e deixe os joelhos relaxados, para que o corpo não fique tenso e a sua energia possa fluir suavemente.

4 Ao inspirar, eleve os braços acima da cabeça (as palmas das mãos ainda juntas). Curve-se suavemente para trás, alongando a coluna e olhe para cima, na direção das mãos.

5 Ao expirar, curve o tronco para a frente, com a intenção de tocar o chão com as mãos ou as pontas dos dedos (curve os joelhos se necessário) e conecte-se com a Mãe Terra.

6 Ao inspirar, endireite o corpo e abra os braços para os lados, imaginando que está abraçando o mundo.

7 Ao expirar, deixe a energia dos anjos do Sol fluir por todo o seu corpo e aura, com luz, calor e otimismo.

8 Fique nessa energia pelo tempo que quiser; sinta as bênçãos dos anjos fluindo pelo seu corpo e rejuvenescendo cada célula.

9 Quando estiver pronto, abaixe os braços ao expirar.

Meditação dos anjos da noite

Finalize o seu dia dando as boas-vindas para os anjos da noite. Depois que o Sol se puser, peça aos anjos da Lua que envolvam você, a Terra e todos os filhos da Terra com seu manto de proteção prateado. O Arcanjo Auriel, o anjo do destino, e o Arcanjo Gabriel, o anjo da orientação, são os mais estreitamente associados com a Lua, mas você pode encontrar outros anjos que o abençoem com seus pacíficos raios lunares e sonhos inspiradores. Os anjos da Lua nos ajudam a ver os mecanismos da mente inconsciente e memórias profundas, especialmente enquanto dormimos. Eles nos ensinam que, aos nos envolvermos com a sua luz, adquirimos mais controle sobre as profundezas ocultas da nossa psique, que, se não for unificada, causa fragmentação.

COMO PRATICAR A MEDITAÇÃO

O QUE FAZER

1 Comece respirando profundamente durante vários minutos.

2 Fique de pé, com a coluna ereta, e junte as palmas das mãos, em posição de prece, sobre o Chakra do Coração.

3 Respire fundo várias vezes e deixe o corpo relaxar. Sinta o peso do seu corpo e os seus pés apoiados no chão. Certifique-se de que o peso do seu corpo está distribuído igualmente entre os dois pés e deixe os joelhos relaxados para não tensionar o corpo e permitir que a energia flua mais suavemente.

4 Ao inspirar, abra os braços para abarcar as energias da Lua. Sinta o corpo sendo inundado com as energias pacíficas mas poderosas dos anjos da Lua.

5 Peça aos anjos que o protejam ao longo de toda a noite. Se quiser ter sonhos reveladores, peça isso a eles.

6 Ao inspirar de novo, levante os braços acima da cabeça e junte as mãos (com as palmas quase se tocando). Imagine ou sinta uma esfera lunar brilhante entre as mãos – balance-a suavemente e veja-a se transformando numa nuvem cintilante de pó lunar, semelhante a purpurina.

7 Ao expirar, abaixe os braços num movimento circular, enquanto imagina ou sente sua aura completamente coberta por essa purpurina lunar.

Invoque os anjos da noite para proteger seu sono e inspirar seus sonhos.

Meditação de sintonia com as estrelas

Muitos povos antigos acreditavam que as estrelas velavam por eles, representando suas origens divinas "estelares". Entrando em sintonia com a "nossa" estrela, possibilitamos que as energias dimensionais superiores ou códigos de luz dos nossos eus superiores sejam transmitidos para a nossa memória celular. Cada estrela, assim como cada pessoa, tem a sua própria ressonância. A sintonia com a nossa estrela leva à união da matéria com o espírito. Quando sintonizamos a espiral de luz branca que irradia do coração do Criador, ela ancora a energia dentro do nosso Chakra do Coração, que, por sua vez, abre a consciência para os portais estelares dimensionais superiores. (Um portal estelar é uma abertura para outra dimensão ou realidade.) Muitas pessoas que trabalham com o reino angélico enviam sua percepção consciente através de portais estelares para receber conhecimentos, sabedoria e entendimento superiores.

COMO PRATICAR A MEDITAÇÃO

O QUE FAZER

1 Comece respirando profundamente várias vezes.

2 Fique de pé, com a coluna ereta, e junte as palmas das mãos, em posição de prece, sobre o Chakra do Coração.

3 Respire fundo várias vezes e deixe o corpo relaxar. Sinta o peso do seu corpo. Certifique-se de que ele está distribuído igualmente entre os dois pés e deixe os joelhos relaxados para não tensionar o corpo e permitir que a energia flua suavemente.

4 Visualize um céu noturno estrelado. Veja os bilhões de estrelas cintilando lá em cima; uma parece brilhar mais do que as outras. Essa é a sua estrela. Enquanto você a contempla, tem a impressão de que ela está cada vez mais brilhante e ficando ainda mais bela.

5 Levante os braços e peça aos anjos da luz para ajudá-lo a atrair para baixo as energias da sua estrela.

6 Veja a luz espiralando para baixo, na sua direção. Veja-a alinhando-se com os chakras transcendentais sobre a sua cabeça e então oriente-a para baixo com as mãos. Deixe que ela flua para o seu Chakra da Coroa e em seguida para todo o seu corpo.

7 Veja-se cintilando com a luz branca da estrela e note como se sente bem mais leve.

8 Respire fundo várias vezes e perceba o peso do seu corpo físico. Comece a mover os dedos dos pés e das mãos, depois se levante e se espreguice. Peça aos anjos que ancorem, fechem, selem e o protejam de maneira apropriada.

A sintonia com a sua estrela o ajudará a abrir sua consciência para os portais estelares.

MEDITAÇÕES ANGÉLICAS

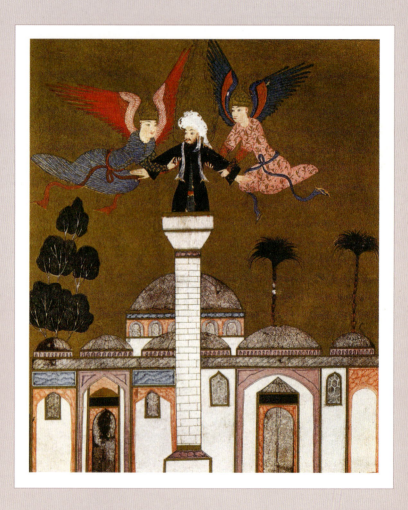

ANJOS DE MUITOS LUGARES

Os anjos do Antigo Testamento e suas raízes

Os primeiros registros históricos de seres alados vêm do zoroastrismo, uma das mais antigas religiões do mundo. O profeta Zaratustra, que viveu na Pérsia (agora Irã) entre não antes de 1700 AEC e nem depois de 600 AEC, reformulou as práticas religiosas da região, algumas das quais eram semelhantes às da antiga religião védica do norte da Índia. O zoroastrismo tem conotações dualísticas, com uma série de sete seres com status e funções de anjos cheios de qualidades positivas e outros sete com características negativas.

O zoroastrismo só é importante na história da religião porque está associado às origens tanto de tradições religiosas orientais quanto ocidentais. Central para o zoroastrismo é a ênfase na escolha moral e a ideia da vida como uma batalha entre as forças do bem e do mal, representadas por *Ahura Mazda* e sua antítese, o satânico *Angra Mainya*. Essas forças contrárias podem ter surgido das distinções indo-iranianas entre duas formas de ser espiritual – *ahuras* e *daevas*. No zoroastrismo, os *daevas* são retratados como seres demoníacos e os *ahuras*, como seres angélicos. Além disso, existem uns 20 termos abstratos para emanações ou aspectos de *Ahura Mazda*. Posteriormente, eles foram personificados como uma comitiva angélica do Senhor Sábio.

Os anjos do Antigo e do Novo Testamento No Antigo Testamento, os anjos desempenham um importante papel como mensageiros de Deus. No Novo Testamento, os anjos estão presentes em todos os acontecimentos importantes da vida de Jesus, servindo como agentes de Deus na Terra. Desde a Anunciação

(Lucas 1:26-38) até a natividade (Lucas 2:8-14) e finalmente a ressurreição e a ascensão ao céu (Lucas 24:6; João 20;12; Mateus 28:6), em que Jesus está sentado à mão direita do Pai, existem anjos que vêm em seu auxílio.

Reproduções primitivas de seres alados, como este espírito protetor do palácio assírio de Ashurnasirpal II, do século IX AEC, existem em todo o mundo antigo.

Tradição judaica

Fundado pelos profetas Abraão e Moisés, o judaísmo surgiu há cerca de 3500 anos, no Oriente Médio. Hoje existem 12 milhões de judeus ao redor do mundo; a maioria vive em Israel ou nos Estados Unidos. O livro sagrado dos judeus é a Bíblia Hebraica ou *Tanakh*, especialmente os cinco primeiros livros, chamados *Torá*.

Abraão é considerado o primeiro patriarca do povo judeu; a aliança com Deus é um tema comum ao longo da primeira parte da Bíblia e um dos principais pilares do judaísmo. Deus fez a primeira aliança com Abraão e a segunda com Moisés no Monte Sinai, quando este recebeu os Dez Mandamentos. Moisés é um dos personagens mais proeminentes da Bíblia e um dos profetas mais influentes da teologia judaico-cristã. Sua visão de um "Deus único" e os dez mandamentos que Deus transmitiu a Moisés têm sido, há 3 mil anos, um dos alicerces da moralidade humana. O maná que alimentou os filhos de Israel enquanto eles fugiam pelo deserto era o pão dos anjos e toda a fé judaica se baseia nos encontros dos seus patriarcas com os anjos de Deus.

O Arcanjo Miguel é o anjo guardião das pessoas de Israel, e os judeus acreditam ser o povo escolhido do Deus único. Mas os anjos não são apenas um conceito judeu – os judeus emprestaram suas ideias sobre os anjos de seus vizinhos, particularmente dos babilônios, enquanto estavam exilados na Babilônia. Muitos dos anjos judaicos podiam ser deuses babilônios disfarçados. Antigos relevos babilônios esculpidos, retratando seres alados guardando templos e outros edifícios importantes, são encontrados em coleções de museus do mundo todo.

Detalhe do século XV de Moisés com os Dez Mandamentos, *de Joos van Gent.*

Anjos da Cabala

Uma das fontes mais ricas de folclore angélico é a tradição mística judaica conhecida como Cabala (ver páginas 68-99). A Cabala é um corpo de informação e não um simples manuscrito ou fonte, embora dois dos textos mais primitivos sejam o *Zohar*, ou "Livro do Esplendor" e o *Sepher Yetzirah*, ou "Livro da Criação". Este último é, por tradição, atribuído a Melquisedeque, um rei sacerdote de Salém (mais tarde Jerusalém), que supostamente o entregou a Abraão, pai da nação judaica, numa revelação.

Há séculos, a Cabala é usada pelos místicos como uma maneira de vivenciar diferentes aspectos da criação, e é acessada por eles (seja por meio da experiência pessoal, seja pela revelação espiritual) como um caminho, mapa ou rota para Deus. Os místicos cabalísticos entendem que a visão é uma manifestação de uma realidade nuclear cósmica que sustenta os vários elementos que simbolizam a estrutura da existência como ela foi criada. A energia divina vem de cima e dá origem às dez sefiroth. A expressão "Árvore da Vida" foi popularizada na Idade Média e é uma imagem poderosa, presente não só na tradição cabalista mas também em outras culturas, vindo à tona na arte rupestre australiana e nas tradições dos hopis e dos celtas.

O aspecto místico da Cabala é a *Shekinah*, a manifestação feminina de Deus no homem. A Shekinah é conhecida com a "Noiva do Senhor" ou "Anjo do Amor e das Bênçãos". Como o aspecto feminino de Deus, ela também é conhecida como o anjo "libertador". Para o cristão ou judeu médio, isso era uma blasfêmia. Talvez por essa razão, o estudo da Cabala foi limitado pelos rabinos a homens casados acima dos 40 anos. Hoje, o estudo da Cabala é aceito mundialmente para homens e mulheres de qualquer idade.

A Árvore da Vida incorpora um aspecto de Shekinah, o Anjo Libertador na Cabala.

A expressão "a Shekinah repousa" (ou reside) é usada como uma paráfrase de "Deus habita", como pronunciado por Israel (Jacó) em "o anjo que me tem livrado de todo mal". Na tradição cristã, Shekinah é o aspecto feminino perdido de Deus. Na Igreja Ortodoxa, muitas catedrais são dedicadas a ela, como "Santa Sabedoria"; ela é um dos arcanjos: alado, vestido de branco, sentado num trono, segurando um pergaminho (Segundo Enoque).

Os anjos cristãos

Os anjos são representados ao longo de toda a Bíblia católica como seres espirituais intermediários, mensageiros entre Deus e os seres humanos. Como explicaram Santo Agostinho e São Gregório, "anjo" é o nome de um "posto" e não expressa nem a função nem a natureza essencial desses seres. Isso significa que os anjos são o séquito do trono de Deus no reino celestial. A função dos anjos é servir a Deus, e mais de uma vez os sete anjos são descritos na Bíblia.

Os católicos descrevem os anjos como instrumentos de comunicação de Deus. Na visão de Jacó, os anjos são testemunhas da subida e descida do Céu. Um anjo de Deus encontra Agar no deserto e os anjos resgatam Lot de Sodoma; um anjo anuncia a Gideão que ele libertará seu povo. Um anjo anuncia o nascimento de Sansão e o Arcanjo Gabriel instrui Daniel, embora ele não seja chamado de anjo em nenhuma dessas passagens, mas de "o homem Gabriel".

O mesmo mensageiro anuncia o nascimento de São João Batista e a encarnação do Redentor, enquanto a tradição diz que ele é o mensageiro dos pastores e o anjo que deu forças a Jesus na cruz. O profeta Zacarias revela que o anjo está falando com ele; esse é um ponto importante, pois define claramente que a orientação angélica vem de dentro e não de uma visão exterior que fale com ele.

Por toda a Bíblia, sugere-se repetidamente que cada alma individual tem um anjo tutelar; essa é uma questão de fé para muitos católicos. A doutrina católica também dita que o nosso anjo da guarda pode interceder em nosso benefício junto a Deus. Santo Ambrósio disse: "Devemos rezar aos anjos a nós concedidos como guardiões". Os católicos têm uma hierarquia angélica – os Querubins também são citados na Bíblia, assim como os Serafins. Os Arcanjos são mencionados apenas em São Judas, mas São Paulo oferece uma lista de outros grupos celestiais. Ele nos diz em Efésios 1:21 que Cristo se elevou muito acima de todo Principado, Poder, Virtude e Dominação", e em Colossenses 1:16 ele diz: "Pois nele foram criadas todas as coisas, nos céus e sobre a Terra, as visíveis e as invisíveis, sejam Tronos, sejam Dominações, sejam Principados, sejam Potestades".

Detalhe de afresco do século XIV, de Giusto Menabuoi, no Batistério de Pádua. Este anjo parece ter dois pares de asas.

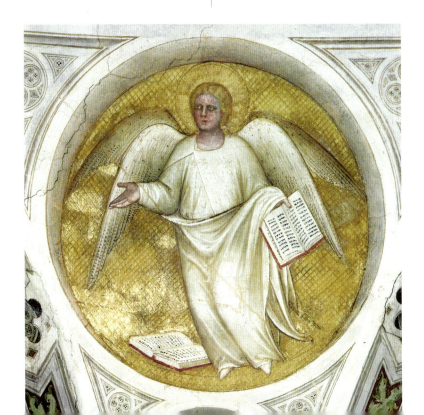

Anjos budistas e hindus

O budismo se baseia nos ensinamentos de Buda, "o Desperto". Buda, Sidarta Gautama, nasceu por volta de 563 AEC. Seus ensinamentos – o Tripitaka – são a base de muitas formas diferentes de budismo. Os budistas não acreditam num criador chamado Deus. A crença básica dos budistas é a de que, por meio do renascimento, aprendemos a nos libertar dos desejos e apegos, o que acaba nos levando à iluminação.

Os budistas acreditam que os anjos são bodhisattvas, ou "iluminados" – seres que já atingiram a condição de buda, mas que adiaram sua entrada no Nirvana para ajudar outros seres a atingi-la também. Os bodhisattvas muitas vezes se revelam aos seres humanos como emanações luminosas ou por meio da meditação. Muitos bodhisattvas são venerados.

Hinduísmo Embora alguns de seus elementos sejam muito mais antigos, o hinduísmo se originou em torno de 3 mil anos atrás. Os Vedas são os mais sagrados textos religiosos hindus. O hinduísmo não é uma religião unificada – ela não tem nenhum fundador, profeta ou mestre. Os hindus acreditam numa Alma ou Deus Universal chamado Brahman. Todas as outras divindades hindus, como Vishnu (o sustentador), Shiva (o destruidor) e Krishna são aspectos de Brahman, o criador. Brahman é a única realidade e está presente em todas as coisas. Ele não tem forma e é eterno; é o criador, o sustentador e o transformador de todas as coisas. Brahman está presente no espírito humano como Atman ou a Alma.

No hinduísmo, não existe nenhuma referência a anjos, mas existem espíritos que realizam funções semelhantes. Gandharvas são muitas vezes retratados como seres alados; são conhecidos pelos seus talentos para música e pelo poder de criar ilusões. Eram às vezes auxiliares dos

Esta miniatura indiana retrata Shri Krishna, uma das divindades hindus que representa um aspecto de Brahman, o criador.

Devas (seres angélicos chamados "iluminados"), que ajudavam os seres humanos em sua busca espiritual.

Existe uma referência direta aos anjos na *Introdução à Jataka* (histórias da vida de Buda); quando a Rainha Maha Maya concebeu o futuro Buda, ela foi carregada ao Himalaia por quatro anjos guardiões e, depois da concepção, a rainha foi guardada por quatro anjos armados de espadas. Quatro anjos Maha-Brahma estavam presentes no nascimento de Buda.

Dharmapalas são protetores do Dharma e muitas vezes aparecem como seres angélicos. No budismo tibetano, os seres celestiais são chamados de Devas e muitas vezes aparecem aos seres humanos como emanações de luz.

Anjos islâmicos

O islamismo tem uma vasta hierarquia de *mala'ika* (anjos) e herdou o conceito de anjos do judaísmo e do cristianismo. De fato, a crença nos anjos é um dos seis pilares da fé islâmica. Em ordem descendente de importância, os anjos da fé islâmica são:

Pintura turca do século XVI: um anjo traz a Abraão um carneiro para ele sacrificar no lugar de seu filho.

- Os Quatro Guardiões do Trono de Alá (*hamalat al-arsh*), simbolizados por um touro, um homem, um leão e uma águia (que foram inspirados pelo Apocalipse de São João no Novo Testamento).

- O Querubim (*karubiyum*) que louva constantemente Alá.

- Os quatro arcanjos: Gabriel (Jibril ou Jabra'il), o revelador, que revelou o Alcorão a Maomé; Miguel (Mikal), o provedor; Izrail, o anjo da morte (que separa as almas dos seres humanos de seus corpos) e Israfil, o anjo do julgamento final de Alá.

- Existem também anjos secundários, conhecidos como *hafazah* ou *hafza* que são anjos guardiões.

No islamismo, Jibril serve como mensageiro entre Deus e o ser humano, como guardião da revelação dos profetas de Deus. Maomé menciona Jibril pelo nome três vezes no Alcorão, e são Jibril e Mikal que purificam o coração do profeta na preparação para a ascensão ao Céu. Jibril guiou Maomé pelos vários níveis do Céu, até alcançar o trono de Deus. Jibril também o ajudou, vindo em seu auxílio na batalha de Badr (624 EC), com milhares de anjos dizendo-lhe que atacasse as tribos judaicas de Banu Qaynuqa e Banu Qurayzah. As-Shaitan é o "maléfico", o demônio islâmico, que é o príncipe dos anjos maléficos ou maus espíritos. O Alcorão diz que os anjos foram criados da luz e os jinn (anjos maléficos) foram criados do fogo sem fumaça. Malik é o anjo guardião do inferno.

Os anjos islâmicos têm asas e aparência bela; são também vastos, pois o profeta Maomé descreveu Jibril como o ser que preenche o espaço entre o Céu e a Terra. Ele também viu a verdadeira forma de Jibril – ele tinha 600 asas, que cobriam o horizonte, e pérolas e rubis caíam de suas asas. Não se sabe qual é o número de anjos no Islamismo; somente Alá sabe quantos anjos existem.

Os mórmons

A Igreja de Jesus Cristo dos Santos dos Últimos Dias, a igreja mórmon, foi fundada em 1830, em Nova York, por Joseph Smith (1805-1844) e desenvolveu-se com Bingham Young (1801-1877). A igreja está centrada em Jesus Cristo, mas tem diferenças substanciais com relação à crença das igrejas católica, protestante e ortodoxa. Os mórmons acreditam que as pessoas podem ser batizadas em sua fé até mesmo depois de morrer. Também acreditam que Joseph Smith era um profeta de Deus e que os seres humanos podem se tornar deuses depois da morte.

As escrituras – os livros sagrados dos mórmons – incluem: a Bíblia Sagrada (na versão do Rei Jaime), o Livro de Mórmon: Outro Testamento de Jesus Cristo; Doutrina e Convênios: uma compilação de revelações e declarações; e A Pérola de Grande Valor: uma seleção de revelações, traduções e escritos de Joseph Smith. O Livro de Mórmon é o centro da fé mórmon. Eles acreditam que esse livro conta a história da comunicação de Deus com os antigos habitantes do continente americano, incluindo uma visita de Jesus, depois da Ressurreição, ao povo do Novo Mundo.

Mórmon foi um antigo profeta americano que compilou a história da civilização antiga desde os registros mais antigos. O documento foi inscrito sobre placas de ouro que o filho de Mórmon, Moroni, escondeu, enterrando-as na região em que agora fica o estado de Nova York. Moroni voltou em 1823 como um anjo e mostrou a Joseph Smith (fundador da igreja) onde as placas estavam escondidas. Smith traduziu as placas no que veio a ser o Livro de Mórmon, que foi publicado pela primeira vez em 1830. Joseph Smith recebeu sua visão na primavera de 1820, enquanto rezava num bosque. Ele viu um pilar de luz, dentro do qual havia duas figuras gloriosas.

Joseph Smith recebeu a visão do anjo Moroni enquanto rezava num bosque.

ANJOS DE MUITOS LUGARES

Os anjos celtas

Os celtas são descritos como um grupo de indo-europeus originário da Europa central, que se espalhou pela Europa ocidental, as ilhas britânicas e o sul da Galácia (Turquia) durante o período pré-romano, especialmente os bretões e os gauleses. Os celtas pré-cristãos tinham uma cultura e hierarquia social bem organizada. Não produziram muita literatura, pois preferiam a tradição barda de narração de histórias. Os sacerdotes druidas dos tempos antigos recebiam os segredos do universo por meio de visões. Eles não tinham permissão para registrar esses segredos por escrito, por isso todo o conhecimento místico tinha de ser transmitido oralmente de mestre para discípulo, o que significava que era necessário um longo aprendizado para alguém se tornar um sacerdote druida.

Os celtas acreditavam em reencarnação e na continuidade da alma. Interpretavam o mundo usando a Árvore da Vida celta. Para os celtas antigos, seu Anamchara (anjo ou amigo espiritual) fazia parte da vida diária. Os anjos celtas são seres espirituais que têm um interesse muito especial nos seres humanos, particularmente naqueles que são espiritualmente conscientes ou que estão se desenvolvendo nesse sentido. Os anjos celtas desempenham o papel de guardiões ou companheiros, assim como os totens animais de culturas nativas, em outras tradições xamânicas. O movimento da Nova Era e o interesse pelas culturas nativas fizeram que os anjos celtas ficassem muito mais populares.

Os anjos celtas habitam vários níveis. O mais elevado deles é a morada dos anjos que estão em contato constante com a força divina, de modo muito parecido com os bodhisattvas budistas – seres iluminados que retardam sua entrada no reino celestial para ajudar no desenvolvimento espiritual de outros seres.

O nível seguinte é a morada de muitos anjos que ascenderam a Deus e o terceiro é onde estão os anjos mais próximos de nós e de nosso mundo físico. O Anamchara mais próximo de nós é o de mais fácil contato. Meditar em locais naturais como pomares, bosques, cachoeiras ou lagos propicia esse contato, pois esses lugares estão cheios de Anamchairde (plural de Anamchara). Como outros anjos, o seu Anamchara pode aparecer na forma que for mais apropriada, podendo até assumir a forma humana ou a de um ser dotado de asas.

Os anjos celtas (Anamchara) têm grande interesse em ajudar aqueles que estão evoluindo espiritualmente.

As lendas dos índios norte-americanos e o xamanismo

O pássaro-trovão (*thunderbird*) é uma criatura mitológica que faz parte do folclore espiritual de muitas nações indígenas da América do Norte. O nome dessa criatura mítica deriva da ideia de que o movimento das suas imensas asas provoca trovões. O nome que os índios lakota deram ao pássaro-trovão é *Wakinyan*, composto das palavras *kinyan*, que significa "alado", e *wakin*, que significa "sagrado". Os índios kwakiult os chamam de *Hohoq* e os nootka, de criatura *Kw-Uhnx-Wa*.

A envergadura das asas do pássaro-trovão tem o comprimento de duas canoas e pode provocar tempestades quando ele voa. As nuvens são empurradas umas contra as outras, causando trovoadas, e fachos de luz irradiam dos seus olhos quando ele pisca. Também carrega cobras de raios no bico. É retratado em máscaras como um pássaro multicolorido, com dois chifres e dentes no bico.

Os pássaros-trovão são às vezes considerados criaturas solitárias que vivem no alto de montanhas ou que migram em

O pássaro-trovão carrega mensagens do "Grande Espírito" para os seres humanos na Terra.

bando. Aqueles que vivem no alto de montanhas são servos do Grande Espírito e voam apenas para carregar suas mensagens. As tribos kwakiult e cowichan acreditam que os pássaros-trovão gregários assumem a forma humana inclinando o bico para trás (como uma máscara) e desfazendo-se das penas como de um cobertor. Existem histórias desses pássaros-trovão "humanos" que se casaram com seres humanos.

Será o mítico pássaro-trovão um anjo (ele transmite mensagens e é iluminado), um pássaro criptozoológico ou algo relacionado com o pássaro-roca ou *rukh* da lenda persa? Conta-se que o *rukh* era capaz de carregar um elefante e devorá-lo. O pássaro-trovão também poderia estar relacionado com a fênix da mitologia egípcia – o pássaro fabuloso que se regenera de tempos em tempos. Na literatura, costuma simbolizar a morte e a ressurreição. De acordo com as lendas, quando ele chega aos 500 anos de idade, incendeia a si mesmo numa pira e das cinzas nasce uma nova fênix.

Este totem de pássaro-trovão fica no Stanley Park, em Vancouver. Trata-se de uma réplica de uma caixa de correio do início do século XX, entalhada por Charlie James.

Xamanismo Nas culturas xamânicas, os curandeiros muitas vezes assumem a forma de um pássaro quando querem viajar a outros mundos em busca dos fragmentos anímicos do paciente. Os mantos cerimoniais dos xamãs siberianos de hoje lembram pássaros emplumados. E, embora em todas as formas de xamanismo da Ásia exista pouco interesse na produção de imagens concretas de humanos alados, a crença de que os xamãs podem voar é universal.

Egito antigo e Grécia antiga

Parece que não há seres angélicos na mitologia egípcia, embora exista a fênix sagrada, que era o símbolo da imortalidade. A fênix representa o Sol, que se põe toda noite e se levanta novamente a cada manhã. No fim do seu ciclo de vida, a fênix constrói uma pira de galhos de canela, na qual ateia fogo, queimando a si mesma até as cinzas, de onde emerge um novo pássaro. A nova fênix embalsama as cinzas da antiga num ovo feito de mirra, que deposita em Heliópolis, no Egito.

Originalmente, a fênix era uma cegonha ou pássaro semelhante a uma garça, chamado *benu*, citado no *Livro dos Mortos*; ela está estreitamente associada ao deus-sol Amon-Rá. A religião, no Egito antigo, era uma parte muito importante do dia a dia. Diariamente, os sacerdotes cuidavam das imagens de seus deuses (que, segundo a crença, manifestavam-se nas imagens). Os deuses e deusas egípcias muitas vezes tinham cabeça de animal; Anúbis, o deus dos mortos, com cabeça de chacal, é um exemplo. Embora os egípcios tivessem muitas divindades, só algumas parecem ter tido asas; Ísis, numa ocasião, usou suas asas para insuflar vida no seu marido-irmão morto, Osíris, e para conceber Hórus. A deusa Nut foi retratada como uma mulher com um pote na cabeça e

A deusa Ísis usou suas asas para insuflar vida em Osíris e para conceber seu filho Hórus.

asas de abutre, ou uma mulher coberta de estrelas, curvada sobre a Terra.

Anjos gregos A palavra *daemon*, na Grécia antiga, significava um espírito inspirador. A deusa Nike e seu filho Eros serviram como imagens angélicas em representações mais tardias de anjos.

A Vitória Alada de Samotrácia (c. 220-190 AEC) representa a deusa Nike (Vitória).

A Nova Era

O movimento da Nova Era é uma transformação espiritual de livre fluxo, que difere de todas as religiões. Ela não tem profetas, nem textos sagrados, fiéis, centros religiosos, credos, padres, freiras, clero e, o mais importante, interesses escusos.

O movimento da Nova Era não tem profetas nem gurus; nós todos somos aspectos de Deus.

O movimento da Nova Era, no entanto, usa alguns termos "mutuamente" aceitos, como chakra, aura e chi, e muitos adeptos acreditam em reencarnação e na continuação da alma depois da morte. Todos se definem como buscadores da verdade pessoal, de conhecimento e de uma vida equilibrada, geral-

mente por meio do reconhecimento e do desenvolvimento do aspecto espiritual da sua psique.

Uma nova era dourada A crença nos anjos e em outros seres espirituais de grande evolução está aumentando à medida que nos aproximamos da Era de Aquário. A maioria dos adeptos da Nova Era acredita que uma nova era dourada se desenvolverá, na qual todos os tipos de preconceito – de raça, sexo, religião, idade, nível social e outros – terão fim. Os apegos egoicos, tribais e globais serão substituídos pela responsabilidade global, no momento que os habitantes da Terra procurarem erradicar as guerras, a pobreza, a fome e a doença.

A crença nos anjos não se limita ao movimento da Nova Era; na verdade, a crença nesses seres remonta à aurora da civilização. Muitos adeptos da Nova Era, porém, sentem que esse movimento é conduzido pelos anjos, por meio do contato individual com o anjo da guarda. Atualmente, existem muitos livros disponíveis sobre anjos, e tudo o que se refere a esses seres parece estar em evidência.

Alguns buscadores da Nova Era adicionam ao movimento as crenças das religiões a que pertenciam antes, e todos eles acreditam numa inteligência divina responsável pela criação do universo. O movimento da Nova Era teve início no final da década de 1960, mas os primeiros indícios do seu nascimento surgiram no século XIX, com escritores como Elena Blavatsky (1831-1891), que fundou a Sociedade Teosófica. A astrologia, o budismo, o espiritismo, o hinduísmo, as tradições gnósticas, o paganismo, o espiritualismo e a Wicca também exerceram influência sobre esse movimento.

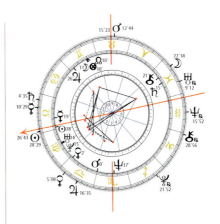

Uma nova era dourada, liderada por anjos, surgirá à medida que nos aproximarmos da Era de Aquário.

VISÕES DE ANJOS

VISÕES DE ANJOS

Famosas visões históricas de anjos

Nesta seção, você conhecerá os relatos de algumas das mais famosas visões de anjos ao longo das eras, extraídos de textos de Ezequiel, Enoque, São João e Daniel. Eles incluem visões da esfera celestial mais elevada, onde está o trono de Deus.

DANIEL

Enquanto eu contemplava, foram colocados os tronos e um ancião chegou e se sentou. Brancas como a neve eram suas vestes, e tal como a pura lã era sua cabeleira; seu trono era feito de chamas, com rodas de fogo ardente. Saído de diante dele, corria um rio de fogo. Milhares e milhares o serviam, dezenas de milhares o assistiam.

Daniel 7:9-10

Iluminura do século XII da visão de Daniel dos Quatro Animais e de Deus entronizado, extraído de um comentário do monge asturiano Beato.

ENOQUE

E eu olhei e vi um trono imponente: sua aparência era de cristal e as rodas eram como o sol brilhante, e havia a visão de um querubim. Da parte de baixo desse trono saíam rios de fogo flamejante, tornando impossível olhar para ele. E a Grande Glória estava ali em seu trono e Suas vestes brilhavam mais do que o sol e eram mais brancas do que a neve. Nenhum dos anjos podia entrar e fitar Sua face devido à magnificência e glória, e nenhum mortal poderia fitá-lo. O fogo flamejante o rodeava, e um grande fogo elevava-se diante Dele, de modo que ninguém, entre as miríades e miríades que O cercavam, podia se aproximar Dele.

Primeiro Livro de Enoque 18b-23a

ELIAS

Elias e seu filho Eliseu continuaram o seu caminho, entretidos a conversar, quando de repente um carro de fogo com cavalos de fogo os separou um do outro, e Elias subiu ao céu num turbilhão. Vendo isso, Eliseu exclamou: "Meu pai, meu pai! Carro e cavalaria de Israel!" E não o viu mais.

Segundo Livro dos Reis 2:11-12

Os profetas Elias e Enoque foram, ambos, abençoados com visões de Deus e das suas hostes celestiais.

EZEQUIEL

A carruagem de fogo de Deus (o Merkabah hebreu) foi descrita pela primeira vez em Ezequiel, que foi escrito logo depois que os primeiros exilados judeus chegaram à Babilônia (587 AEC).

... distinguia-se no centro a imagem de quatro seres que aparentavam possuir forma humana. Cada um tinha quatro faces e quatro asas. Suas pernas eram direitas e as plantas de seus pés se assemelhavam às do touro, e cintilavam como bronze polido. De seus quatro lados mãos humanas saíam por debaixo de suas asas. Todos os quatro possuíam rostos e asas. Suas asas tocavam uma na outra. Quando se locomoviam, não se voltavam: cada um andava para a frente. Quanto ao aspecto de seus rostos tinham todos eles figura humana, todos os quatro uma face de leão pela direita, todos os quatro uma face de touro pela esquerda, e todos os quatro uma face de águia. Eis o que havia no tocante às suas faces. Suas asas estendiam-se para o alto; cada qual tinha duas asas que tocavam as dos outros, e duas que lhes cobriam o corpo. Cada qual caminhava para a frente: iam para o lado aonde os impelia o espírito; não se voltavam quando iam andando. No meio desses seres, divisava-se algo parecido com brasas incandescentes, como tochas que circulavam entre eles; e desse fogo que projetava uma luz deslumbrante, saíam relâmpagos. Os seres ziguezagueavam como o raio.

Ezequiel 1:5-14

Xilogravura do século XVII da visão de Ezequiel da carruagem-trono de Deus.

VISÕES DE ANJOS

SÃO JOÃO

A visão de São João do trono de Deus é a única descrita no Novo Testamento.

Imediatamente, fui arrebatado em espírito; no céu havia um trono, e nesse trono estava sentado um Ser. E quem estava sentado assemelhava-se pelo aspecto a uma pedra de jaspe e de sardônica. Um halo, semelhante à esmeralda, nimbava o trono. Ao redor havia vinte e quatro tronos, e neles, sentados, vinte e quatro Anciãos vestidos de vestes brancas e com coroas de ouro na cabeça. Do trono saíam relâmpagos, vozes e trovões. Diante do trono ardiam sete tochas de fogo, que são os sete Espíritos de Deus. Havia ainda diante do trono um mar límpido como cristal. Diante do trono e ao redor, quatro Animais vivos cheios de olhos na frente e atrás. O primeiro animal vivo assemelhava-se a um leão; o segundo, a um touro; o terceiro tinha um rosto como o de um homem; e o quarto era semelhante a uma águia em pleno voo. Estes Animais tinham cada um seis asas e eram cobertos de olhos por dentro e em volta, até debaixo das asas. Não cessam de clamar dia e noite: Santo, Santo, Santo é o Senhor Deus, o Dominador, o que é, o que era e o que deve voltar. E cada vez que aqueles Animais rendem glória, honra e ação de graças àquele que está no trono e vive pelos séculos dos séculos, os vinte e quatro Anciãos prostram-se profundamente diante Dele. Eles depõem suas coroas diante do trono, dizendo: Tu és digno, Senhor, nosso Deus, de receber a honra, a glória e a majestade, porque criaste todas as coisas, e por tua vontade é que elas existem e foram criadas.

Apocalipse 4: 2-11

HILDEGARDA DE BINGEN

Hildegarda de Bingen (1098-1179) foi uma grande escritora e mística cristã que teve 26 visões da divindade.

Então eu vi o céu luminescente e ouvi diferentes tipos de música, incorporando maravilhosamente todos os significados que já ouvira antes. Ouvi os louvores dos habitantes jubilosos do céu, preservando de modo imperturbável os caminhos da verdade...

Visão 13

JOANA D'ARC

Quando Joana D'Arc (1412-1431) tinha 12 anos de idade, ela começou a ouvir vozes celestiais que a inspiraram a salvar a França. Uma dessas vozes pertencia ao Arcanjo Miguel. Joana relutava em falar a respeito das vozes. Ela não dizia nada a respeito ao seu confessor, e em seu julgamento recusou-se veementemente a descrever os santos e a explicar como os reconhecia. No entanto, ela disse a quem a julgava: "Eu os vi com estes olhos tão bem quanto vejo vocês".

Pintura do século XVIII de Joana D'Arc velada durante o sono.

WILLIAM BLAKE

William Blake (1757-1827) foi um poeta, pintor, místico visionário e gravador britânico que ilustrou e imprimiu seus próprios livros. Blake registrou que, desde muito jovem, tinha visão de anjos e via e conversava com o anjo Gabriel. Seus "livros proféticos" são o *Book of Thel, Marriage of Heaven and Hell, Book of Urizen, America, Milton* e *Jerusalem.* Nesses livros, Blake expressou sua preocupação de uma vida inteira com a luta da alma para libertar suas energias naturais da razão e da religião organizada. Entre os últimos trabalhos artísticos de Blake estão as ilustrações para a *Divina Comédia*, de Dante Alighieri.

O PADRE JEAN LAMY

O padre santificado Jean Lamy (1853-1931) tinha muitas visões de anjos. Ele conversava regularmente com seu anjo da guarda e tinha visões do passado e do futuro.

Suas vestes são brancas, mas com uma brancura extrafísica. Não posso descrevê-la, pois não pode ser comparada com o branco terreno; é muito mais suave aos olhos. Esses anjos brilhantes estão envoltos numa luz tão diferente da nossa que, em comparação, todo o resto parece escuro. Quando se vê um grupo de 50, fica-se absolutamente maravilhado. Parecem vestidos com lâminas douradas, constantemente em movimento, como muitos sóis.

Encontros com anjos nos dias de hoje

As visões de anjos não se restringem ao passado remoto – também existem relatos muito mais recentes de encontros com anjos.

O anjo de Mons Durante a I Guerra Mundial, uma lenda surgiu na Batalha de Mons. Embora os relatos das testemunhas com relação ao "Anjo de Mons" variem, algo místico aconteceu naquele dia e mais de uma pessoa parece ter presenciado o acontecimento!

A Batalha de Mons ocorreu em 23 de agosto de 1914 na Bélgica. Durante o primeiro embate desesperado com as tropas alemãs, São Jorge e uma tropa de arqueiros fantasmas detiveram as tropas do Kaiser. Soldados afirmaram ter visto o Arcanjo Miguel liderando um exército angélico. Alguns viram três seres luminosos com asas, enquanto outros afirmaram que os anjos envolveram as tropas britânicas com uma barreira protetora de luz. Com tantas testemunhas da intervenção divina, não surpreende que os relatos variem tanto. Até os prisioneiros alemães afirmaram ter visto o evento místico e quedado mudos diante da aparição.

É verdade que o exército alemão excedia em muito o britânico em número e que estes estavam em situação desesperadora; portanto, a história dos anjos no mínimo elevou o ânimo dos seus soldados. O debate, porém, com relação à autenticidade da lenda ainda persiste um século depois.

Percepção angélica Os anjos são uma ponte para os reinos celestes. Eles falam de um mundo além da nossa visão normal, que está ao redor e dentro de nós. O contato com anjos varia muito e, na verdade, não são muitas as pessoas que têm a sorte de literalmente "ver" um anjo.

Os Anjos de Mons, *de W. H. Margetson*, ilustra a extraordinária visão testemunhada por muitos soldados em Mons, no dia 23 de agosto de 1914.

VISÕES DE ANJOS

As crianças muitas vezes veem anjos e conseguem descrevê-los em detalhe.

A "visão" de anjos também varia: algumas pessoas veem os anjos de modo completo, com asas e tudo, de olhos abertos; outras veem anjos com o "olho da mente". Algumas pessoas veem luzes espiraladas e coloridas dançando em torno de suas camas à noite, enquanto outras encontram anjos na sua mente subconsciente, em seus sonhos ou meditações; também há aquelas que sentem a sublime energia angélica ou as asas de anjos envolvendo-as. Encontros profundos com anjos muitas vezes acontecem quando as pessoas têm uma experiência de quase-morte ou estão ao lado do leito de morte de um ente querido gravemente enfermo ou à beira da morte.

Visões de crianças As crianças muitas vezes veem anjos e conseguem descrevê-los em detalhe. Eu sei que sempre fui capaz de ver anjos: minhas primeiras lembranças são de passar todas as noites cercada por anjos, mas eu não sabia que eram anjos. Eu os chamava de "belas damas", que cantavam toda noite para que eu dormisse.

Sei que os meus encontros noturnos com anjos perturbavam muito minha mãe, mas minha avó, que era espiritualista, encarava a situação com muita naturalidade. Na verdade, depois que veio morar conosco, ela muitas vezes me perguntava se eu tinha visitado o quarto dela à noite, pois ela via uma figura angélica aos pés da cama. Eu tentava explicar que meus anjos estavam apenas velando por ela. Tenho certeza de que ela sabia que eram anjos e não eu, mas acho que ela queria que eu soubesse que ela via anjos também.

Sei que eu não sou a única a relatar experiências com anjos na infância, pois uma das minhas alunas me contou o primeiro encontro que teve com anjos. Esse encontro aconteceu quando ela tinha 9 anos de idade e passava por um período desafiador em casa; ela teve uma infância muito difícil. Uma noite, quando estava deitada na cama, ela disse que o teto se dissolveu e ela viu diante de si um anjo belíssimo, carregando uma espada feita de uma chama azul. O sentimento de proteção e orientação que lhe transmitiu esse lindo ser transformou sua vida e ela foi capaz de chegar à idade adulta sem traumas e saudável, apesar das muitas situações negativas que vivia com a família.

O mais impressionante é que eu sabia que ela tinha vivido uma experiência com o Arcanjo Miguel mesmo antes que me dissesse, pois ela carrega a assinatura angélica dele em seu campo energético. Percebi isso no momento em que ela entrou na sala; eu senti, nós sorrimos e um reconhecimento angélico instantâneo ocorreu entre nós. Eu disse que foi impressionante, mas, na verdade, quando você abre o seu coração para os anjos, a sua vida se enche de encantamento, amor e de uma alegria que não é deste mundo.

Visão celestial Nunca deixei de ver anjos e meus encontros com eles já foram testemunhados por outras pessoas, que viram ou sentiram os anjos à minha volta. Meus encontros com anjos já foram descritos em outros livros sobre anjos, em revistas e na televisão – se eu fosse contá-los aqui, não haveria espaço para mais nada. Eu realizo seminários sobre anjos há quase 20 anos e em muitos países, por isso já testemunhei milhares de pessoas fazendo poderosos contatos angélicos, principalmente durante meditações e sessões de cura. Também peço aos alunos dos meus cursos de cristais que relatem seus encontros com anjos; descrevo aqui três experiências das centenas que me foram relatadas.

Abra o seu coração para o reino dos anjos e sinta o coração se encher de alegria e gratidão.

A HISTÓRIA DE FRAN COM ANJOS

Em 2001, meu filho de 17 anos foi às pressas para o hospital com suspeita de apendicite. Enquanto eu estava na enfermaria com ele, que estava muito assustado, pedi aos anjos que o ajudassem e ficassem com ele. Imediatamente senti a mudança energética. Pude sentir (mas não ver) um ser angélico aos pés da maca hospitalar; meu filho então, de maneira totalmente espontânea, exclamou, "Há um anjo dourado enorme nos meus pés!". Ele então ficou bem mais calmo e encarou a cirurgia com tranquilidade. O anjo ficou com ele durante toda a noite, e eu pude deixá-lo com muito mais serenidade.

A HISTÓRIA DE MARC

Marc, um estudante de Arte, tinha um emprego temporário como segurança noturno. Uma noite, ele e outro guarda foram alertados para o fato de que haviam invadido o prédio. Marc e o outro guarda correram para o local em que os intrusos estavam e viram algo em que mal puderam acreditar. Um pouco acima deles, flutuando no ar, contra o céu estrelado, havia um ser luminoso, um anjo. Ele pairou acima deles por alguns segundos antes de se afastar lentamente, na direção de vários prédios, e então se desvanecer no ar.

Marc ficou impressionado com a experiência do anjo (não com os intrusos) e ainda estava chocado quando chegou em casa. Sua família constatou que algo incrível tinha acontecido a ele quando soube da experiência, mas sua mãe apenas sorriu e disse, "Eu pedi aos anjos que protegessem você já que fiquei preocupada".

A HISTÓRIA DE TÂNIA NAS PALAVRAS DELA

Minha primeira experiência consciente com anjos aconteceu quando meu pai passou mal repentinamente. Eu recebi um telefonema da minha mãe dizendo que ele não estava bem e que ela tivera de chamar o médico. Eu, no entanto, não fiquei muito preocupada. Vinte minutos depois, ela ligou outra vez chorando, dizendo que o coração dele tinha parado. Disse-lhe que estava a caminho; eu e meu companheiro entramos no carro e fomos para a casa dos meus pais. No caminho, fui pedindo aos Arcanjos Miguel e Rafael para ajudar minha mãe e meu pai. Meu coração estava na boca, pois eu queria chegar o mais rápido possível sem ter de ultrapassar demais o limite de velocidade! Então pegamos um farol vermelho. Quando parei o carro, meu coração desacelerou e um grande sentimento de paz me envolveu; nessa hora eu soube que o meu pai estava bem. Cinco minutos depois, cheguei à casa dos meus pais e soube que meu pai tinha falecido cinco minutos antes. Entendi que esses anjos maravilhosos tinham ajudado meu pai, mas não no sentido físico. Era hora de o espírito dele fazer a passagem e os Arcanjos Miguel e Rafael o tinham guiado nesse sentido. Também agradeci aos anjos por essa experiência porque, embora tenha sido muito difícil me separar do meu pai desse jeito abrupto, isso fez que eu encontrasse o meu caminho espiritual.

Quando ia de carro ver o pai doente, Tânia pediu aos Arcanjos Miguel e Rafael que ajudassem os pais.

VISÕES DE ANJOS

A CURA COM OS ANJOS

As causas das doenças

A medicina convencional se concentra nos sistemas físicos do corpo e usa exames e os sintomas físicos para diagnosticar as doenças. Ela combate a doença com cirurgias e medicamentos. Antes que a medicina se tornasse tão difundida, as pessoas buscavam remédios naturais para curar os seus males. Elas sabiam que suas vidas eram influenciadas por diferentes energias, algumas delas – as energias sutis –, invisíveis aos olhos ou imperceptíveis para a maioria das pessoas e por isso ignoradas, como se não existissem.

A saúde pode ser vista como um fluxo de energia contínuo e harmonioso entre o corpo, a mente, o espírito, a alma e a teia universal da vida. Quando ficamos doentes ou nos damos mal com qualquer aspecto do nosso ser, bloqueamos o fluxo de energia vital em todos os níveis do nosso ser. Vivemos todos num estado de constante mudança e crescimento pessoal; para ficar em harmonia com a nossa alma, precisamos viver num processo constante de reequilíbrio.

Quando ficamos estressados, bloqueamos o fluxo de energia vital.

Redirecionando a energia vital Qualquer forma de cura ou terapia permite que o *qi* (a energia vital) seja redirecionado pelo agente de cura e combata os padrões de doença que bloqueiam o fluxo harmonioso dentro de nós em relação ao universo. A doença é a maneira pela qual o nosso espírito se comunica conosco por meio do corpo físico, dos pensamentos, das emoções e dos sentimentos. A doença nunca deveria ser vista como uma experiência negativa; ela é o jeito que o seu espírito tem de atrair a sua atenção. Quando estamos saudáveis, tendemos a não dar valor à saúde, ficamos complacentes e nos iludimos, acreditando que somos fisicamente imortais. Essa ilusão causa a estagnação da alma e impede o crescimento espiritual e a harmonia da alma.

Toda doença (e a crise que ela traz, instigando uma mudança na nossa vida) cria um espaço sagrado para o nosso espírito nos ensinar acerca de nós mesmos. A sua doença é exclusivamente sua. Se aproveitar a oportunidade que ela oferece para trabalhar com a sua alma e curar o seu desequilíbrio, você se liberta da estagnação e avança rumo a uma vida mais espiritualizada e harmoniosa.

A boa saúde é algo a que nem sempre damos valor; não podemos nos esquecer de que o nosso corpo físico é mortal.

O objetivo da cura com os anjos é restabelecer a nossa união com a alma. Ela não se concentra apenas no nosso bem-estar, mas vai muito além disso. Requer que ouçamos os sussurros da nossa alma, aceitemos nossas emoções, desenvolvamos nossa intuição e alimentemos nosso espírito. Esse estado holístico nos traz contentamento, possibilitando que vivamos pacificamente em conexão com as outras pessoas, no fluxo da vida.

O caminho do crescimento

A nossa jornada pela vida, na qual a nossa alma busca sua autenticidade e maturidade, às vezes pode ser dolorosa. Ouço muitas pessoas dizendo que, nos meus seminários sobre anjos, elas têm a sensação de voltar para casa, de sentir a si mesmas, de estarem conectadas com esses seres ou de se lembrarem de quem realmente são. Frequentemente, durante os seminários, as lágrimas correm soltas; e essas lágrimas sempre são uma experiência positiva.

Sabemos que a verdadeira comunicação com os anjos se dá quando reconhecemos que não nos sentimos mais sozinhos. Proteção, orientação, apoio e conforto não apenas existem em abundância para nós mas também fluem em nossa direção, influenciando e melhorando todas as áreas da nossa vida.

Embora os anjos geralmente não proporcionem alívio rápido, algumas pessoas vivenciam uma mudança imediata e permanente. A sintonia com os anjos revelará o seu verdadeiro propósito na vida e o seu caminho de volta para casa. É verdade também que o trabalho com os anjos pode desafiar os nossos padrões e sistemas de crença obsoletos, assim como nos tirar da nossa zona de conforto. É preciso coragem para abrir portas para a cura, e até as mudanças mais benéficas podem ser desafiadoras.

Como parte do processo de transformação, você precisa se integrar uma vez mais no seu ambiente e atual estilo de vida. Isso inclui as pessoas mais próximas a você – o seu companheiro, os seus filhos, a sua família, os amigos e os colegas de trabalho. Eles podem não se sentir sempre à vontade com o seu novo "eu"; isso significa que talvez precisem mudar também e eles podem não estar prontos para essa mudança. Pense numa época da sua vida em que você foi obrigado a mudar; talvez essa mudança tenha sido causada pela morte de um ente querido, divórcio ou desemprego. Lembre-se de como o processo foi desconfortável.

É importante manter a flexibilidade e o foco ao longo da transformação, mesmo que as outras pessoas achem que você está sendo egoísta. É importante também que busque a companhia de pessoas que o apoiem e estimulem seu crescimento espiritual e restabelecimento físico.

Como parte do processo de transformação, você precisa retomar seu estilo de vida e convivência com amigos e familiares.

Preparação para uma sessão de cura com anjos

Até os agentes de cura mais talentosos reconhecem a importância da meditação para acalmar a mente antes de se abrirem para as energias superiores do reino angélico – do contrário, eles correm o risco de ficar extenuados com a experiência.

Também é fundamental que, antes de começar a ajudar outras pessoas, você mesmo passe por um processo de autocura e sintonização com os anjos. Essa sintonização com o reino angélico pode ser muito fácil, especialmente se você praticar as meditações deste livro.

Lembre-se sempre de que precisamos nos preparar física, mental, emocional e espiritualmente antes de oferecer qualquer tipo de terapia aos outros.

COMO SE PREPARAR PARA A SINTONIZAÇÃO COM OS ANJOS

O modo como você se prepara e prepara o seu cliente para uma sessão de cura com anjos tem um grande efeito sobre a qualidade da experiência e também sobre o resultado. Estas diretrizes o ajudarão a promover sessões de cura de mais qualidade.

O QUE FAZER

1 Use roupas brancas soltas de algodão, que lhe deem liberdade de movimentos tanto para fazer quanto para receber o tratamento. Tecidos sintéticos interferem no fluxo de

energia dos meridianos e também retêm potencial negatividade. Roupas de cores escuras baixam a frequência do seu campo energético e a do campo do seu cliente.

2 Peça ao seu cliente que beba vários copos d'água antes e depois de cada sessão, para facilitar a eliminação dos bloqueios energéticos e das toxinas. Beba também muita água para purificar seu campo energético antes e depois de uma sessão de cura.

3 Evite refeições pesadas imediatamente antes ou depois de uma sessão, para que o sangue não precise ser desviado para ajudar no processo digestivo.

4 Lave as mãos em água corrente fria antes e depois de atender a cada cliente, para remover as energias residuais.

5 Relaxe e sinta confiança em si antes de começar a sessão de cura; se você estiver tenso, o seu cliente perceberá e também ficará tenso.

6 Peça ao cliente que remova lentes de contato, óculos, joias e bijute-rias, cintos e qualquer objeto de metal, como chaves ou moedas, dos bolsos.

7 O seu cliente deve se deitar sobre a maca com um travesseiro sob a cabeça. A maca deve ter tamanho suficiente para acomodar o cliente com os braços relaxados ao longo do corpo e os pés apoiados.

8 Peça ao cliente que não cruze os braços ou as pernas durante a terapia, pois isso bloqueia o fluxo energético.

9 Cubra o cliente com uma manta branca a qualquer momento da sessão, caso ele sinta frio.

10 Reserve um tempo para entrar em sintonia com os anjos com os quais pretende trabalhar durante a sessão.

11 Reserve o tempo que for necessário para se harmonizar energeticamente com o seu cliente. Se se sentir ameaçado ou exaurido por alguma entidade ligada ao cliente, peça imediatamente a proteção do Arcanjo Miguel.

Ativação da palma da mão e do corpo mental

ATIVAÇÃO DO CENTRO DA PALMA

É importante aumentar a receptividade das mãos antes de aplicar um tratamento de cura com anjos, pois isso ajudará você a desenvolver a sensibilidade a energias sutis. Além disso, as suas mãos e braços são extensões do seu Chakra do Coração (pense em quando abraça alguém). Para ajudar outras pessoas a se curar com o auxílio dos anjos precisamos abrir nosso Chakra do Coração (ver página 146, Meditação da Chama Cor-de-rosa da Estrela do Coração).

O QUE FAZER

1 Lave as mãos em água fria e depois seque-as bem, para limpá-las e abrir seu coração antes da cura com os anjos.

2 Agite as mãos vigorosamente para sensibilizá-las; isso elimina energias emocionais bloqueadas e abre o Chakra do Coração.

3 Esfregue as palmas rapidamente várias vezes, num movimento circular, para ativar o *qi* superficial.

4 Uma alternativa é abrir e fechar as mãos rapidamente e ao mesmo tempo, até sentir o *qi* superficial sendo ativado, ou rolar um cristal de quartzo transparente nas palmas até sentir a ativação.

Cristal de quartzo transparente

ATIVAÇÃO DO CORPO MENTAL

Este exercício aumenta o poder de percepção por meio da energização do corpo mental e da conexão com o Raio Amarelo solar do Arcanjo Jophiel, que o ajudará a sentir com mais facilidade o campo energético do seu cliente. Isso é muito importante quando você está aprendendo a sentir os chakras. Com o tempo você não precisará mais energizar o corpo mental, e os Ckakras das Palmas das suas mãos desenvolverão uma impressionante estrutura energética.

O QUE FAZER

1 Aumente a receptividade das suas palmas lavando-as com água fria e secando-as bem. Sensibilize as mãos agitando-as vigorosamente. Depois esfregue as palmas rapidamente em movimentos circulares várias vezes, para ativar o *qi* superficial.

2 Mantenha as mãos com as palmas voltadas uma para a outra, a uma distância de 20 centímetros. Sinta a energia irradiando e vibrando entre elas; depois brinque com a energia (ela parece elástica, como bala puxa-puxa).

3 Modele a energia até que ela assuma a forma de uma esfera e visualize-a num tom amarelo brilhante. Quando sentir que a esfera está pulsando com energia vital, coloque essa esfera amarelo solar sobre o plexo solar. Isso energizará rapidamente o seu corpo mental.

Role um cristal de quartzo transparente entre as palmas para ativar os Chakras das Palmas.

A percepção dos chakras

Os sete chakras principais acompanham a linha central do corpo. Esses vórtices de energia com formato de funil absorvem e distribuem a força vital ou *qi*. Você precisará aprender a sentir cada chakra para trabalhar com os campos de energia sutil.

COMO SENTIR OS CHAKRAS

Para aqueles que estão aprendendo a sentir campos de energia sutil e a fazer diagnósticos energéticos com base na intuição, eis um exercício básico. Você precisará de um parceiro, que deverá se deitar de costas na maca.

O QUE FAZER

1 Invoque o Arcanjo Rafael para aumentar a sua intuição.

2 Respire fundo e relaxe. Libere todas as emoções e os pensamentos negativos e concentre-se no campo energético do seu parceiro. Evite fazer julgamentos e seja positivo.

3 Coloque as mãos sobre os ombros do parceiro e deixe-as ali durante vários minutos para perceber a energia dele: esse processo de sintonização é vital.

4 Quando se sentir pronto, comece a esquadrinhar os chakras do seu parceiro (ver páginas 102-103).

5 Comece a uns 20 cm acima do topo da cabeça, na área da coroa. Eleve as mãos, mantendo as pal-

mas a uma distância de 50 cm uma da outra.

6 Abaixe lentamente as mãos, em direção ao topo da cabeça, aproximando-as ao mesmo tempo. Pare se sentir resistência. Com as mãos, explore o campo energético do Chakra da Coroa. Esse chakra costuma ser percebido a uns 15 cm da cabeça, mas tudo depende da sua sensibilidade e desenvolvimento espiritual.

7 Passe para o Chakra do Terceiro Olho e posicione as mãos tão alto quanto conseguir sobre a área das sobrancelhas; as suas mãos devem estar a uns 50 cm uma da outra. Aos poucos vá abaixando e aproximando as mãos até sentir uma resistência. Com as mãos, explore o campo energético do Chakra do Terceiro Olho. Faça isso muito suavemente, pois a maioria das pessoas que seguem um caminho espiritual tem muita sensibilidade no terceiro olho.

8 Repita o processo, sentindo todos os chakras da mesma maneira, até perceber que localizou todos os sete chakras principais.

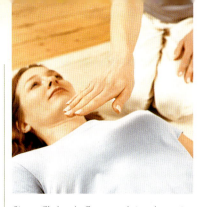

Sinta o Chakra da Garganta abaixando as mãos e aproximando-as até sentir uma resistência.

9 O Chakra da Raiz é o chakra mais inferior e o mais fácil de sentir. Você talvez precise ficar de pé entre os pés do parceiro, posicionando as mãos entre os pés e um pouco abaixo deles. Muito lentamente, mova as mãos na direção do parceiro, até sentir uma resistência.

10 No fim da sessão, desligue-se da energia do parceiro e ancore-se, pedindo ao Arcanjo Rafael que ancore, feche, sele e proteja os seus chakras e a sua aura e os do seu parceiro. Você pode fazer anotações e, se apropriado, contar ao seu parceiro o que percebeu.

O uso do pêndulo

Existem muitas técnicas para se trabalhar com os chakras, mas a melhor delas é a que usa um pêndulo de cristal de quartzo transparente, suspenso por uma corrente de prata, pois o pêndulo (que deve ser simétrico e ter uns 5 cm de comprimento) tem um amplo espectro de energias de cura e pode ser purificado, dedicado e programado para o trabalho com o reino angélico.

Por ele ser de quartzo, você logo encontrará um que se sintonize naturalmente com o seu campo energético, e se segurá-lo perto do seu plexo solar, você sentirá essa ressonância intensamente. A sua energia prânica flui para o pêndulo de quartzo e o energiza.

Antes de começar, você precisa definir o padrão "sim" ou "não" do seu pêndulo. O quartzo transparente é fácil de usar.

COMO DEFINIR AS RESPOSTAS "SIM" E "NÃO" DO SEU PÊNDULO

Por ser iniciante, você precisará antes sintonizar o seu pêndulo com o seu campo energético; do contrário, não conseguirá estabelecer as respostas "sim" e "não". Esse diálogo com o seu pêndulo será apenas entre você e ele. Algumas pessoas descobrirão que o pêndulo gira no sentido horário para dizer "sim" e no sentido anti-horário para dizer "não". Mas com o seu pode ser diferente; o importante é que você saiba o que é "não" e o que é "sim". Você também precisa verificar no início de cada sessão se os movimentos do seu pêndulo que correspondem a "sim" e "não" não mudaram.

VOCÊ PRECISARÁ DE

Um pêndulo de cristal de quartzo transparente suspenso numa corrente de prata.

O QUE FAZER

1 Segure a corrente do pêndulo entre o polegar e o dedo indicador da mão direita. Mantenha a mão esquerda bem embaixo do pêndulo. Certifique-se de que o pêndulo está completamente parado; se o pêndulo for o correto para você, ele começará a "estremecer". Essa ressonância é uma indicação de que o pêndulo está interagindo com o seu campo energético.

2 Se ele não entrar imediatamente em ressonância, tente segurá-lo em frente ao seu Chakra do Plexo Solar. Se isso não funcionar, coloque-o na frente do Chakra do Coração.

3 Deixe o pêndulo imóvel e peça mentalmente ou em voz alta que o pêndulo lhe mostre o movimento do "sim". Espere alguns instantes até que esse movimento se torne estável.

4 Deixe o pêndulo imóvel e depois peça que ele lhe mostre o movimento do "não", que deverá ser diferente do primeiro movimento.

A limpeza dos chakras

É possível purificar os chakras por meio de várias técnicas, mas o uso do pêndulo de cristal de quartzo é a mais simples, especialmente quando você está em sintonia com os anjos da cura. Os anjos guiarão o pêndulo, buscando áreas em desequilíbrio dentro do chakra. O pêndulo pode ser usado para limpar, energizar, fortalecer, alinhar e harmonizar todo o sistema de chakras do corpo.

Os pêndulos de cristal de quartzo transparente e de ametista têm um amplo espectro de energias de cura.

COMO LIMPAR OS CHAKRAS

VOCÊ PRECISARÁ DE

Um pêndulo de cristal de quartzo transparente suspenso numa corrente de prata.

O QUE FAZER

1 Invoque o Arcanjo Zadkiel e sua Chama Violeta da Transformação. Isso transformará em energia positiva qualquer bloqueio energético ou energia negativa que deve ser removido ou eliminado.

2 Defina as respostas "sim" e "não" do pêndulo, depois segure-o sobre cada um dos chakras, perguntando se o chakra precisa de limpeza.

3 Comece pelo Chakra da Coroa e vá descendo, seguindo a ordem dos chakras. Quando um deles precisar de limpeza, segure o pêndulo sobre ele e deixe que ele o purifique – geralmente no sentido anti-horário. Visualize a Chama Violeta sobre o chakra enquanto o bloqueio é removido.

4 Depois que tiver passado por todos os chakras, você está pronto para irradiar energia positiva de cura e restabelecer o equilíbrio e alinhamentos dos chakras (ver páginas 228-229, Técnicas para equilibrar os chakras).

5 Outro método útil para limpar os chakras é manter as mãos a 20 cm uma da outra, com as palmas na direção do seu parceiro, sobre cada um dos chakras. Continue conforme as instruções anteriores, a partir do terceiro passo.

Um das minhas maneiras favoritas de limpar os chakras é usar um leque de penas e uma essência de pedras feita do belíssimo cristal de ametista roxa (ver página 283 para ver como fazer uma essência de pedras; ver também página 312, Ametista). Borrife com a essência de ametista cada chakra que a sua intuição ou pesquisa indicar que precisa ser purificado. Depois use o leque de penas para purificar cada chakra – movimentando-o como se estivesse "varrendo" a energia.

Técnicas para equilibrar os chakras

Existem muitas técnicas para equilibrar os chakras; duas delas estão descritas aqui.

Purifique e elimine rapidamente os desequilíbrios emocionais do Chakra do Coração usando um pêndulo.

COMO EQUILIBRAR OS CHAKRAS COM UM PÊNDULO

VOCÊ PRECISARÁ DE

Um pêndulo de quartzo transparente suspenso numa corrente de prata.

O QUE FAZER

1 Invoque o Arcanjo Rafael e seus anjos da cura antes de começar.

2 Segure o pêndulo sobre os chakras do seu parceiro, começando pelo Chakra da Coroa e descendo em direção aos outros chakras, seguindo a ordem em que se posicionam.

3 Deixe que a energia de cura direcionada pelo Arcanjo Rafael flua para cada um dos chakras. (O pêndulo normalmente se movimenta no sentido horário.)

4 Quando o pêndulo já tiver irradiado energia de cura suficiente para esse chakra, ele vai parar de se mover e você poderá passar para o chakra seguinte.

COMO EQUILIBRAR OS CHAKRAS COM AS MÃOS

O QUE FAZER

1 Invoque o Arcanjo Rafael e seus anjos da cura. Você normalmente sente essa energia penetrando pelo topo da sua cabeça e descendo em direção ao Chakra do Coração, antes de fluir para os seus braços e mãos, e sair pelos Chakras das Palmas.

2 Quando sentir a energia de cura fluindo com força, mantenha as mãos a 20 cm uma da outra, com as palmas viradas para o seu parceiro. Comece pelo Chakra da Coroa e vá descendo, energizando um chakra de cada vez.

3 A sua intuição lhe dirá quando passar para o chakra seguinte.

A aura

Nas culturas antigas, as pessoas sabiam e entendiam que o corpo humano, além da sua forma física, é um campo de energia pulsante e dinâmico. Por meio da observação, elas desenvolveram um corpo de conhecimentos sobre essas energias sutis básicas que cercam e permeiam a forma humana.

Em sânscrito, esse campo de energia sutil é chamado de *kosas* (revestimentos do corpo) na medicina complementar moderna ele é conhecido como campo de energia biomagnético ou aura. A palavra "aura" vem do termo grego *avra*, que significa "brisa". A aura consiste em sete níveis que se relacionam com os sete chakras principais. Esses níveis começam com o corpo visível (o corpo humano) e progridem na direção de vibrações sutis mais refinadas, à medida que se afastam do físico. Todas as auras são diferentes e mudam constantemente à medida que os pensamentos, as emoções, a saúde e o ambiente mudam.

A aura pode sofrer danos ou esgotamento devido a doenças, padrões de pensamento negativos, poluição no ambiente, maus hábitos alimentares, substâncias viciantes e stress. Os desequilíbrios áuricos causam perda de vitalidade e enfraquecem o campo energético. Os bloqueios aparecem como áreas escuras na aura.

Níveis áuricos Cada nível áurico tem a sua própria função e consciência energética. Existem camadas fixas e móveis, que se alternam entre si. A primeira, a terceira, a quinta e a sétima camadas são fixas, enquanto a segunda, a quarta e a sexta são móveis. O nível mais próximo do corpo físico é o etérico. Ele é uma cópia exata do corpo físico e tem um tom azul pálido ou cinza-claro. Ele se move rapidamente e é salpicado de pontos de luz. Esse nível guarda as lembranças da formação do corpo físico.

Uma aura num tom arco-íris pálido é uma indicação de um Chakra do Coração equilibrado e em paz.

A CURA COM OS ANJOS

O segundo nível relaciona-se com as emoções e consiste numa massa espiralada de cores que mudam de acordo com as nossas emoções. O terceiro nível relaciona-se com o corpo mental e trata-se de uma camada fixa de amarelo que agrupa nossos processos de pensamento. O quarto nível relaciona-se com a energia do nosso coração.

Ele tem tonalidades pastel quando totalmente desenvolvido, como um arco-íris esmaecido. O quinto, o sexto e o sétimo níveis têm cores que vão do azul-brilhante, dourado e azul prateado até o dourado tremeluzente. Esses níveis relacionam-se com o desenvolvimento espiritual, por isso não são facilmente observáveis na maioria das pessoas.

Como sentir a aura

É preciso prática para sentir as auras. Esta técnica ajudará você a perceber a aura de outra pessoa.

Para sentir o Chakra do Terceiro Olho, peça ao seu parceiro para se deitar numa maca ou esteira.

COMO SENTIR A AURA DE OUTRA PESSOA

VOCÊ PRECISARÁ DE

Um parceiro solícito

O QUE FAZER

1 Peça ao seu parceiro que fique de pé, com os pés a uma distância de 30 cm um do outro e os joelhos relaxados e levemente flexionados. Essa posição mantém a energia fluindo suavemente e a pessoa, "ancorada". A respiração deve ser relaxada e normal.

2 Fique a pelo menos 2 m de distância do seu parceiro e energize os Chakras das Palmas (ver página 220). Respire fundo e relaxe; libere todos os pensamentos e emoções negativas e concentre-se apenas no campo energético do seu parceiro.

3 De frente para ele, mantenha as mãos erguidas, com as palmas para fora, e comece a andar lentamente na direção dele. Use a sua intenção focada e tente manter a consciência nos Chakras das Palmas. Imagine que você tenha outro par de "olhos", através do qual enxerga.

4 Concentre-se no seu parceiro e tente sentir a "borda" da aura dele. Ela normalmente tem formato oval, mas pode estar deformada. Assim que sentir o campo energético dele (se sentir uma resistência, mudança de temperatura ou formigamento), comece a se mover ao redor dele, definindo a borda da aura com as mãos.

5 Mova as mãos acima da cabeça dele e para baixo, na direção dos pés. Ande ao seu redor, sentindo o campo energético e tomando nota mentalmente da sensação que ele transmite e do seu formato.

6 Relaxem e depois tente sentir o nível áurico seguinte. Passe por todos os níveis, relaxando por alguns momentos ao passar de uma camada a outra.

7 Talvez você perceba áreas quentes ou frias. No final, você pode tomar notas e, se apropriado, contar ao seu parceiro o que sentiu.

Técnicas para equilibrar a aura

Existem muitas técnicas para equilibrar a aura, mas a que usa um pêndulo de cristal de quartzo transparente é uma das mais fáceis e eficazes, pois ele tem um amplo espectro de energias de cura. O pêndulo de quartzo busca naturalmente áreas de desequilíbrio na aura e elimina antigos bloqueios energéticos. O pêndulo pode ser usado para limpar, energizar, fortalecer, alinhar, harmonizar e integrar cada nível da aura. Ele preenche buracos e detém vazamentos de energia, assim como confere proteção.

Pratique esta técnica com um amigo ou seu companheiro, revezando-se para sentir os problemas um do outro e curando-se mutuamente.

Pode-se usar um pêndulo de cristal de quartzo transparente suspenso numa corrente de prata para sanar desequilíbrios áuricos.

COMO EQUILIBRAR A AURA USANDO UM PÊNDULO

VOCÊ PRECISARÁ DE

Um pêndulo de cristal de quartzo transparente suspenso numa corrente

O QUE FAZER

1 Peça que seu parceiro se deite e segure o pêndulo um pouco acima do corpo.

2 Comece a balançar o pêndulo suavemente, para a frente e para trás, de um modo neutro. Se o pêndulo deixa de balançar de um jeito neutro, é sinal de que encontrou um foco de desequilíbrio.

3 Deixe-o agir sobre o desequilíbrio até que volte ao movimento neutro, para a frente e para trás, ou pare totalmente. O movimento horário geralmente significa uma entrada de energia e o movimento anti-horário, uma saída de energia.

4 Comece a usar o pêndulo na linha central do corpo, trabalhando desde um pouco abaixo dos pés até acima da cabeça. Deixe que o pêndulo e a sua intuição o guiem. Prepare-se para mover o pêndulo para cima e para baixo enquanto trabalha pelas camadas da aura.

5 Fique agora ao lado do corpo do seu parceiro e, seguindo a sua silhueta, dê uma volta completa no sentido horário.

6 Trabalhe em torno da silhueta mais uma vez, em sentido horário, mas desta vez a 45 cm do corpo.

7 No final da sessão, desligue-se da energia do parceiro e ancore-se, pedindo ao Arcanjo Rafael que ancore, feche, sele e proteja os seus chakras e a sua aura e também os do seu parceiro.

Autocura

Talvez você se sinta espiritualmente inspirado a iniciar um processo de autocura. Você não precisa se sentir doente ou ter dor para começar a autocura. Na verdade, muitas doenças físicas e distúrbios comuns iniciam-se no nível psicológico. A técnica a seguir é benéfica para aliviar a dor emocional e mental, assim como os desconfortos físicos. Pode ser usada também nos casos de dores agudas ou de stress.

O Arcanjo Rafael, por ser o anjo suprailuminado da cura, tem a capacidade de orientar todos os agentes de cura. Ele é conhecido como o médico do reino angélico, o agente de cura divino para curarmos a nós mesmos e aos outros.

COMO EQUILIBRAR E CURAR OS SEUS CHAKRAS

O QUE FAZER

1 Repita os passos 1, 2 e 3 da página oposta.

2 Começando pelo Chakra da Raiz, coloque as mãos suavemente sobre o corpo e deixe que ele se preencha de energia de cura. Quando a sua intuição mandar, passe para o Chakra do Sacro e repita o processo.

3 Passe por todos os chakras, terminando pelo Chakra da Coroa. Quando colocar a mão no alto da cabeça, ligue-se com o seu eu superior.

4 Por fim, inspire a luz verde-esmeralda. Quando se sentir pronto, traga sua consciência de volta à realidade do dia a dia.

COMO PRATICAR A AUTOCURA

VOCÊ PRECISARÁ DE

A gravação de música suave e aparelho de som.

O QUE FAZER

1 Comece invocando o Arcanjo Rafael e pedindo a ele que conduza as suas mãos.

2 Sente-se numa cadeira confortável e certifique-se de que não será perturbado. Uma música suave ajuda no processo inicial de relaxamento.

3 Peça ao Arcanjo Rafael que lhe mande uma esfera de energia de cura verde-esmeralda. Sinta a energia de cura flutuando sobre a cabeça.

4 Deixe essa energia fluir para o Chakra da Coroa e depois descer pelo corpo, até ancorar-se no Chakra do Coração.

5 Deixe a energia de cura fluir pelos seus braços, saindo pelos

Chakras das Palmas e preenchendo a sua aura.

6 Deixe as mãos serem guiadas para os locais em que você sentir a necessidade de cura. Se tiver áreas doloridas no corpo, coloque as mãos sobre elas durante alguns minutos e a dor diminuirá.

A cura de outras pessoas

Peça à pessoa para beber muita água antes e depois da sessão de cura, com o intuito de eliminar bloqueios energéticos e toxinas emocionais. Você deve fazer o mesmo. Prepare-se relaxando e prestando atenção na sua respiração.

COMO CURAR OUTRAS PESSOAS

O QUE FAZER

1 Peça ao seu cliente para se deitar de costas com travesseiros ou almofadas apoiando a cabeça e os joelhos.

2 Peça ao Arcanjo Rafael para enviar uma linda esfera verde-esmeralda de energia de cura. Veja a energia de cura flutuando acima da cabeça. Deixe-a flutuar sobre o seu Chakra da Coroa e descer pelo corpo, ancorando no Chakra do Coração.

3 Deixe a energia fluir pelos braços e para fora, por meio dos Chakras das Palmas. Você colocará as mãos

no seu cliente – o período de tempo que você as mantém em cada posição depende da sua intuição, mas de três a cinco minutos é o normal.

4 Posicione-se atrás da cabeça do cliente. Nas cinco primeiras posições da mão, você pode ficar sentado.

5 Coloque as palmas das mãos gentilmente no topo da cabeça do cliente e deixe-as ali.

6 Coloque as mãos sobre os olhos.

7 Sustente a cabeça, colocando as mãos embaixo dela.

8 Coloque as mãos levemente dos lados do pescoço, com as palmas e dedos sobre a garganta.

9 Coloque as palmas das mãos sobre o tórax do cliente, com os polegares alinhados com a clavícula.

10 Passe para a lateral do corpo do cliente e trate as áreas do coração, do plexo solar e do estômago.

Coloque as duas mãos sobre as costelas, em linha reta, na base do esterno.

11 Coloque as duas mãos, em linha reta, um pouco acima da cintura.

12 Coloque as duas mãos um pouco abaixo da cintura, no nível dos quadris.

13 Passe para as pernas. Vá descendo por elas em etapas. Trabalhe cada perna separadamente ou as duas ao mesmo tempo.

14 Passe para os pés e fique de frente para eles. Trate a parte de cima de ambos e depois as solas dos pés.

15 Afaste as mãos dos pés e coloque as palmas a uma distância de 10 cm das solas. Use a intuição e verifique o equilíbrio da polaridade masculino-feminina do cliente. O pé direito representa a polaridade masculina e o esquerdo, a feminina. Mantenha as mãos nessa posição até que o movimento da energia tenha cessado. Isso fortalece os ossos e ancora o cliente no corpo físico, sinalizando o final do tratamento.

Cura à distância

A cura à distância é uma excelente maneira de começar a praticar a cura angélica. Ela também é uma técnica muito eficaz para se trabalhar com o Arcanjo Rafael e é muito prática, pois você não precisa de toda a parafernália da terceira dimensão (sala de terapia, maca). A cura à distância também é uma maneira muito boa para desenvolvermos a consciência multidimensional das energias de cura que nos cercam em todo o planeta. Em sua forma mais simples, a cura à distância pode ser uma oração feita em favor da pessoa que pediu sua ajuda. Faça uma oração simples e incondicional.

A ESFERA ESMERALDA DE ENERGIA DE CURA ANGÉLICA DO ARCANJO RAFAEL

O QUE FAZER

1 Determine para quem você enviará a energia de cura.

2 Lave as mãos em água fria e seque-as bem.

3 Sente-se em silêncio numa cadeira confortável, respire fundo várias vezes e invoque o Arcanjo Rafael.

4 Comece a sensibilizar as mãos agitando-as suavemente. Depois esfregue as palmas uma na outra rapidamente num movimento circular, várias vezes, para gerar o *qi* superficial.

5 Mantenha as palmas voltadas uma para a outra, a uma distância de 20 cm. Sinta a energia irradiando e vibrando entre as mãos, e

A CURA COM OS ANJOS

brinque com essa energia (veja como ela estica como uma bala puxa-puxa).

6 Comece a modelar essa energia numa esfera e visualize-a na cor verde-esmeralda.

7 Peça ao Arcanjo Rafael para abençoar e carregar a esfera verde-esmeralda com sua poderosa energia de cura.

Convém pedir permissão para fazer a cura à distância em alguém. Se for impossível, direcione a energia para que seja usada pelo bem maior de todos.

8 Quando você sentir que ela está pulsando com energia de cura, envie a esfera para a pessoa, visualizando-a a absorver a energia. Depois veja-a sorrindo, saudável e forte.

Cura planetária

Muitas pessoas expressam o desejo de ajudar os outros, principalmente depois de ver as situações terríveis que assolam o planeta. Elas se sentem consternadas com essas imagens de indizível sofrimento e são levadas a pedir a ajuda dos anjos.

O Arcanjo Sandalphon é guardião da Terra, encarregado da cura do planeta. Quando irradiar energia de cura para a Terra, não reprima as emoções, pois isso causa bloqueios e afeta a sua saúde. Em vez disso, concentre-se nas emoções e sentimentos que as imagens de sofrimento suscitaram dentro de você. Isso ameniza a angústia que está sentindo e direciona a energia para onde ela é mais necessária.

Quando vemos a Terra do espaço é fácil sentir a interligação de toda a vida.

COMO PRATICAR A CURA PLANETÁRIA

O QUE FAZER

1 Sente-se confortavelmente numa cadeira, com os pés no chão.

2 Visualize raízes crescendo das solas dos seus pés, fixando-o na terra e fortalecendo-o. Respire naturalmente para que seus circuitos energéticos se abram e fluam suavemente.

3 Invoque Sandalphon e sintonize-se com a sua energia. Você sentirá a energia fluindo para o seu Chakra da Coroa, descendo para o Chakra do Coração e depois para os braços e mãos, saindo pelos Chakras das Palmas.

4 Imagine-se cercado por essa energia, que é muitas vezes percebida como uma esfera de luz arco-íris. Você agora está pronto para transmitir energia de cura.

5 Imagine essa energia arco-íris espiralando para fora de você, na direção da área que você escolheu ajudar. Veja a situação e todas as pessoas envolvidas absorvendo a energia e a área ficando iluminada, com uma luz iridescente multicolorida.

6 À medida que faz isso, tome consciência de todos os outros agentes de cura e grupos de cura planetária que também estão irradiando arco-íris de esperança. Eles são os filhos da luz – guerreiros do arco-íris. Deixe a sua energia se fundir com a deles e sinta o seu poder se intensificando.

7 Muitos "trabalhadores da luz" meditam todos os dias irradiando energia de cura na forma de arco-íris; eles sabem que o planeta e qualquer um que precise dela a receberão do modo que for mais apropriado. Você agora se sentirá como se fosse parte dessa poderosa energia guiada pelos anjos.

8 Por fim, desligue-se da energia. Ancore-se, pedindo ao Arcanjo Rafael que ancore, feche, sele e proteja os seus chakras e a sua aura.

Como equilibrar as emoções

As nossas emoções são associadas ao elemento água. A água tem uma importância fundamental para nós, pois a maior parte do nosso corpo é constituída de água e ela carrega os nutrientes essenciais da vida.

As nossas emoções, do mesmo modo, precisam nos nutrir, permitindo o movimento fluido necessário para explorarmos todo o nosso potencial – físico, mental e espiritual. As nossas emoções, como a água, mudam constantemente, num fluxo e refluxo, proporcionando o desenvolvimento do nosso corpo, da nossa mente e da nossa alma. Às vezes, as emoções ficam represadas e passamos a viver de modo restrito e destrutivo, o que bloqueia nosso potencial de alegria e criatividade.

A água ferve quando aquecida, depois vira vapor e evapora; isso também pode acontecer com as emoções de raiva, perda e vazio. A agitação emocional é causada pela repressão ou negação das emoções. Muitas pessoas têm grandes quantidades de energia emocional mal-resolvida, que são a causa maior do stress e da tensão na vida delas.

Chamuel alivia a pressão O Raio Cor-de-rosa do Arcanjo Chamuel libera o stress emocional e restaura o equilíbrio sem reprimir esse processo de liberação. Ele promove o relaxamento e a aceitação de onde você está na vida e com o que tem que lidar sem deixar que falsas visões se cristalizem em raiva, ódio e ressentimento. Esse raio também é motivador, detendo sentimentos de complacência e transformando-os em pacífica tranquilidade.

COMO ALIVIAR A AGITAÇÃO EMOCIONAL POR MEIO DA RESPIRAÇÃO

O QUE FAZER

1 Sente-se confortavelmente num local onde não seja perturbado.

2 Invoque o Arcanjo Chamuel e peça-lhe que envie uma esfera cor-de-rosa de energia de cura emocional para amenizar o seu stress, a sua tensão e a sua agitação.

3 Veja ou sinta a esfera cor-de-rosa descendo até a parte do seu corpo onde está a dor emocional (se você não tem certeza de onde ela está represada, peça que a esfera se posicione sobre o Chakra do Coração).

4 Enquanto inspira lenta e profundamente, imagine que o ar está se concentrando na esfera cor-de-rosa. A cada inspiração, a esfera cor-de-rosa aos poucos vai dissipando o stress, a agitação e a tensão.

5 A cada expiração, sinta as emoções reprimidas se dissipando.

6 Para terminar o processo, sinta-se revitalizado pelo amor terapêutico dos anjos e veja-se envolvido por uma esfera brilhante e acolhedora de luz rosa-dourada. Sinta essa energia pelo tempo que achar apropriado. Por fim, ancore, feche, sele e proteja a sua energia.

Quando trabalhar no nível emocional, confie no processo e respire lenta e profundamente.

Como harmonizar os relacionamentos

O Arcanjo Chamuel e os anjos do amor auxiliam você a renovar e melhorar os seus relacionamentos com as outras pessoas, ajudando-o a desenvolver o seu Chakra do Coração. Esse desenvolvimento se dá por meio do lindo Raio Cor-de-rosa, que representa a nossa capacidade de amar e nutrir os outros, dar e receber amor incondicionalmente, livres de qualquer interesse. Trata-se de um amor que transcende e transforma o eu e aumenta a nossa compaixão, para que possamos atingir o estado de compreensão divino.

Chamuel tem um papel importante a desempenhar no caminho da nossa iluminação. Mesmo que você não trabalhe com outro anjo, Chamuel tem a capacidade de guiá-lo para a casa do "Um Só Coração", nas asas do seu amor infinito. Muitas pessoas têm medo de abrir o coração. Aqueles que são capazes de superar esse medo têm um carisma que atrai, tranquiliza e eleva as pessoas.

Esse anjo nos ajuda em todos os relacionamentos, especialmente nas situações desafiadoras, como divórcios, perdas de entes queridos ou desemprego. O Arcanjo Chamuel também nos ajuda a valorizar os relacionamentos de amor que já temos em nossa vida.

A mensagem desse Arcanjo é: "só a energia do amor, dentro de qualquer propósito, confere valor, beleza e benefício duradouros a toda criação. Depois que tiver verdadeiro amor e compaixão por si mesmo, você tem poder para amar incondicionalmente; no mesmo instante, isso transforma energia negativa em energia de cura positiva e benéfica".

TÉCNICA DA HARMONIA

O QUE FAZER

1 Sente-se numa cadeira confortável onde não será perturbado.

2 Invoque o Arcanjo Chamuel e peça que ele envie duas esferas de sua linda energia cor-de-rosa para curar o coração.

3 Fique com uma delas e envie a outra para a pessoa com quem você gostaria de fortalecer, melhorar ou renovar um relacionamento de amor.

4 Mantenha a esfera cor-de-rosa nas mãos e olhe para ela. Isso o ajudará a se ver com mais clareza, mas é preciso olhar para ela não só com os olhos mas também com o coração.

5 Use as esferas cor-de-rosa do Arcanjo Chamuel em qualquer situação agressiva ou ameaçadora ou que contenha energia de conflito. Simplesmente peça a Chamuel que rodeie todas as pessoas envolvidas, pois isso reduzirá a tensão e promoverá uma solução pacífica.

Inspiração e iluminação

A energia de cura dos anjos tem uma "inteligência natural" que flui para onde ela é mais necessária. A sabedoria dos anjos está além da nossa compreensão.

O raio de sol do Arcanjo Jophiel ilumina nosso caminho pela vida, ajudando-nos a ver além do óbvio e a entender melhor as situações da vida em que nos enredamos. Ele é muito bom para resolver problemas, pois nos ajuda a ver a vida num nível mais profundo.

A energia dele pode ser usada sempre que você precisar de clareza mental, especialmente quando tem de fazer um exame, começar um novo trabalho ou assimilar novas informações ou competências.

Existem alguns pontos-chave de que você precisa se lembrar quando ajuda outras pessoas com a energia de cura dos anjos. Confie no processo e deixe que os anjos orientem a energia de cura. Preste atenção na sua respiração quando fizer uma sessão de cura. A pessoa que precisa ser curada é o agente de cura; a outra pessoa é meramente um canal para a energia de cura dos anjos.

A PRÁTICA DA TÉCNICA DA ILUMINAÇÃO/INSPIRAÇÃO

VOCÊ PRECISARÁ DE:

Um parceiro com quem praticar.

O QUE FAZER

1 Antes de começar, converse com seu parceiro para saber em que ele gostaria que esta técnica o ajudasse. Talvez ele sinta que sua criatividade está bloqueada, ou que lhe faltam energia e entusiasmo ou que precisa de inspiração para resolver um problema.

2 Peça ao seu parceiro que se deite de costas numa maca. Coloque travesseiros ou almofadas sob a cabeça e os joelhos dele para que se sinta mais confortável. Deixe uma manta por perto, para o caso de ele sentir frio.

3 Sente-se numa cadeira de espaldar reto, ao lado da maca, próximo à cabeça do parceiro.

4 Depois que estiver sentado confortavelmente, com os pés apoiados no chão, invoque o Arcanjo Jophiel e peça que ele envie uma esfera dourada de energia para iluminação e inspiração.

5 A esfera dourada descerá e se manterá um pouco acima do topo da sua cabeça. Sinta a sua conexão com o Arcanjo Jophiel e tenha consciência de que ele orientará o processo.

6 Coloque as mãos na cabeça do parceiro, com a direita na base do crânio, um pouco acima da nuca, e a esquerda no topo da cabeça, no Chakra da Coroa.

7 Veja ou visualize a esfera dourada movendo-se da sua cabeça e entrando na cabeça do seu parceiro. Use a concentração e veja-a espalhando-se por todo o corpo dele e pela aura, cercando-o completamente com um brilho dourado.

8 Reserve 20 minutos para todo o processo. Conte ao seu parceiro qualquer ideia que tenha lhe ocorrido durante a sessão de cura.

Proteção

O Arcanjo Miguel é o protetor da humanidade. Ele é o líder supremo de todos os arcanjos e dos exércitos celestiais, suas "legiões da luz", que combatem o mal (os vícios humanos inspirados pelo demônio: a raiva, o ódio, a negatividade, a crueldade, a hostilidade e o conflito). Podemos considerá-lo nosso anjo guardião supremo.

O Arcanjo Miguel é um anjo de glória magnificente e deslumbrante, e de uma luz radiante, retratado muitas vezes montando um cavalo branco (que representa um poder puro, imaculado, espiritual) e empunhando uma lança com a qual ataca uma serpente. Esse é o Arcanjo Miguel exterminando simbolicamente o aspecto inferior da personalidade humana, nossa autodestrutividade, em que reside o medo e a restrição, e estabelecendo a ligação da alma com a mente superior, para surgir como a fênix, como o dragão alado da sabedoria suprema.

Invoque proteção Antes de começar uma sessão de cura com anjos, é normal invocar a proteção do Arcanjo Miguel e das suas legiões da luz. Para que a cura se efetue, é preciso que a pessoa deixe para trás lembranças conscientes e subconscientes de dor. Durante uma sessão de cura com anjos, isso muitas vezes começa a acontecer espontaneamente. Isso talvez se dê com a pessoa revelando emocionalmente toda a experiência, o que pode ser tão doloroso quanto foi vivê-la.

Como encorajamos nossos clientes a reconhecer suas emoções e a aceitar a dor para que possam controlá-la e curá-la, eles às vezes podem ficar com raiva, agitados ou na defensiva. A proteção do Arcanjo Miguel ajuda a nos mantermos abertos, mas equilibrados e ancorados no amor incondicional.

MANTO DE PROTEÇÃO DO ARCANJO MIGUEL

O QUE FAZER

1 Invoque o Arcanjo Miguel a qualquer momento para receber uma proteção imediata. Ele o envolverá com seu manto de proteção.

2 Use as seguintes frases: "Arcanjo Miguel, me ajude! Me ajude! Me ajude! Arcanjo Miguel, proteja-me de todo mal".

3 Imagine o manto de proteção do Arcanjo Miguel envolvendo você. Visualize um manto azul profundo com um capuz cobrindo você (ou alguém que você ama) da cabeça aos pés.

O cavalo branco representa o poder espiritual imaculado que é usado com sabedoria.

Como harmonizar as polaridades masculina e feminina

Os chineses usam o conceito de yin e yang para expressar o equilíbrio do fluxo de energia do corpo. Eles são qualidades complementares, em constante interação. Um não pode existir sem o outro. Sua afinidade mútua tem um efeito direto sobre a saúde e a harmonia.

Yin é feminino, negativo, frio, interior, suave, descendente, introspectivo, escuro, permissivo e reativo. Yang é masculino, positivo, ativo, exterior, severo, ascendente, quente, iluminado, enérgico e proativo. Conseguimos equilibrar ou harmonizar esses dois opostos aparentemente conflituosos compreendendo que a toda ação corresponde uma reação, e que as leis naturais da matéria são transcendentes quando estamos no momento presente. Não somos nosso passado (ação); não somos nosso futuro (reação); simplesmente somos.

Yin/yang é o símbolo taoista da força universal – yin é a força feminina fria e receptiva, enquanto yang é a força masculina quente e ativa.

Compreendendo a eternidade Quando conseguimos apreender o "momento", nem que seja por um breve segundo, ganhamos uma compreensão da eternidade, o momento eterno do "agora". Transcendemos as leis newtonianas da física e entramos na física quântica, em que tudo é unidade, os mistérios antigos são desvendados e vemos sabedoria na verdade suprema.

Para transcender a dualidade e viver o momento, precisamos pedir ao anjo Metatron que abra nosso Chakra da Coroa e integre nossos chakras transcendentais acima da cabeça, propiciando um crescimento espiritual sem precedentes e a alquimia cósmica.

Quando você estiver pronto para trabalhar com o Arcanjo Metatron, também estará pronto para a cura angélica "suprema". Essa sintonia com Metatron reconciliará os opostos, que devem ser harmonizados para que ocorra o equilíbrio.

COMO EQUILIBRAR AS POLARIDADES

O QUE FAZER

1 Sente-se confortavelmente e respire suave e naturalmente, para que os seus circuitos energéticos se abram e fluam sem obstrução.

2 Peça ao Arcanjo Metatron para enviar sua esfera de pura luz branca. Quando entrar em sintonia com essa energia, visualize-a ou sinta-a bem acima da sua cabeça, como uma coluna de luz.

3 À medida que você deixa essa luz descer e abranger todo o seu corpo num pilar de luz, cada chakra transcendental acima da sua cabeça é ativado, integrado e alinhado. Isso faz com que você receba informações que, com o tempo e a prática, ativarão o "Corpo de Luz" e porão fim à ilusão da dualidade cultivada pelo ego.

Como promover o crescimento espiritual

Precisamos elevar nossa consciência para intensificar nossa percepção dos anjos. Quando trabalhamos com o Arcanjo Gabriel, ele nos ensina a buscar a cura por meio da invocação, do ritual, da meditação e dos sonhos. Algumas pessoas intelectualizam demais sobre os anjos, tentando entendê-los por meio da lógica. O planeta de Gabriel é a Lua; ele usa essa energia feminina intuitiva e passiva para nos ajudar a interpretar nossos sonhos e visões. Ele também usa a energia mágica da Lua para inspirar a humanidade enquanto dorme.

Desde a aurora dos tempos, a Lua é reverenciada como um símbolo de orientação espiritual. No mito da Lua, dizem que ela tem uma profunda influência sobre todas as coisas vivas. Quanto mais cheia a Lua, maior a influência que ela exerce sobre a mente e os poderes psíquicos.

COMO CRIAR UM AMULETO MÁGICO DA LUA

Este amuleto cria um poderoso campo energético à sua volta quando você o usa, carrega ou dorme com ele. Ele sela e protege a aura.

VOCÊ PRECISARÁ DE

Uma pedra da lua azul
Uma vela branca pequena

O QUE FAZER

1 Numa segunda-feira, o dia da Lua, realize este ritual angélico. Espere até os períodos da Lua crescente ou cheia, mais favoráveis para o crescimento e atração (você quer atrair crescimento espiritual). O ritual pode ser feito ao ar livre, mas se for dentro de casa, certifique-se de que pode ver a Lua através da janela aberta.

2 Acenda a vela antes de começar o ritual. Peça ao Arcanjo Gabriel que o fortaleça e supervisione o processo.

3 Segure a pedra da lua na mão esquerda, intuitiva e feminina.

4 Sente-se numa postura de meditação confortável.

5 Respire fundo bem lentamente, de modo que a expiração seja mais lenta que a inspiração. Imagine ou sinta que está inspirando as energias da Lua.

6 Sinta o seu corpo sendo preenchido pela luz da Lua.

7 Quando a intuição lhe indicar, expire essa energia sobre a pedra da lua.

8 Segure a pedra da lua sobre o Chakra do Coração e peça ao Arcanjo Gabriel que a fortaleça com energia mágica; depois passe-a para o Chakra do Terceiro Olho e peça as bênçãos desse anjo.

9 Use, carregue ou durma com a pedra da lua diariamente para acelerar o seu crescimento espiritual.

Deixe o passado para trás

Para ter paz interior, precisamos deixar para trás as dores do passado. Se vivemos remoendo o passado e nos lembrando dos momentos difíceis da nossa vida, isso retarda nosso crescimento espiritual e restringe nossa capacidade para sermos felizes no futuro. Qualquer sentimento de nostalgia, de saudade de casa, de remorso por ter perdido uma oportunidade, de sonhos não realizados ou ambições insatisfeitas também bloqueia nossa energia vital.

No estado emocional negativo de perda permanente, o passado pode ser excessivamente idealizado, enfraquecendo sua ligação com sua vida atual. Se você está arrasado por causa de uma perda pessoal ou por ter sofrido um grande trauma, o ritual e a invocação a seguir, para os quatro arcanjos principais, a ajudarão a se centrar.

Este círculo de cristais é um símbolo da Terra, onde todos os seres vivos são iguais e sagrados.

CÍRCULO SAGRADO DOS ANJOS

O círculo é uma figura sagrada na maioria das tradições e representa a nossa jornada pela vida. Este ritual forma um círculo de poder, muito parecido com a "roda medicinal" das tradições nativas norte-americanas.

O QUE FAZER

1 Crie um círculo de velas ou cristais, ou simplesmente defina o círculo mentalmente – visualizando-o como um círculo de fogo.

2 Sente-se no centro do círculo, voltado para o leste.

3 Invoque cada um dos quatro arcanjos principais, em silêncio ou em voz alta, e espere até sentir que o primeiro está ancorado até invocar o segundo, e assim por diante.

4 Profira as seguintes palavras: "Diante de mim, Rafael, Anjo do Leste" (visualize uma luz verde com uma aura dourada); "Atrás de mim, Gabriel, anjo do Oeste" (visualize uma luz laranja com uma aura branca); "À minha direita, Miguel, Anjo do Sul" (visualize uma luz amarela com uma aura azul-índigo); "À minha esquerda, Uriel, Anjo do Norte" (visualize uma luz vermelha com uma aura violeta).

5 Agora focalize o seu Chakra do Coração e veja ali a estrela de davi – dois triângulos entrelaçados (o símbolo do Chakra do Coração e do equilíbrio).

6 Mentalizando os quatro anjos, peça-lhes que o ajudem a deixar o passado para trás; isso permitirá que você consiga criar uma vida positiva no "presente" e no "futuro". Agradeça e deixe que as energias se "dissipem".

Transformação

A energia de cura do Arcanjo Zadkiel e seus anjos da alegria nos ajudam a transformar lembranças dolorosas do passado, limitações, bloqueios energéticos, traços de personalidade negativos e vícios. Decida do que você quer se livrar, depois invoque o Arcanjo Zadkiel e peça-lhe que envie sua Chama Violeta da Transformação. A chama violeta é energia espiritual de alta frequência (o violeta é a luz de frequência mais curta e rápida e simboliza um ponto de transição entre o visível e o invisível). Ela transforma energias inferiores em energia positiva, favorável à vida. O violeta sempre representou a alquimia

Peça ao Arcanjo Zadkiel que envie sua Chama Violeta da Transformação enquanto você dorme.

divina e a transmutação da energia do nível físico, grosseiro, para o nível divino, não manifesto.

Usando a chama violeta A chama violeta é usada de várias maneiras na cura angélica, não apenas em nosso próprio benefício mas também em benefício de outras pessoas. A sua tonalidade vai do lilás prateado até o mais profundo ametista. Use-a para purificar e purgar todas as áreas da mente, corpo e emoções, e para purificar todos os chakras e a aura, durante a sessão de cura. Essa chama amplia outras energias terapêuticas e espirituais e transforma qualquer energia negativa que tenha sido liberada durante a sessão de cura.

Use-a para limpar, acalmar e liberar a mente, antes da meditação, ou para combater a insônia e evitar pesadelos.

TÉCNICA DE AUTOCURA

O QUE FAZER

1 Sente-se confortavelmente num local em que você não será perturbado.

2 Respire suave e naturalmente, soltando qualquer tensão do corpo físico.

3 Mentalmente, peça ao Arcanjo Zadkiel que envie a Chama Violeta da Transformação.

4 Veja ou sinta todo o seu ser cercado e preenchido pela Chama Violeta. Quando ela começar a se dissipar até finalmente desaparecer, a sessão estará no final.

A CURA DE OUTRAS PESSOAS

A qualquer instante da sessão de cura, invoque mentalmente o Arcanjo Zadkiel e peça-lhe que limpe e purifique qualquer área (física, emocional, mental ou espiritual do corpo ou dos chakras e da aura). Veja essa área cercada pela Chama Violeta, e deixe que ela consuma completamente qualquer energia negativa ou bloqueio.

Anjos akáshicos: examinando as vidas passadas

Acessar os registros akáshicos é uma maneira muito eficaz de fortalecer o espírito humano e estabelecer uma conexão com o eu superior. Isso ajuda você a examinar vidas passadas, o Dharma, o propósito da sua vida atual e vidas paralelas.

Também o ajuda a receber impressões de vidas passadas e futuras, da evolução do planeta e de profecias religiosas e de outro teor. Em seu papel de YHVH (o Tetragrammaton) secundário, o Arcanjo Metatron é o guardião e mantenedor dos registros akáshicos.

Akasha é uma palavra sânscrita que designa substância primária ou "célula de registro planetário". Esses arquivos também podem ser chamados de "Livro da Vida", "Mente Cósmica", "Biblioteca da Vida", "Biblioteca de Luz", "Inconsciente Coletivo", "Mente Universal de Deus/Deusa" ou "Registros das Almas" (ver páginas 56-57). Eles existem além do tempo e do espaço e contêm informações sobre tudo o que já existiu, existe ou existirá.

Consultando Metatron Nossos anjos guardiões são capazes de consultar o Arcanjo Metatron e os registros akáshicos em nosso benefício. Como esses registros são a memória completa da natureza de todos os acontecimentos da Terra e das ações de todas as pessoas e de todos os universos paralelos (de acordo com antigos ensinamentos, existem bilhões de universos), Akasha é o cosmos, não o caos.

A maioria dos seres humanos só acessa os registros akáshicos por meio dos mundos mental e astral (o "inconsciente coletivo" de Jung), mas quando trabalhamos com o nosso eu superior e nosso anjo guardião, temos acesso a todos os níveis, realidades e dimensões que o Akasha abrange e transcende. Só com a orientação dos seres de nível superior podemos

desbloquear os "códigos de luz" que formam o Akasha.

Mesmo com a ajuda do nosso eu superior, do nosso anjo guardião e de Metatron, os "códigos de luz" são muitas vezes percebidos pela mente humana como simbolismos ou uma biblioteca em que os livros e pergaminhos estão armazenados. No entanto, quando transcendemos a mente humana, os códigos de luz são descarregados no Chakra do Coração e no DNA, onde poderão ser decodificados e armazenados como uma forma mais elevada de "energia inteligente", que promove a evolução pessoal, a lucidez e a orientação espiritual. Esses códigos também influenciam o inconsciente coletivo do planeta e aceleram a evolução planetária.

O Arcanjo Metatron é o guardião dos registros akáshicos, a Mente Universal de Deus. O acesso a esses registros pode ajudar você no seu caminho espiritual, permitindo que investigue suas vidas passadas e paralelas.

Regresso a vidas passadas

Para voltar a vidas passadas, nós nos ligamos ao nosso eu superior e ao nosso anjo da guarda, para que eles nos franqueiem o acesso ao Arcanjo Metatron, que consultará os registros akáshicos em nosso benefício. Como o Akasha é o cosmos da natureza, começamos a entender a unidade de toda a vida – a "Lei do Uno". O Akasha existe para que possamos passar pelas jornadas da vida sem alimentar preconceitos e julgamentos sobre a realidade da unidade.

A maioria das pessoas, quando entra em sintonia com o Akasha, normalmente acessa vidas passadas e acontecimentos nos quais se investiu uma grande dose de energia emocional e que, por isso, exercem uma grande influência sobre a vida presente.

Lembre-se de que o futuro não é fixo e que, mudando nosso comportamento e padrões de pensamento, podemos influenciá-lo. Aquilo em que focamos nossa atenção, individual ou coletivamente, manifesta-se na nossa realidade.

Deixe que o seu anjo guardião o envolva com seu amor e luz protetora quando você quiser ter acesso a Metatron e aos registros akáshicos.

COMO REGRESSAR A VIDAS PASSADAS

O QUE FAZER

1 Encontre uma posição confortável, num local onde não será perturbado.

2 Concentre-se na respiração e relaxe o corpo, fazendo a expiração mais lenta e longa do que a inspiração. Continue com essa respiração relaxante durante alguns minutos, para acalmar a mente.

3 Invoque o seu anjo guardião e sinta a sua ligação com o seu eu superior.

4 Deixe que as asas do seu anjo guardião envolvam você, dando-lhe proteção, amor e apoio.

5 Abra mão de todas as atitudes críticas e preconceituosas que você possa ter com relação aos outros e a si mesmo. Peça ao seu anjo guardião para ajudá-lo a fazer isso, caso sinta dificuldade.

6 Depois que se sentir mais lúcido, emocionalmente, peça ao seu anjo guardião para ligar você ao Arcanjo Metatron.

7 Depois que sentir essa ligação (como um pilar de luz cercando você), peça para que lhe mostrem uma vida passada que esteja influenciando bastante a sua vida presente.

8 Passe algum tempo vendo ou percebendo essa vida; lembre-se de que você não deve se julgar para não nublar sua consciência nem bloquear sua capacidade de percepção e de acesso a informações.

9 Depois que tiver uma percepção clara da vida passada, volte à consciência normal da realidade diária, saindo lentamente do estado alterado de consciência.

10 Lembre-se de ter paciência consigo mesmo – é preciso praticar para obter resultados espetaculares.

11 Anote as suas experiências no seu diário angélico para referências ou meditação futura.

Como libertar espíritos

Uma aura debilitada deixa você vulnerável a espíritos sofredores ou mal-intencionados, ou a larvas astrais. O enfraquecimento da aura pode ser causado por doenças, padrões de pensamento negativos, poluentes, vícios, stress, ataques psíquicos, tumulto emocional, respiração superficial ou dificuldade para obter bons resultados nas técnicas de limpeza espiritual. Buracos, fissuras e rasgões na aura são muito mais comuns do que as pessoas pensam, e podem até resultar em múltiplos vazamentos energéticos, que causam debilidade.

Se a integridade da sua aura for afetada, você pode atrair entidades que drenem a sua energia vital. O apego de espíritos desencarnados ao corpo, que influencia tanto a mente quanto o comportamento do hospedeiro, é reconhecido em todas as religiões e documentado em todos os livros "sagrados".

Comportamento inadequado Os envolvimentos com entidades espirituais podem levar a comportamentos inadequados. As mudanças podem ser sutis ou radicais, e muitas vezes envolvem um "novo" hábito compulsivo. Os hábitos compulsivos e os padrões de pensamento negativos podem criar vida própria e agir como um tipo de possessão.

Os sintomas que indicam o envolvimento espiritual são: exaustão inexplicada, pesadelos, ataques de ansiedade repentinos ou depressão, vozes dentro da sua cabeça, impulsos suicidas, oscilações de humor ou mudança de personalidade, indecisão, confusão, falta de concentração, lapsos de memória, impulsividade e sintomas físicos ou doenças inexplicadas. Nenhum desses sintomas é indicação inequívoca de envolvimento espiritual, mas se você sofre de vários deles, isso pode indicar que você abriu espaço para um hóspede indesejado.

Depois que uma pessoa atrai um espírito desencarnado e passa a sofrer um envolvimento, ela fica mais propensa a atrair outros espíritos. Esses espíritos não só precisam ser afastados, mas também auxiliados pelos anjos, de modo que possam ir para a "luz". Eles muitas vezes estão confusos. Alguns foram mal orientados e perceberam tarde demais que são responsáveis pelo seu comportamento; isso os faz temer a ira de Deus e por isso eles evitam a luz.

Peça ao Arcanjo Miguel que o ajude a se libertar de envolvimentos espirituais, padrões de pensamentos negativos de outras pessoas e outros bloqueios energéticos.

Espíritos desencarnados, implantes energéticos e outros bloqueios espirituais podem ser eliminados com a ajuda do Arcanjo Miguel e suas "legiões da luz". Esses anjos incluem os responsáveis por guiar almas perdidas ou mal orientadas de volta à "Fonte", para que possam ser curadas.

Corte as amarras com a ajuda do Arcanjo Miguel

O Arcanjo Miguel e suas "legiões da luz" são especialistas em cortar amarras, remover implantes energéticos e combater envolvimentos espirituais. Em alguns envolvimentos, o espírito desencarnado nos controla emocionalmente e, em outros, sexual, física, mental ou espiritualmente. O vampirismo energético é muito comum e suga a nossa energia – todos nós conhecemos pessoas cuja companhia nos deixa exauridos. Normalmente, o vampirismo ocorre por meio do Chakra do Plexo Solar, mas qualquer chakra pode ser afetado. Em alguns casos ele começa num chakra e depois afeta vários outros.

Também podemos criar amarras emocionais apegando-nos a relacionamentos antigos, a sofrimentos do passado, a traumas e abusos. Esse tipo de amarra refreia muito a nossa energia e precisamos nos

A eliminação da energia negativa e de amarras energéticas possibilita o nosso avanço na vida, trazendo alegria e renovação.

livrar dele para seguir em frente. A bagagem emocional negativa retarda o nosso desenvolvimento e baixa nossa frequência (ver páginas 18-19); ela aumenta ao longo dos anos, cansando stress emocional mal resolvido e bloqueios no sistema energético que enfraquecem nosso campo de energia. Sempre que emoções ou energias negativas se "descolam" da nossa aura, elas precisam ser substituídas por energia de cura angélica.

TÉCNICA PARA CORTAR AMARRAS

Durante a técnica a seguir, você pode visualizar a Espada da Proteção e da Verdade do Arcanjo Miguel, feita de metal dourado ou de uma chama azul-safira.

O QUE FAZER

1 Sente-se confortavelmente num local onde não será perturbado.

2 Visualize raízes crescendo das solas dos seus pés e penetrando na terra, fortalecendo você.

3 Deixe que a sua respiração fique fácil e natural.

4 Invoque o Arcanjo Miguel e suas "legiões da luz"; sintonize-se com essa energia. Peça ao Arcanjo Miguel para cortar todas as suas amarras e ligações prejudiciais, removendo implantes energéticos e envolvimentos espirituais.

5 Sinta o Arcanjo Miguel passando pelos seus chakras, um a um, e limpando a sua aura.

6 Fique consciente do processo e veja ou sinta as amarras sendo cortadas e os espíritos desencarnados sendo levados para a luz pelo Arcanjo Miguel.

7 Termine a sessão de cura pedindo ao Arcanjo Miguel para envolver você no seu manto azul, que curará suavemente os buracos e fissuras da sua aura e lhe dará proteção enquanto o processo de cura é concluído.

Fortalecimento angélico

O Arcanjo Miguel e seus anjos podem fortalecê-lo caso você peça a ajuda deles. Esse fortalecimento o ajudará a se libertar do medo e de outros estados emocionais negativos que o impedem de realizar seu verdadeiro potencial. Os estados emocionais negativos enfraquecem o espírito. Pretextos limitantes bloqueiam o contato com os anjos e impedem o seu verdadeiro eu de estar plenamente presente como um ser encarnado de amor e luz ilimitados.

Quando o Arcanjo Miguel nos concede a dádiva da ativação do Raio Azul (ver páginas 112-113), recebemos os atributos da coragem, da resistência, da autenticidade, da firmeza, da força e da capacidade de assumir o controle da nossa vida. O domínio do Primeiro Raio da Vontade e do Poder Divino nos liberta das sombras da ilusão.

O fortalecimento ajuda a nos livrarmos da negatividade que nos impede de avançar e permite que assumamos o controle da nossa vida.

A ATIVAÇÃO DO PRIMEIRO RAIO

O QUE FAZER

1 Sente-se confortavelmente num local onde não será perturbado.

2 Respire suave e naturalmente, liberando a tensão do corpo físico.

3 Invoque o Arcanjo Miguel e solicite o seu dom de fortalecimento e que ele ative o Primeiro Raio da Vontade e do Poder Divino dentro de você.

4 Concentre a atenção no seu Chakra do Coração – mantenha ali a consciência e veja a chama crescendo e se tornando mais forte e brilhante no seu coração. Você talvez sinta um formigamento ou a sensação de expansão e calor.

5 Deixe essa chama e a sua consciência espiralarem para cima, ao longo da sua coluna espiritual, até o Chakra da Coroa.

6 Sinta a coluna de luz que cerca você. Esse tubo de luz é a sua proteção. Quando você olha para cima, tem a impressão de que ela é infinita.

7 Deixe que a sua consciência se eleve por meio desse tubo de luz, até chegar à pirâmide de luz que é o reino do seu eu superior e da sua família espiritual.

8 Nesse lugar você vê a sua família espiritual, os anjos e seres ascensionados sentados em torno de uma mesa de cristal. Tome um assento também. Discuta com eles como você pode se sentir mais forte e sinta-se a partir daí como um membro da "legião da luz" por direito divino de nascimento.

9 Deixe que o processo transcorra naturalmente. Quando ele estiver completo, traga sua consciência de volta para o corpo físico e para a sua realidade diária.

Eliminação do karma

Os miasmas são impressões energéticas que se alojam em qualquer um dos sistemas de energia sutil e causam problemas emocionais e mentais ou doenças físicas. Existem quatro tipos básicos de miasmas: kármicos, adquiridos, herdados e planetários.

Karma é uma palavra sânscrita que designa a soma total de ações de uma pessoa nesta vida e em vidas passadas. O princípio do karma permite que cada pessoa experimente a vida de todas as perspectivas possíveis. Esse princípio é central em todas as religiões orientais, e princípios semelhantes também são encontrados em religiões ocidentais. Por exemplo, o Cristianismo prega que você deve tratar os outros como gostaria de ser tratado.

Os miasmas kármicos são os resíduos de ações de vidas passadas que se alojam em seu corpo etérico e têm o potencial de se transformarem em doenças ou sofri-

Ao abrirmos nosso coração para os anjos nós naturalmente desejaremos ajudar os outros.

mentos na vida presente ou futura. Essa predisposição muitas vezes determina a nossa atitude e comportamentos nesta vida. Ela baixa o nível de consciência, atraindo pessoas e situações negativas para a nossa vida.

Os miasmas adquiridos são doenças agudas ou infecciosas, ou intoxicações petroquímicas contraídas nesta vida. Depois da fase aguda de uma doença, esses traços impregnam os corpos sutis e causam predisposição a outros tipos de doença.

Os miasmas herdados também podem ser chamados de miasmas hereditários. Essas impressões energéticas sutis são transmitidas a você pelos seus ancestrais. Elas podem ser genéticas ou causadas por doenças infecciosas. Os miasmas planetários estão armazenados na consciência coletiva do planeta, no nível etérico. Podem penetrar nos corpos físico ou sutil.

TÉCNICA PARA PURIFICAR O KARMA

A Chama Violeta (ver página 144) pode ser usada para eliminar todos os tipos de miasmas, e é eficaz na eliminação de miasmas kármicos.

O QUE FAZER

1 Sente-se confortavelmente num local onde não será perturbado.

2 Respire suave e naturalmente, liberando a tensão do corpo físico.

3 Mentalmente, peça ao Arcanjo Zadkiel que lhe envie sua Chama Violeta da Transformação a fim de eliminar seus miasmas kármicos.

4 Veja ou sinta todo o seu corpo cercado e envolvido pela Chama Violeta. Quando ela diminuir e se dissipar totalmente, a sessão terá chegado ao fim.

Orientação espiritual

Os anjos têm muitas funções e uma das mais importantes é dar conselhos sábios. As pessoas buscam orientação dos amigos e da família, e existem pessoas que são treinadas para ser conselheiras ou terapeutas e dedicam a vida à tarefa de ajudar outras pessoas a superar traumas causados pela perda de entes queridos, relacionamentos sufocantes ou destrutivos.

Às vezes precisamos deixar um pouco de lado nossa mente tridimensional, rígida, e buscar fontes mais elevadas de orientação – precisamos olhar mais longe, ampliar nossos horizontes. O seu anjo da guarda liga-o ao seu eu superior, onde tudo é compreendido. Muitas vezes ficamos próximos demais de um problema e o remoemos o dia todo até ficarmos emocionalmente exaustos.

Há ocasiões em que não estamos prontos para discutir nossos problemas com conselheiros ou não queremos sobrecarregar os familiares e amigos com nossas dificuldades. Essas são as ocasiões perfeitas para buscarmos o conselho do nosso anjo da guarda.

COMO BUSCAR ORIENTAÇÃO

O QUE FAZER

1 Sente-se numa postura confortável de meditação e relaxe.

2 Feche os olhos e respire fundo lentamente algumas vezes, de modo que a expiração seja mais lenta que a inspiração.

3 Concentre-se no Chakra da Coroa e sinta a sua ligação com o seu eu superior. Peça ao seu eu superior que lhe envie uma esfera de luz que o envolva e proteja durante a prática desta técnica de orientação. (A esfera pode ser de qualquer cor. Repare na cor, pois o seu eu superior muitas vezes lhe envia a cor de que você mais precisa para restabelecer o equilíbrio na sua vida.)

4 Invoque o seu anjo guardião e peça orientação espiritual.

5 Visualize-se sentado em frente a uma cadeira vazia (reservada para o seu anjo guardião). Convide o seu anjo para se sentar nessa cadeira. Você se dará conta de uma luz brilhante começando a se formar na sua frente. Veja essa luz ficar cada vez maior e tomar a forma do seu anjo.

6 Sinta a compaixão que o seu anjo irradia, abra o coração para ele e conte-lhe mentalmente os seus problemas e preocupações.

7 Abra-se para receber conselhos do seu anjo, dispondo-se a colocar em prática as sugestões que ele lhe der.

8 Quando estiver pronto, volte para a realidade do dia a dia.

Os anjos nos dão sábios conselhos quando estamos preparados para ouvi-los, e nos fazem enxergar as coisas de modo mais amplo.

A CURA COM OS ANJOS

Aceitação e desenvolvimento de dons espirituais

Se ignorarmos algum aspecto de nós mesmos, nosso ser ficará fragmentado. Se não nutrirmos nosso corpo físico, ele ficará doente, e se ignorarmos as nossas necessidades emocionais, abriremos as portas para o stress. Se continuarmos ignorando nossa espiritualidade e nos fixarmos nas conquistas materiais, desenvolveremos pobreza espiritual.

Nos últimos anos tem surgido um interesse crescente pela meditação, pela yoga, pelo Reiki e por outras atividades que reduzem o stress e ajudam a relaxar. Por meio dessas técnicas, muitas pessoas começaram a se abrir espiritual-

A abertura e a cura do Chakra do Coração possibilitarão que você aceite e desenvolva os seus dons espirituais.

mente, a examinar os seus estilos de vida e escolhas e a aprender a nutrir e aceitar todos os aspectos de si mesmas. Nascemos não só com um anjo da guarda mas também com incríveis dons espirituais que são nossos por direito nato. Para aceitar e desenvolver os seus dons divinos, você precisará abrir e curar o seu Chakra do Coração, de modo que possa sempre agir com o coração.

TÉCNICA DE ACEITAÇÃO

O QUE FAZER

1 Sente-se numa posição confortável de meditação e relaxe.

2 Feche os olhos e concentre-se na respiração. Deixe que ela fique mais lenta e profunda do que o normal.

3 Invoque o Arcanjo Chamuel para ajudar você, protegê-lo e supervisionar o processo.

4 Toque o Chakra do Coração, no centro do seu peito, e visualize as 12 pétalas de lótus desse chakra. Ao fazer isso, note se alguma delas está danificada – algumas pétalas podem até estar fechadas.

5 Peça ao Arcanjo Chamuel para abrir as pétalas e reparar as danificadas. A cor normal das pétalas do lótus do coração é verde, mas à medida que evoluímos espiritualmente elas adquirem uma bela tonalidade cor-de-rosa; veja quantas das suas pétalas são cor-de-rosa.

6 Termine a sessão de cura voltando à consciência da realidade diária. Repita essa meditação em outras sessões, até que todas as pétalas do seu coração estejam cor-de-rosa, o seu Chakra do Coração esteja aberto e você se sinta feliz por estar desenvolvendo os seus dons espirituais.

Resgate da alma

Às vezes, acontecimentos profundamente traumáticos ou doenças agudas ou prolongadas podem nos fazer sentir desconfortáveis na própria pele. É como se tivéssemos perdido uma parte de nós mesmos ou estivéssemos nos desintegrando. Não raro esses sentimentos de perda do eu podem ser consequência da perda ou fragmentação da alma. Algumas pessoas que perderam a alma têm lapsos de memória. Às vezes abrimos mão de parte do nosso ser em favor dos outros, especialmente durante relacionamentos românticos.

O caminho para a recuperação no nível anímico é chamado de resgate ou recuperação da alma. Ao recorrer ao reino angélico para construir uma ponte de luz, podemos trazer de volta para nós os fragmentos anímicos, de modo que sejam reintegrados. Isso muitas vezes provoca mudanças radicais na nossa saúde física, mental e emocional.

O Arcanjo Haniel usa o Raio Turquesa da comunicação no nível do coração para recuperar os fragmentos da alma.

TÉCNICA DE RESGATE DA ALMA

O Arcanjo Haniel é o protetor da sua alma e ele buscará reunir os fragmentos dela.

O QUE FAZER

1 Sente-se numa posição confortável de meditação e relaxe.

2 Feche os olhos e concentre-se na respiração. Deixe o corpo relaxar.

3 Invoque o Arcanjo Haniel. Sinta-se ligando-se e sintonizando-se com a energia dele (turquesa). Veja-se ou sinta-se completamente cercado e protegido por essa luz.

4 Depois que você estabeleceu uma forte ligação, peça a ele que percorra todas as dimensões a fim de buscar os fragmentos da sua alma.

5 Se houver fragmentos anímicos dispostos a voltar para você (às vezes eles não estão), você os verá atravessando uma ponte de luz na sua direção. Muitas vezes o fragmento assume a aparência que você tinha na idade em que "perdeu" essa parte do seu ser.

6 Talvez você sinta a necessidade de ter um diálogo com o fragmento, especialmente se ele está relutante em voltar. Se você sentir que as emoções relacionadas com a perda são excessivas ou não se sentir capaz de se expressar de modo eloquente, peça a Haniel que o ajude. Ele usa o Raio Turquesa da comunicação no nível do coração para ser mais persuasivo.

7 Depois de ter integrado todos os fragmentos que estavam dispostos a voltar ou que você estava disposto a integrar, traga a consciência de volta à realidade do dia a dia.

A CURA COM OS ANJOS

ANJOS E CRISTAIS

Magia dos cristais – conecte-se com o mundo espiritual e celestial

Os cristais e as gemas têm sido utilizados há milhares de anos para decoração, joalheria, cura, proteção, magia e cerimônias religiosas. Eles são os exemplos mais organizados e estáveis da matéria física no mundo natural e representam o estado menos elevado de entropia (desordem) possível. Todas as estruturas cristalinas têm uma combinação tridimensional de átomos matematicamente precisa. É essa estrutura atômica que confere um alto nível de estabilidade ao cristal, além de lhe conferir cores únicas, dureza e propriedades físicas, geométricas e energéticas sutis.

As gemas e os cristais têm uma capacidade impressionante de absorver, armazenar, refletir e irradiar luz na forma de campos inteligentes de energia estável que aumentam o fluxo de força vital dentro do corpo físico humano e do corpo sutil. Aplicando essa energia estável ou ressonância cristalina, de maneira focalizada e coerente, em sistemas energéticos disfuncionais, eles restauram a estabilidade e o equilíbrio.

A malaquita, usada na fabricação de muitos objetos, era considerada um pó curativo pelos egípcios antigos.

Em sintonia com o céu Os cristais nasceram no útero da Mãe Terra, que lhes confere uma aura única de mistério e magia. Eles nunca perdem a cor, o brilho, a beleza ou o valor, e para muitas civilizações antigas isso lhes conferia uma ligação com o mundo espiritual e celestial. De acordo com as evidências, a utilização de gemas na joalheria remonta pelo menos à Era Paleolítica. Talvez os primeiros relatos escritos da cura com cristal procedam dos antigos egípcios, que tinham receitas detalhadas de como usar gemas, como a malaquita, para a cura.

Ainda temos o conhecimento escrito dos estudiosos do Ayurveda e do Tantra, originários da Índia, que conheciam o potencial impressionante das pedras preciosas. Elas eram "prescritas" para proteger contra influências planetárias negativas, e eram usadas em joias ou ingeridas na forma de pastas ou óxidos, para influenciar a aura ou tratar os nervos, o sistema linfático e os *nadis* (canais por meio dos quais flui o prana).

Os cristais são mencionados muitas vezes na Bíblia, e nos círculos metafísicos acredita-se que certos cristais tenham uma sintonia natural com o reino angélico. Essa sintonia é devida à sua cor, aparência angélica ou nomes como angelita ou celestita. Também pode ser consequência da sua altíssima ressonância, que sintoniza naturalmente seu portador com os reinos espirituais mais elevados.

Seleção, cuidados e limpeza

Escolher um cristal para uso pode parecer uma tarefa difícil, pois existe uma variedade incrível dessas pedras. No entanto, como todas as gemas e cristais estão em sintonia com uma ressonância em particular e têm propriedades bem definidas, é possível descobrir, por meio de um livro que os descreva, qual é o mais apropriado para usar em determinadas circunstâncias.

Uma alternativa é perceber que tipo de cristal atrai mais você; confie na sua intuição. Você pode confirmar a sua escolha por meio de um pêndulo, da cinesiologia (reação da musculatura física) ou passando a mão sobre o cristal para ver se você consegue sentir uma conexão com ele no nível energético.

Se você estabeleceu uma conexão forte, você pode sentir uma "descarga elétrica" ou formigamento na pele, seus dedos ou mãos pulsando, uma sensação de calor ou frio, um afogueamento ou onda de calor pelo corpo ou a sensação de que está encapsulado na energia do cristal. Se você ainda estiver inseguro com relação a que cristal escolher, então opte por um quartzo transparente, o "agente de cura mestre", pois você pode programá-lo para cumprir qualquer função que deseje.

Cuidados Nunca deixe que outras pessoas toquem os seus cristais ou joias incrustadas de cristais ou pedras, pois isso é capaz de contaminá-los com vibrações alheias que podem não ser compatíveis com o seu campo energético.

Guarde os seus cristais com muito cuidado, embrulhados separadamente – se pedras de diferentes níveis de dureza forem guardadas juntas, as mais duras podem riscar ou danificar as mais frágeis, mesmo que se trate de pedras roladas. Alguns cristais, como a celestita ou a kunzita, podem perder sua cor sob a luz solar intensa.

Limpeza É importante purificar o seu cristal antes e depois de usá-lo. Isso garante que qualquer desarmonia residual seja eliminada e que o seu cristal fique carregado de energia positiva. Opte por um processo de limpeza seguro para o seu tipo de cristal.

A defumação é uma forma antiga e excelente de purificação, que você pode usar em você mesmo ou no seu espaço de meditação ou cura. Deixe a fumaça passar ao redor do cristal para tirar qualquer resíduo de desarmonia. Se você está num ambiente fechado, mantenha a janela aberta para que a energia estagnada tenha por onde sair. Usar o som para limpar o seu cristal é também muito eficaz, especialmente para purificar vários ao mesmo tempo. Use uma tigela tibetana de cristal, um sino, um *ting-shaw* (pequeno címbalo tibetano) ou um diapasão.

Existem, no mercado, produtos específicos para a limpeza de cristais. Esses limpadores de cristal angélicos ou aromaterápicos são vendidos em frascos pulverizadores e são usados para limpar cristais e o ambiente.

Como fazer uma essência de pedras As essências de pedras contêm nada mais do que água fluidificada. Use um cristal da sua escolha, água destilada, conhaque, tigelas de

Até água de torneira pode ser usada para limpar os seus cristais numa emergência, embora não seja o ideal.

vidro transparente, frascos de vidro cor de âmbar e um frasco pequeno com conta-gotas. Purifique o seu cristal e esterilize todo o material. Coloque o cristal numa tigela com água destilada ou, se ele se dissolver em água, dentro de uma tigela vazia e essa tigela dentro de outra, cheia de água. Deixe o cristal sob o sol de 2 a 3 horas. Despeje a água no frasco principal e adicione o dobro da quantidade de álcool. Usando o conta-gotas, pingue 7 gotas num frasquinho, encha esse frasco com 2/3 de água destilada e 1/3 de álcool. Use esse preparado como uma essência de pedras. Rotule ambos os frascos.

Como dedicar o seu cristal

Depois que tiver escolhido e purificado o seu cristal, é uma boa ideia dedicá-lo para protegê-lo de energias negativas. Para dedicar um cristal ou gema, simplesmente segure-o na mão e afirme mentalmente: "Só energias positivas de alto nível podem fluir através deste instrumento de cura".

Programação Normalmente, só os cristais de quartzo transparentes são modificáveis ou "programáveis", pois os outros cristais contêm a sua própria ressonância ou assinatura energética. Para programar o seu cristal, simplesmente segure-o sobre o Chakra do Terceiro Olho e concentre-se no propósito para o qual você quer usá-lo. Mantenha a positividade enquanto estiver carregando o cristal com essa energia. Você também pode afirmar a intenção de programá-lo em voz alta; por exemplo, "Eu programo este cristal para a cura" (ou para o amor, abundância, meditação, lembrança dos sonhos ou outro propósito da sua escolha). Depois que tiver programado o cristal, ele manterá a sua intenção até que você ou outra pessoa o reprograme.

Energização Todos os cristais e gemas podem ser energizados, para que se tornem instrumentos de cura ou meditação muito mais poderosos. Alguns cristais preferem naturalmente ser energizados com luz do Sol, enquanto outros reagem melhor à luz da Lua. A maioria dos cristais aceita a energização feita por intermédio do Reiki. Alguns cristais gostam de ser energizados com som, trovões, cores ou energia angélica. Você pode até colocar o seu cristal dentro de uma pirâmide para energizá-lo. Você também pode realizar uma cerimônia simples, pedindo aos anjos da luz, do amor e da proteção que carreguem o seu cristal com a energia deles.

Programe para proteção o cristal que você usar para bloquear energia negativa do seu computador.

Quartzo aura angélica

- **Cor** *Opalescente*

- **Aparência** *Cristais de quartzo natural com liga de platina; produz as cores do arco-íris num tom pálido e tremeluzente*

- **Raridade** *Fácil de obter*

- **Fonte** *Revestimento manufaturado sobre cristal de quartzo natural*

- **Anjo** *O seu anjo guardião e os "anjos dos cristais", um grupo de seres celestiais dedicados a guiar e auxiliar aqueles que trabalham com cristais em suas meditações e sessões terapêuticas*

Formação cristalina natural do quartzo aura angélica

Atributos: O quartzo aura angélica também é conhecido como opala ou quartzo aura pérola. Os matizes tremeluzentes de cores iridescentes encontrados dentro desse cristal sintonizam rapidamente os sentidos com os reinos angélicos do amor e da luz. Eles purificam e elevam o seu espírito, que deixa o seu campo energético com bolhas arco-íris "doces" e cintilantes de proteção. Esse cristal transporta a sua consciência para o "templo interior" do eu superior, onde está armazenado o conhecimento do seu anjo guardião.

Psicologicamente: Sintoniza você com a beleza. Abre o seu ser para as energias dos espíritos da natureza e das fadas. Traz leveza e espontaneidade para todas as suas atividades. Desperta a consciência espiritual.

Mentalmente: Usado para combater o stress mental, a confusão, a apatia, a inflexibilidade, a rigidez, o desnorteamento e a intolerância.

Emocionalmente: Ameniza inibições. Cura o stress e as doenças relacionadas com o stress. Propicia resoluções pacíficas de questões emocionais e discórdias.

Fisicamente: Usado para purificar o corpo físico e para intensificar o processo de desintoxicação iniciado quando a pessoa começa a entrar em sintonia com frequências mais elevadas.

Cura: Pode ajudar a curar todas as doenças, especialmente as crônicas ou degenerativas que não respondem a tratamentos médicos ortodoxos ou complementares. Aumenta a resistência física e detém o esgotamento.

Posição: Use no corpo para proteger e fortalecer a aura e para se tornar um arauto de amor e luz angélica. Coloque-o sobre qualquer chakra, de acordo com a sua intuição. É especialmente poderoso quando colocado sobre o Chakra da Coroa e sobre os chakras transcendentais. Produz uma excelente essência de pedras. Energiza-se sob a luz da Lua cheia. Armazene num quadrado de seda branca.

Nota adicional: Pode ser engastado em ouro, prata ou platina. Combina bem com ametista, morganita, fenacita, água-marinha e danburita.

ANJOS E CRISTAIS

Serafinita

- **Cor** *Verde-oliva com estrias brancas*

- **Aparência** *As estrias brancas muitas vezes lembram penas prateadas*

- **Raridade** *Fácil de obter com o nome de Clinocloro*

- **Fonte** *Ocorre mundialmente, mas pedras de qualidade são encontradas na Sibéria Oriental, na Rússia*

- **Anjo** *O Serafim*

Uma lâmina polida de serafinita

Atributos: A serafinita é o nome dado na Nova Era para o clinocloro. O nome desse mineral deriva do grego *klino* (oblíquo) e *cloros* (verde). O nome serafinita provém das estrias brancas, que muitas vezes parecem penas prateadas, asas de anjos ou seres angélicos. Pelo fato de ser muito fácil lapidar e polir, a serafinita é encontrada em forma de esfera, cabochão (formato oval), varinhas de cura e pingentes. A serafinita é uma das principais pedras de cura do nosso tempo. Ela ativa o contato com os anjos dos mais elevados reinos de cura. Também é um purificador dinâmico dos dois canais energéticos importantes do nosso corpo – Ida, feminino, e Pingala, masculino – por meio dos quais a energia se eleva pela espinha, equilibrando as energias yin e yang e estabilizando o Chakra do Coração, que permite a sintonia com o Chakra da Coroa e sua abertura.

Psicologicamente: Propicia o discernimento nas questões do coração. Ajuda você a sentir que é bom estar vivo, a vencer conflitos sem lutas ao harmonizar os desejos do coração com os desejos verdadeiros da sua alma.

Mentalmente: Elimina formas-pensamento incrustadas no corpo mental e é excelente para ajudar aqueles que se sentem desconectados ou desorientados.

Emocionalmente: Ajuda a dissipar emoções negativas. Especialmente útil durante períodos tempestuosos no relacionamento, pois ajuda você a perceber que emoções são suas e quais são projetadas sobre você.

Fisicamente: Propicia a cura em todos os níveis do corpo, pois purifica o sangue. Relaxa os ombros e o peito, o que aumenta a oxigenação do sangue intensificando a função pulmonar.

Cura: Age como um catalisador para curar todas as doenças físicas degenerativas prolongadas.

Posição: Coloque este cristal sobre o Chakra do Coração ou use-o como pingente por períodos prolongados. Faz uma excelente essência de pedras.

Celestita

- **Cor** *Azul-celeste, branca ou bicolor, pode ter matiz vermelho ou amarelo*

- **Aparência** *Lâminas tabulares, geodos ou formato piramidal*

- **Raridade** *Estrôncio comum do grupo das baritas*

- **Fonte** *EUA, Madagascar, Sicília, Alemanha*

- **Anjo** *Guardiões celestiais*

Um geodo de celestita

Atributos: O nome da celestita deriva do latim *cealestis*, que se refere à sua cor azul pálida celestial. Ela também é chamada de celestina. É usada para promover uma sintonia consciente com o reino angélico. Traz paz interior, tranquilidade, calma e foco com os reinos superiores de luz celestial. Trata-se de um "mestre" da Nova Era, que promove a expansão espiritual e a harmonia da alma. A celestita tem uma ligação muito forte com os Guardiões Celestiais, que são grandes seres de luz que orientam o cosmos.

Psicologicamente: Aqueles que trabalham com as vibrações elevadíssimas da celestita são abençoados com uma disposição radiante, harmoniosa e alegre. Dá para ver claramente a ligação dessas pessoas com os reinos angélicos. Essa pedra lhes traz uma conexão diária fluida e elas têm uma comunicação constante com os anjos.

Mentalmente: Neutraliza desejos instigados pelo ego e cria novos caminhos mentais, especialmente quando a criatividade está bloqueada. A celestita torna charmosos, divertidos e agradáveis aqueles que a usam ou trabalham com ela. Intensifica a capacidade de comunicação e propicia visões da humanidade em harmonia – um mundo de paz.

Emocionalmente: A celestita tem um estranho poder sobre as emoções; é tão calmante que é quase soporífera. Ajuda as pessoas que sofrem de conflitos interiores por absorver o stress emocional e as discórdias de outras pessoas. Essas "esponjas" humanas muitas vezes se tornam "alérgicas" a pessoas – o que as afasta dos outros e causa isolamento, levando-as a se recolher num mundo de fantasia.

Fisicamente: Baixa a pressão sanguínea. Ameniza problemas de estômago. Alivia todos os problemas ligados ao stress.

Cura: Dissipa a dor, elimina as toxinas e ameniza doenças inflamatórias.

Posição: Coloque-a sobre o Chakra da Garganta, do Terceiro Olho e da Coroa, ou use-a como pingente. Faz uma excelente essência de pedras (use o método indireto – ver página 283). Nunca a coloque sob o sol por períodos prolongados, pois ela desbota e fica transparente.

Angelita

- **Cor** *Azul-celeste pálido, violeta*

- **Aparência** *Opaca e com veios no formato de asas brancas*

- **Raridade** *Comum como anidrita*

- **Fonte** *Alemanha, México, Peru e Novo México*

- **Anjo** *Reinos celestes*

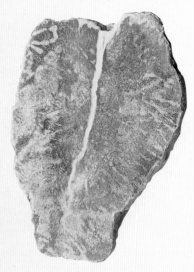

Uma face polida de angelita

Atributos: A angelita também é chamada de anidrita. Esse nome tem origem grega e significa "sem água". A angelita é formada pela celestita comprimida e destituída de umidade durante milhões de anos. Trata-se de uma pedra aquariana da Nova Era que conquistou proeminência durante a "Convergência Harmônica" de 1986 no Peru, quando os "guardiões dos dias" se reuniram para dar as boas-vindas à "nova era de ouro". A angelita é usada para estabelecer uma conexão consciente com os reinos angélicos por meio da sintonização com a vibração celestial dessa pedra azul-celeste pálido. A angelita traz paz interior, tranquilidade, calma e foco com os reinos mais elevados de luz celestial.

Psicologicamente: Combate o medo de falar a verdade. Estimula a bondade e lhe dá consciência social e profundidade emocional. Não é um cristal frívolo, pois estimula a pessoa a ter os pés no chão e a ter solidez. Instila sabedoria e combate a crueldade e a brutalidade.

Mentalmente: Ensina a aceitação do eu e por isso promove a calma aceitação dos traços de personalidade que causavam angústia mental. Ancora você no momento presente, levando-o a soltar aquilo que não favorece mais o seu bem maior.

Emocionalmente: Aumenta a capacidade telepática, o que ajuda você a interagir com os outros num nível emocional elevado.

Fisicamente: Baixa a pressão sanguínea, suaviza queimaduras de sol e equilibra a tireoide superativa. Equilibra as funções fluídicas do corpo e por isso combate o excesso de peso. Alivia inchaços e problemas pulmonares.

Cura: Use a angelita para massagear os pés e as mãos, pois ela desbloqueia os meridianos e elimina bloqueios energéticos.

Posição: Coloque-a sobre os chakras da Garganta, Terceiro Olho ou Coroa, ou use-a como pingente. Faz uma excelente essência de pedras (use o método indireto – ver página 283). Intensifica a cura com sons e exercícios como o entoar de cânticos destinados ao equilíbrio dos chakras.

Azeztulita

- **Cor** *Branca ou incolor*
- **Aparência** *Opaca ou transparente*
- **Raridade** *Rara*
- **Fonte** *Carolina do Norte, Vermont (EUA)*
- **Anjo** *Anjos de Azez*

Azeztulita em estado bruto

Atributos: A azeztulita é um tipo de quartzo, mas suas energias são muito mais potentes do que as dos quartzos comuns. Este quartzo repadronizado tem uma energia luminosa impressionante que dizem ter sido ativada por uma entidade angélica conhecida como Azez. Esse grupo de seres angélicos interdimensionais está em sintonia com o "Grande Sol Central" e "ancoraram" sua presença sobre muitos vórtices principais do reino etérico da Terra – incluindo os Andes, o Himalaia e outras cordilheiras. Azez tem uma assinatura energética conhecida como "Luz Inominável". A azeztulita é a morada e o veículo de Azez. Trata-se de uma pedra poderosa que causa mudanças na consciência e propicia viagens interdimensionais. Aqueles que usam ou carregam essa pedra, ou meditam com ela, são imbuídos com essa energia e se tornam uma parte integral da rede da "Luz Inominável" que fará toda a consciência da humanidade se elevar.

Psicologicamente: Desperta-nos para estados alterados de realidade e eleva a consciência. Ativa os pontos de ascensão – possibilitando que nos abramos para outros reinos e miríades de realidades que habitam o mesmo espaço energético. Os pontos de ascensão estão na base da coluna espiritual, hara (ponto focal energético) e no centro do cérebro (glândula pineal).

Mentalmente: Causa um salto quântico nos processos mentais, por isso essa pedra só deve ser usada depois que você tiver feito uma limpeza completa no seu corpo mental. Isso inclui a eliminação dos detritos mentais e implantes energéticos, e também de miasmas de vidas passadas e ancestrais.

Emocionalmente: Dissolve antigos padrões de emoções negativas quando você sente que chegou a hora de ascender para a consciência e a iluminação cósmicas.

Fisicamente: Pode ser usada para levar luz e energia de cura a cada uma das células do corpo. Pode melhorar todas as doenças degenerativas do corpo físico, especialmente quando usada como canal consciente para a cura.

Cura: Pode ser usada em qualquer tipo de problema físico que exija uma repadronização estrutural do corpo.

Posição: todos os chakras.

Moldavita

- **Cor** *Verde-garrafa*

- **Aparência** *Transparente, polida, com cicatrizes, salpicada ou com padrões em forma de samambaia*

- **Raridade** *Rara*

- **Fonte** *República Tcheca*

- **Anjo** *Anjos da Transformação*

Moldavita natural

Atributos: A moldavita é uma tectita (pedra de origem extraterrestre) formada devido ao impacto de um meteorito no que agora é chamado de platô boêmio, na República Tcheca. A queda do meteorito aconteceu em torno de 15 milhões de anos atrás, por isso a moldavita só é encontrada num lugar do planeta. A química dessa pedra é única, e existem muitas teorias acerca da sua formação. Muitos acontecimentos estranhos ocorrem durante o impacto de um meteorito, por causa do extremo calor e pressão produzidos. As tectitas podem ser vidro fundido formado durante o impacto do meteorito na superfície da Terra. Os arqueólogos descobriram fragmentos de tectita em cavernas de mais de 25 mil anos, usadas como habitação.

Psicologicamente: A moldavita é o "Santo Graal", a "esmeralda da iluminação" que caiu do céu da transformação espiritual; ela produz mudanças profundas e duradouras na consciência.

Mentalmente: Do ponto de vista metafísico, temos dentro de nós um "Corpo de Luz" (ver página 128) que contém informações codificadas como se fossem arquivos. Quando seguramos uma moldavita na mão, essas informações são liberadas, causando uma mudança nos nossos padrões ou na nossa programação mental.

Emocionalmente: A moldavita tem uma energia "quente" e "rápida" que traz detritos à tona rapidamente – muitas vezes por meio das lágrimas ou de outras irrupções emocionais ou fluxos de energia. Ela também desperta emocionalmente os "filhos das estrelas" (seres de outros sistemas planetários que encarnaram na Terra para ajudar na sua evolução espiritual), que aspiram pela segurança da sua morada cósmica.

Fisicamente: Ajuda na cura de todos os problemas físicos.

Cura: A moldavita é um instrumento de diagnóstico. A aversão a essa pedra ou à cor verde indica um medo profundo de abrir o coração ao amor incondicional. A moldavita desbloqueia esses medos ocultos que causam doença física e psicológica; depois que esses medos são reconhecidos e liberados com amor incondicional, a verdadeira cura pode começar.

Posição: Chakras do Coração e do Terceiro Olho.

ANJOS E CRISTAIS

Kunzita e hidenita

- **Cor** *Cor-de-rosa pálido, lilás (kunzita), verde-claro (hidenita)*

- **Aparência** *Transparente ou translúcida, com estrias*

- **Raridade** *Fácil de obter*

- **Fonte** *EUA, Brasil, Madagascar*

- **Anjo** *Shekinah*

Kunzita em estado natural

Hidenita rolada

Atributos: A kunzita contém o raio cor-de-rosa pálido ou lilás do amor espiritual – o verdadeiro amor da mãe pelo filho –, que é sempre incondicional e transcende o amor egocêntrico do eu. A hidenita contém o raio verde pálido da cura do coração terno. Não se trata do poderoso raio verde-esmeralda, mas do raio dos frágeis novos começos. Ele é suave e delicado, como um sussurro que encerra a promessa de que tudo ficará bem. Tanto a kunzita quanto a sua irmã, a hidenita, demonstram as qualidades de Shekinah, a Rainha do Céu (ver página 77), que também é chamada de anjo da libertação. Shekinah é o lado feminino do Arcanjo Metatron ou a manifestação feminina de Deus no homem, habitação da presença divina. Ela também é chamada de "Noiva do Senhor". Do ponto de vista do Novo Testamento, Shekinah é a glória que emana de Deus.

Psicologicamente: A combinação de hidenita e kunzita nos leva a entrar em contato com a parte de nós que sempre esteve em contato com o Divino. Ela ativa o espírito de Deus que nos afasta das sombras da ilusão e nos leva em direção à unidade e à completude.

Mentalmente: O uso combinado da hidenita e da kunzita nos faz sentir uma segurança e um aconchego que nos ajudam a descobrir quem realmente somos e por que estamos aqui. Alivia a depressão e todos os distúrbios maníacos.

Emocionalmente: O uso combinado da hidenita e da kunzita permite que as emoções mais íntimas do coração sejam curadas. Juntas, essas pedras apoiam novos começos e facilitam a cura profunda. Elas nos lembram que as mudanças propiciam oportunidades positivas para curarmos nossos bloqueios interiores.

Fisicamente: Cura o sistema nervoso. Detém os ataques de pânico.

Cura: Curando-nos em todos os níveis do nosso ser – permite que sejamos simplesmente "nós mesmos", apesar de todas as influências externas e restrições físicas. A divindade que habita dentro de nós, Shekinah, só aguarda nosso chamado; como mãe divina ela espera pacientemente na certeza de que um dia despertaremos do nosso transe e buscaremos a bem-aventurança.

Posição: Chakra do Coração.

Opala

- **Cor** *Opalas preciosas têm um brilho colorido. A opala comum pode ter qualquer cor, mas não tem opalescência.*

- **Aparência** *Opaca com matizes coloridos*

- **Raridade** *Fácil de obter, mas cara*

- **Fonte** *No mundo todo, mas as melhores variedades provêm da Austrália*

- **Anjo** *Pistas Sophia (anjo da fé e da sabedoria)*

Opala de fogo

Opala cor-de-rosa rolada

Atributos: A opala não é exatamente um cristal, pois não tem uma estrutura cristalina (átomos organizados de maneira regular). Existem dois tipos de opala – a comum e a preciosa. A opala comum não tem um brilho colorido, mas pode ter uma cor sólida que vai do transparente ou branco até o preto. A opala preciosa, que tem brilhos coloridos (preferencialmente arco-íris), é uma pedra que ressoa com o anjo Pistas Sophia. De acordo com as tradições gnósticas, esse anjo é a mãe dos anjos superiores, anjos dos raios que ficavam diante do trono de Deus. Na Índia, a opala é considerada a deusa do arco-íris transformada em pedra quando tentava fugir dos arroubos românticos de outros deuses.

Psicologicamente: A opala pode intensificar estados emocionais. Opalas misteriosas contêm as maravilhas do céu – centelhas de arco-íris, fogos de artifício e raios e relâmpagos. Elas são inspiradoras e são usadas por artistas para obter vislumbres divinos. A opala preciosa é muito motivadora; é um instrumento maravilhoso de visualização, especialmente quando usada para a cura. A opala preciosa também ativa nosso Chakra da Estrela da Alma, que é o primeiro dos chakras transcendentais, sobre a cabeça.

Mentalmente: As opalas lhe mostrarão exatamente quais estados mentais do passado influenciaram os seus desequilíbrios emocionais do presente. Traz luz para a sua escuridão e sintonia por meio do movimento.

Emocionalmente: A opala abre as portas para as maravilhas da cura – mostra como manifestar milagres na sua vida. Limpa e cura antigas feridas emocionais.

Fisicamente: Cura desequilíbrios hormonais. Fortalece e alivia a exaustão física e o esgotamento emocional ou mental.

Cura: Fortalece a força de vontade, renova a disposição para viver, dissipa febres e melhora a visão física e espiritual, intensificando os vislumbres intuitivos.

Posição: Coloque ou use a opala sobre o Chakra do Coração ou na posição que sugerir sua intuição. Essa gema também faz uma excelente essência de pedras (ver página 283 para saber como fazer essa essência).

Quartzo Serifos verde

- **Cor** *Do verde pálido ao verde profundo*

- **Aparência** *Pontas de quartzo longas, delgadas, de opacas a transparentes*

- **Raridade** *Raro, lojas especializadas*

- **Fonte** *Ilha grega de Serifos*

- **Anjo** *Arcanjo Seraphiel*

Quartzo Serifos verde natural

Atributos: O quartzo Serifos verde origina-se da bela ilha grega cujo nome deriva da mais elevada ordem angélica. Os delicados cristais de tonalidade verde pálido a verde profundo trazem harmonia, equilíbrio e estabilidade emocional. São cristais "paradisíacos" e prontamente ajustam os sentidos ao potencial de cura dos reinos angélicos. São usados para abertura, limpeza e ativação do centro do coração, pelo qual podemos sentir amor e compaixão por nós mesmos e pelos outros. O quartzo Serifos verde suaviza e conforta as emoções que ajudam a curar um coração partido. Esses cristais também são excelentes para pessoas que se sentem pouco à vontade no corpo físico, pois essas pedras propiciam uma percepção constante dos reinos angélicos superiores.

Psicologicamente: Excelente para limpar miasmas em todos os níveis. Sintoniza rapidamente os sentidos com o potencial de cura dos reinos angélicos.

Mentalmente: Elimina impressões mentais que podem causar doenças físicas.

Emocionalmente: Cura desequilíbrios emocionais sintonizando os sentidos com a natureza, o que traz alegria. Bom especialmente para expurgar emoções de dor, abandono e traição.

Fisicamente: Cura ajudando aqueles que se sentem pouco à vontade no corpo físico a se ajustarem às vibrações terrenas. Ajuda você a aceitar a vida e a apreciar a encarnação no corpo físico.

Cura: Fortalece a vontade de viver. Ameniza problemas cardíacos e pulmonares. Fortalece o sistema imunológico e ajuda na regeneração celular.

Posição: Coloque-o sobre o Chakra do Coração.

Diamante

- **Cor** *Branco transparente, amarelo, marrom, cor-de-rosa, azul, verde, malva e preto*

- **Aparência** *Transparente quando facetado, ocorre com mais frequência como cristais octaédricos*

- **Raridade** *Comum, mas dispendioso, mesmo em estado natural*

- **Fonte** *África, Brasil, Austrália, Índia, Rússia, EUA*

- **Anjo** *Arcanjo Metatron*

Diamante bruto

Diamante facetado

Atributos: O nome vem da palavra grega *adamas*, que significa "invencível" e alude à dureza e à durabilidade do diamante. Acredita-se que revista quem o usa com pureza, amor e alegria. O diamante é tradicionalmente o emblema do destemor. Seu nome também se assemelha à expressão "amante de Deus". Essa pedra é a mais dura de todas as substâncias naturais e na Antiguidade era usada como antídoto de venenos. Sua energia e brilho de fato protegem os campos de energia sutil das energias venenosas de outras pessoas.

Psicologicamente: Sintoniza rapidamente os sentidos com os reinos celestiais dissipando as trevas encapsuladas na aura. Amplifica a luz da alma, o que permite que a nossa luz brilhe neste mundo. Os diamantes favorecem o sucesso em todos os empreendimentos, aumentando o brilho da aura e tornando você mais atraente, e consequentemente aumentando as suas oportunidades na vida.

Mentalmente: Desbloqueia os processos mentais e aumenta a capacidade de manter pensamentos positivos. O diamante também amplia o poder dos seus pensamentos e preces.

Emocionalmente: Espelho emocional – torna-se embaciado quando você fica com raiva. Ele mostra a sua verdadeira saúde emocional e ajuda você a trabalhar suas emoções, refinando a sua frequência vibracional.

Fisicamente: Remédio para todos os males, essa pedra alivia todas as doenças. Melhora alergias e doenças crônicas relacionadas com o sistema imunológico.

Cura: Fortalece o corpo.

Posição: Coloque ou use de acordo com a sua intuição. Os diamantes podem ser incrustados em ouro branco ou amarelo. Combinam bem com outras pedras, como os rubis, as esmeraldas e as safiras azuis.

Tanzanita

- **Cor** *De azul a lavanda, matizes violeta mais profundos em seu interior*

- **Aparência** *Transparente*

- **Raridade** *Raro, espera-se que seja minerado nos próximos dez anos*

- **Fonte** *Montanhas Merelani, Tanzânia*

- **Anjo** *Arcanjo Tzaphkiel*

Tanzanitas roladas

Atributos: A tanzanita é tricroica, isto é, revela diferentes cores dependendo do ângulo do qual é vista. Um ângulo mostra matizes azuis; outro, lavanda e outro, bronze. Essa mudança cromática facilita estados alterados de realidade, permitindo alterações radicais na consciência. Como a tanzanita eleva a assinatura vibratória do portador, ela expande sua *mandala* pessoal, permitindo-lhe "baixar" informações dos registros akáshicos. A tanzanita é usada em jornadas interiores e exteriores. A nossa frequência vibratória elevada torna mais delgado o véu entre os vários planos da consciência, permitindo uma comunicação mais clara com anjos, mestres ascensionados, guias espirituais e outros seres iluminados de dimensões que normalmente estão fora do alcance da consciência.

Psicologicamente: Aumenta a percepção espiritual, a fé e o entendimento das verdades universais, concedendo sabedoria e uma espiritualidade equilibrada.

Mentalmente: A tanzanita expulsa tudo o que é superficial ao desenvolvimento espiritual. Aumenta os vislumbres intuitivos, o misticismo e o discernimento, ajudando a desenvolver plenamente o lado intuitivo feminino da sua natureza. Isso permite que o coração se abra plenamente e a pureza da sua alma se manifeste na Terra para a liberdade e salvação de todos.

Emocionalmente: A energia de cura dessa pedra leva você a transcender o confinamento no plano terrestre e a atingir o espaço em que aprende a nutrir a si mesmo, deixando o passado para trás e cultivando a paz interior.

Fisicamente: Reverte o processo de envelhecimento.

Cura: Fortalece e renova.

Posição: Coloque-a sobre o Chakra do Terceiro Olho.

Quartzo-rutilado

- **Cor** *De transparente a enfumaçado, com agulhas douradas ou avermelhadas, ou faixas marrons.*

- **Aparência** *Filamentos de rutilo com quartzo*

- **Raridade** *Comum, especialmente os rolados*

- **Fonte** *No mundo todo*

- **Anjo** *Arcanjo Melquisedeque*

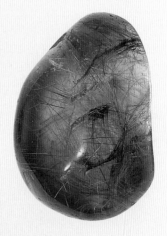

Quartzo-rutilado rolado

Atributos: O quartzo-rutilado é também conhecido como quartzo cabelo de anjo, graças às inclusões de finos filamentos de rutilo dourado. Esse cristal tem sido usado como um poderoso talismã desde os tempos antigos, e é conhecido como o "iluminador da alma". Ele desobstrui o caminho para a ação necessária, expondo falhas e negatividade. Sustentando a energia vital, ele restaura a vibração e a vitalidade. Rompe barreiras, medos e fobias que detêm o progresso espiritual. Use o quartzo-rutilado para favorecer mudanças, o rejuvenescimento e novos rumos. Limpa a aura, preenchendo-a com luz espiritual.

Psicologicamente: Equilíbrio perfeito da luz cósmica que promove o crescimento espiritual e a integração energética.

Mentalmente: Desobstrui o caminho para a ação necessária expondo estados emocionais negativos enraizados nas vias neurais.

Emocionalmente: Proporciona a energia necessária para romper barreiras que bloqueiam o crescimento espiritual.

Fisicamente: Sustenta a vida e a força vital. É usado para restaurar a vibração e a vitalidade que levam à ressonância da saúde perfeita.

Cura: Debela e modifica qualquer condição negativa, incluindo alergias, problemas pulmonares, doenças crônicas e entidades negativas.

Posição: Coloque-o sobre qualquer chakra. Tem especial afinidade com o Chakra do Plexo Solar.

Iolita

- **Cor** *Índigo, azul ou amarelo-mel*

- **Aparência** *Pequena, transparente ou translúcida*

- **Raridade** *Fácil de obter em lojas especializadas*

- **Fonte** *Sri Lanka, Madagascar, Birmânia e Índia*

- **Anjo** *Arcanjo Raziel*

Iolita rolada

Atributos: A iolita é uma variedade de cordierita, também chamada safira-d'água ou safira-estrela. O pleocroísmo (a capacidade de transmitir diferentes cores de diferentes ângulos) é bastante pronunciado na iolita, e três matizes diferentes são vistos na mesma pedra. A iolita é a pedra da profecia e da visão da Nova Era. Ela permite ativação e integração psíquica total, mas apenas se os cinco chakras inferiores estiverem bem equilibrados; do contrário, existe o risco de desorientação.

Psicologicamente: A iolita e os mistérios secretos do Arcanjo Raziel não estão ao alcance de todos. Eles levam o recipiente ao reino celestial, onde ciência e misticismo são uma coisa só – o universo quântico.

Mentalmente: Esses encontros inesquecíveis com a iolita e o Arcanjo Raziel exigem um tempo para serem integrados em todos os níveis do seu ser; do contrário podem tirar você do equilíbrio.

Emocionalmente: Diminui a discórdia e a codependência. Ajuda você a superar os vícios.

Fisicamente: Alivia a bronquite, a asma e outras doenças pulmonares crônicas. Baixa a pressão sanguínea. Ameniza problemas nas costas, ciática, lumbago e outros males da coluna e neurológicos. Transmuta e purifica a negatividade.

Cura: Aumenta a função cerebral. Reduz dores de cabeça e insônia.

Posição: Coloque-a nos chakras da Garganta, Terceiro Olho e Coroa, ou use como pingente ou anel. A iolita é mais potente quando usada por períodos prolongados. Pode ser engastada em ouro amarelo.

Ametista

- **Cor** *Vários tons de roxo*

- **Aparência** *Geodo, pontas simples, transparentes ou aglomerados*

- **Raridade** *Fácil de obter*

- **Fonte** *África, Alemanha, Itália, EUA, México, Brasil, Canadá, Uruguai*

- **Anjo** *Arcanjo Zadkiel*

Ponta de ametista

Atributos: A ametista é a variedade roxa do quartzo. O nome "ametista" vem do grego *amethustos*, que significa "sóbrio". Isso talvez se deva à crença de que a ametista neutraliza os efeitos do álcool, mas é mais provável que os gregos estivessem se referindo à cor semelhante ao vinho de alguns tipos dessa pedra. Sua bela cor não tem paralelo; embora seja sempre roxa, ela tem uma ampla gama de tonalidades.

Psicologicamente: Com vibrações elevadas, é usada para intensificar a meditação.

Mentalmente: Acalma e concentra a mente superativa. Aprofunda o entendimento de questões subjacentes.

Emocionalmente: Acalma. Usada para aliviar o stress e a exaustão emocional. Também ameniza vícios e traços obsessivos da personalidade.

Fisicamente: A ametista tem um amplo espectro de energias de cura, por isso é um eficaz agente de cura da maioria das doenças. Neutraliza a dor, por isso pode ser colocada sobre áreas doloridas. Diminui a dor de cabeça e a enxaqueca – as pessoas que sofrem de dores de cabeça frequentes muitas vezes mantêm cristais de ametista na geladeira, prontos para quando forem necessários. Coloque uma ametista fria sobre as têmporas.

Cura: Tem um amplo espectro de aplicações e por isso é um agente de cura por excelência. Pode ser usada em curas à distância.

Posição: Coloque-a sobre os chakras do Terceiro Olho ou da Coroa para equilibrá-los. Ponha-a em qualquer lugar do corpo ou da aura, de acordo com a intuição. Coloque-a embaixo do travesseiro ou no criado-mudo para combater pesadelos e insônia. O geodo ou aglomerado de ametista limpa o ambiente de grandes quantidades de energia estagnada. Use num cômodo onde estiveram muitas pessoas.

Topázio azul

- **Cor** *Vários tons de azul*

- **Aparência** *Cristais pegmatitos transparentes*

- **Raridade** *Fácil de obter*

- **Fonte** *África, Alemanha, Itália, EUA, México, Brasil, Canadá, Uruguai*

- **Anjo** *Arcanjo Haniel*

Topázio azul rolado

Atributos: Reza a lenda que o topázio azul afasta feitiços e melhora a visão. O topázio também tem a fama de mudar de cor na presença de comida ou bebida envenenada. Seus místicos poderes de cura aumentam e diminuem de acordo com a fase da Lua. Dizem que ele cura insônia, asma e hemorragias. Os gregos antigos acreditavam que essa pedra tinha o poder de aumentar a força do portador e torná-lo invisível em momentos de perigo. No México, o topázio era usado como pedra da verdade. Ainda é usado hoje para detectar pensamentos "venenosos" de outras pessoas.

Psicologicamente: O topázio facilita o entendimento profundo e a aceitação das leis universais. Inspira e eleva. Ajuda na comunicação, permitindo que a mente racional leve a melhor mesmo diante de grave provocação.

Mentalmente: Suaviza, acalma e inspira. Detém o acúmulo de raiva, ressentimento e amargura reprimidos.

Emocionalmente: Desfaz impasses emocionais. Eleva o portador acima das situações estressantes, para que novos padrões de comportamento se desenvolvam.

Fisicamente: O topázio azul ajuda a comunicação. É usado para equilibrar o Chakra da Garganta, por isso ameniza a inflamação da garganta e desequilíbrios na tireoide.

Cura: Estimula o equilíbrio e acalma o corpo físico e os corpos sutis.

Posição: Coloque-o nos chakras da Garganta, do Terceiro Olho ou da Coroa. O topázio azul pode ser usado como pingente ou anel, incrustado em ouro branco ou amarelo. O topázio azul pálido é uma gema maravilhosa para canalização, pois liga você com conhecimentos secretos e sabedoria antiga.

Quartzo rosa

Quartzo rosa natural

- **Cor** *Cor-de-rosa*

- **Aparência** *Transparente ou translúcido*

- **Raridade** *Fácil de obter*

- **Fonte** *Brasil, Madagascar, EUA, Índia*

- **Anjo** *Arcanjo Chamuel*

Quartzo rosa rolado

Atributos: O quartzo rosa é uma variedade de quartzo muito atraente, pois tem a cor do amor. Esse cristal transmite uma energia suave e delicada que ensina sobre a essência verdadeira do amor. Tem uma afinidade natural com o Chakra do Coração e com as emoções; trata todas as emoções do coração e, portanto, ajuda a desenvolver todos os tipos de relacionamentos amorosos. É usado como talismã e para atrair a alma gêmea.

Psicologicamente: Pode fortalecer nossa ligação empática com as outras pessoas e nos ajuda em todos os relacionamentos, especialmente em situação de mudanças traumáticas, como divórcios, perda de entes queridos ou desemprego. Ajuda a apreciarmos o relacionamento romântico que já temos na nossa vida.

Mentalmente: Suaviza e conforta, detendo o desenvolvimento de sentimentos como ódio, raiva e hostilidade.

Emocionalmente: Quando você usa pela primeira vez o quartzo rosa, ele pode trazer à tona muitas emoções reprimidas, o que ajuda você a reconhecê-las e libertar-se delas. Dissipa rapidamente emoções negativas de autocondenação, baixa autoestima, aversão por si mesmo e egoísmo. Ajuda a soltar padrões agressivos de comportamento.

Fisicamente: Abre o coração, o que favorece a cura. Intensifica a fertilidade.

Cura: Libera o stress emocional bloqueado em qualquer região do corpo físico. Bom para recém-nascidos e fetos.

Posição: Coloque-a sobre o Chakra do Coração ou qualquer região do corpo onde haja stress acumulado ou dor. Use o quartzo rosa como anel, pingente ou colar para superar momentos de crise.

Esmeralda

- **Cor** *Verde*
- **Aparência** *Transparente ou translúcida*
- **Raridade** *Fácil de obter*
- **Fonte** *Brasil, Índia, Colômbia, Zimbábue, Madagascar, Rússia*
- **Anjo** *Arcanjo Rafael*

Esmeralda natural

Esmeralda facetada

Atributos: A esmeralda é valorizada, há pelo menos 4000 anos, pela sua cor incomparável e propriedades místicas. No Apocalipse, afirma-se que o trono de Deus é feito de esmeralda. O conhecimento místico lendário do deus egípcio Thoth foi gravado em Tábuas de Esmeralda. Na verdade, a esmeralda é uma pedra envolta em tradições místicas.

A esmeralda está ligada ao planeta Mercúrio, o mensageiro dos deuses na astrologia védica. Em outras culturas, ela era dedicada à deusa Vênus. Cleópatra preferia a esmeralda a todas as outras pedras preciosas. As múmias egípcias eram muitas vezes enterradas com uma esmeralda esculpida no formato de um vegetal viçoso, para simbolizar a eterna juventude. As esmeraldas ainda são valorizadas no mundo todo, pois nenhuma outra pedra tem uma energia de cura tão poderosa.

Psicologicamente: Promove unidade e amor incondicional. Melhora o intelecto e fortalece o caráter e propicia também a harmonia e a abundância.

Mentalmente: Melhora a memória; trata-se de uma pedra de sabedoria e discernimento.

Emocionalmente: Ajuda na resistência emocional e na adaptabilidade. Ameniza o ciúme, o ressentimento, o egoísmo e a hipocondria.

Fisicamente: Abre o coração para curar e acelerar a recuperação. Diminui a claustrofobia.

Cura: Alivia o excesso de bílis e ajuda na liberação de toxinas, o que favorece o fígado e a função renal, além de tonificar o corpo físico. A esmeralda é um tônico mineral, uma lufada de ar fresco; alivia os problemas cardíacos e pulmonares e ajuda na absorção de energia prânica.

Posição: Coloque-a sobre os Chakras do Coração e do Terceiro Olho. Por tradição, ela é engastada em ouro amarelo e usada como anel no dedo mínimo da mão esquerda para ajudar na comunicação e para superar a timidez.

Citrino

- **Cor** *Transparente*
- **Aparência** *Geodo transparente, ponta única ou aglomerado*
- **Raridade** *O citrino natural é raro*
- **Fonte** *Brasil, Índia, EUA, Madagascar, Rússia, França*
- **Anjo** *Arcanjo Jophiel*

Geodo de citrino

Atributos: A maioria das pedras amarelas ou caramelo que eram vendidas anteriormente sob o nome de topázio eram ametistas que tinham passado por um tratamento térmico. O nome desse cristal vem da palavra francesa *citron*. A maior parte dos citrinos naturais é de cor limão pálido ou limão esfumaçado. Nos tempos antigos, o citrino era usado como proteção contra veneno de cobra e contra pensamentos ruins dos outros. O citrino é uma pedra lustrosa que equilibra o Chakra do Plexo Solar e limpa e fortalece o corpo mental. O citrino é da cor do Sol e, como tal, promove e intensifica a energia positiva. Ele também confere àqueles que o usam uma disposição alegre e vibrante.

Psicologicamente: Use o citrino se o seu nível energético está baixo e você perdeu a alegria de viver, ou quando se sente desnorteado, confuso ou disperso. Se precisar de alegria e risada na sua vida e se sentir sobrecarregado pelas preocupações e deveres, ou perdeu seu poder pessoal e senso de eu, o citrino intensifica rapidamente a sua confiança, entusiasmo e autoestima.

Mentalmente: Se você se sente constantemente extenuado e até a menor das tarefas lhe parece um obstáculo intransponível, use o citrino. Ele também ajuda, caso você precise se livrar de padrões de pensamento negativos ou traços de comportamento obsessivos, ou quando você está com medo e se sente pouco confiante.

Emocionalmente: Suscita sentimentos estáveis e edificantes, liberdade, risadas e alegria. Aumenta o autocontrole. Eleva a autoestima e inspira sentimentos de total bem-estar. Estimula o diálogo e melhora a comunicação. Combate a timidez e dá coragem.

Fisicamente: Age sobre o pâncreas, o fígado, a vesícula biliar, o baço, o estômago, o sistema nervoso, sistema digestório e a pele.

Cura: Fortifica, ilumina, tonifica, estimula e reforça a energia.

Posição: Coloque-o sobre o Chakra do Plexo Solar, ou use-o como pingente ou anel, por períodos prolongados.

Lápis-lazúli

- **Cor** *Azul ultramarino com pintas de pirita dourada*
- **Aparência** *Opaca*
- **Raridade** *Fácil de obter*
- **Fonte** *Afeganistão*
- **Anjo** *Arcanjo Miguel*

Lápis-lazúli natural

Lápis-lazúli rolado

Atributos: A cidade antiga de Ur tinha um comércio vibrante dessa pedra no início do quarto milênio a.C. Seu nome vem do latim *lapis*, que significa pedra, e do árabe *azul*, que tem o mesmo significado que em português. O Lápis-lazúli é uma pedra de um azul etérico de alta intensidade. Ele contém as energias da verdade, da sabedoria, da paciência, da inspiração, da integridade, da lealdade, da revelação e da contemplação.

Psicologicamente: O lápis-lazúli ajuda a desenvolver as virtudes da verdade, da honestidade e da fé. Se você precisa de proteção imediata contra entidades inferiores, ou sente que está sofrendo um ataque psíquico ou foi alvo de uma maldição ou de mau-olhado, essa pedra lhe servirá como um manto de proteção e segurança.

Mentalmente: Alivia a depressão, ajuda a clarear os pensamentos e a assumir a própria vida. Amplia os pensamentos e estimula a objetividade. Combate o medo de falar a verdade.

Emocionalmente: Harmoniza o conflito emocional e detém a hesitação, a incerteza e a indecisão.

Fisicamente: Esta pedra alivia a dor, especialmente a dor de cabeça e a enxaqueca. Usada para curar a garganta, os pulmões, a tireoide, o timo e a pressão alta.

Cura: Reduz as febres e regula a hiperatividade e os processos inflamatórios e de desorientação mental. Confere clareza e serenidade. Alivia infecções de ouvido e garganta.

Posição: Chakras da Garganta ou do Terceiro Olho. Use como pingente ou anel, por períodos prolongados, para obter todos os benefícios dessa gema maravilhosa. Nunca, porém, use o lápis-lazúli por períodos prolongados se sofrer de pressão baixa.

ANJOS E CRISTAIS

Danburita

- **Cor** *Clara, branca, amarela ou cor-de-rosa*
- **Aparência** *Transparente com estrias*
- **Raridade** *Fácil de obter*
- **Fonte** *México, EUA, Japão, Birmânia, Suíça*
- **Anjo** *Arcanjo Gabriel*

Danburita natural

Terminação simples de danburita natural

Atributos: A danburita tem esse nome porque foi encontrada em Danbury, Connecticut (EUA). Ela tem uma vibração extremamente elevada, que sintoniza os sentidos, de maneira imediata e alegre, com o domínio dos anjos. Abre e limpa rapidamente os Chakras do Coração e da Coroa, além de promover sonhos lúcidos. A danburita traz luz, clareza e pureza à aura, o que significa que ela tem o poder de modificar todas as situações que causam infelicidade e doença. Por sua própria natureza, ela tem a capacidade de curar tudo.

Psicologicamente: Capta a luz divina. É usada para orientação, despertar espiritual, purificação da alma, revelação, inspiração e sonhos reveladores. É um cristal de transição, por isso ajuda quando estamos começando novos projetos, mudando de carreira ou até pensando em constituir família.

Mentalmente: Alerta você sobre as coincidências que pavimentam o caminho para a libertação do passado.

Emocionalmente: Elimina miasmas emocionais. Liga você à serenidade dos anjos e dos domínios angélicos.

Fisicamente: Trata alergias, toxinas e doenças degenerativas crônicas e, portanto, ajuda o fígado, a vesícula biliar, os rins, o pâncreas e a pele.

Cura: Cristal versátil que tem um amplo espectro de energias de cura.

Posição: Qualquer chakra. Use como pingente, incrustado em prata ou ouro. A danburita faz uma excelente essência de pedras (ver página 283).

Rubi

- **Cor** *Vermelho*

- **Aparência** *Transparente*

- **Raridade** *Fácil de obter*

- **Fonte** *Índia, México, Madagascar, Rússia, Sri Lanka*

- **Anjo** *Arcanjo Uriel*

Rubi natural

Rubi polido

Atributos: O rubi é considerado a pedra mais preciosa de todas que Deus já criou. Trata-se do "senhor das gemas" e era usado no peitoral do sumo sacerdote. A Bíblia diz que a sabedoria é mais preciosa que os rubis. Em sânscrito, é chamado *ratnaraj* ("rei das pedras preciosas") e *ratnanayaka*, ("líder das pedras preciosas"). O rubi instila no seu portador paixão pela vida, coragem, perseverança e qualidades positivas de liderança. O rubi é para pioneiros, aqueles que precisam chegar primeiro, com bravura, em território desconhecido. O rubi tem um poder bruto e paixão pela vida.

Psicologicamente: Incita devoção espiritual por meio do serviço altruísta aos outros. Libera o verdadeiro potencial da alma.

Mentalmente: Remove a inércia, a procrastinação e a letargia.

Emocionalmente: Dinâmico, elimina o medo. Quando as chances de sobrevivência diminuem, o rubi restaura a vontade de viver.

Fisicamente: Combate bloqueios energéticos profundos. Estimula os processos estagnados ou morosos. Desintoxica eliminando a inércia.

Cura: Aquece o corpo e aumenta a energia física. Bom para aqueles que sofrem de pressão baixa, problemas circulatórios ou anemia. Estimula a glândula suprarrenal.

Posição: Chakras da Raiz ou da Estrela da Terra. Não use o rubi se sofrer de pressão alta.

Pedra da lua

- **Cor** *Branca, creme, pêssego, cor-de-rosa, azul, verde ou arco-íris*
- **Aparência** *Translúcida*
- **Raridade** *Fácil de obter*
- **Fonte** *Índia, Sri Lanka*
- **Anjo** *Arcanjo Auriel*

Pedras da lua roladas

Atributos: A pedra da lua parece mística e mágica, com um brilho fantasmagórico que flutua nas profundezas cristalinas. Os romanos pensavam que a pedra da lua era formada de raios de luar. Essa pedra, como o nome sugere, está fortemente associada à Lua, e seus poderes supostamente mudam com o ciclo desse astro. Na Lua cheia, seus poderes alcançam seu zênite. Essa pedra é especialmente benéfica para mulheres de todas as idades.

Psicologicamente: Harmoniza o aspecto feminino da sua personalidade. Permite o acesso ao subconsciente profundo. A cada mês nosso poder psíquico aumenta na época da Lua cheia. O "véu" entre os mundos fica mais tênue e nossos dons naturais de clarividência, clariaudiência e clarissenciência se intensificam.

Mentalmente: Calmante. Abre a mente para as oportunidades menos evidentes e o dom de fazer descobertas felizes. Aumenta a intuição.

Emocionalmente: Suaviza as emoções. Deixa fluir a energia positiva, que dissipa as dores do passado, as feridas e a saudade. Ameniza as oscilações de humor.

Fisicamente: Especialmente benéfica para o sistema reprodutor feminino. Ameniza os males estomacais e os distúrbios digestivos. Alivia o hipertiroidismo; baixa a pressão sanguínea. Combate a cólica e a TPM. Elimina toxinas, diminui a retenção de líquidos e o inchaço.

Cura: Resfria o corpo e alivia o excesso de energia e a agitação. Acalma a glândula suprarrenal.

Posição: Chakra do Coração. Use a pedra da lua como anel ou pingente por períodos prolongados para obter resultados melhores. Essa pedra deve ser engastada apenas em prata; embrulhe-a num quadrado de seda branca quando não estiver em uso.

Fulgurita

- **Cor** *Branca a marrom-escuro*
- **Aparência** *Textura de esponja*
- **Raridade** *Lojas especializadas*
- **Fonte** *Deserto do Saara, praias da Flórida*
- **Anjo** *Arcanjo Sandalphon*

Fulguritas naturais

Atributos: A maneira como a fulgurita é formada é única, pois ela surge quando um raio atinge a areia. Isso faz que os grãos se fundam no formato de um tubo vítreo que repete os padrões do raio. A fulgurita é tubular porque a areia do centro se vaporiza e a lateral se liquidifica, endurecendo mais tarde para formar a fulgurita. Essa pedra vibra com a energia do raio e essa vibração é uma das mais elevadas e rápidas do reino mineral. Trata-se de um cristal catalisador, contendo a energia das tempestades, usada para uma transformação espiritual rápida. Reza a lenda que os xamãs usavam essa pedra para enviar orações para o Criador.

Psicologicamente: Focaliza e ancora o poder da oração e do ritual angélicos. Age como um raio; um catalisador para a mudança. Um poderoso desbloqueador do Chakra do Terceiro Olho, a fulgurita é usada para explorar outras realidades e dimensões. Também é usada para ativar a *kundalini* equilibrada e para a exploração de vidas passadas.

Mentalmente: Propicia um ambiente criativo, permitindo a manifestação por meio da mente superior e estados mentais superiores.

Emocionalmente: Aumenta a intuição. Permite uma percepção maior da formação do tumulto emocional.

Fisicamente: Cria um vórtice de energia purificada que eleva a frequência vibracional do portador e, portanto, tem o poder de aliviar todos os problemas físicos.

Cura: Energizante, purificadora e edificante; use quando quiser dar saltos quânticos na cura de qualquer aspecto da psique.

Posição: Coloque-a sobre os Chakras da Estrela da Terra e da Estrela da Alma. A fulgurita é muito frágil, por isso maneje-a com cuidado.

ANJOS E CRISTAIS

Água-marinha

- **Cor** *Azul-celeste ou azul-esverdeado*

- **Aparência** *Translúcida a opaca*

- **Raridade** *Fácil de obter*

- **Fonte** *Índia, Paquistão, Brasil, México, Afeganistão, Rússia, EUA*

- **Anjo** *Arcanjo Muriel*

Água-marinha facetada

Água-marinha natural

Atributos: O nome da água-marinha, a "gema do mar", deriva da água do mar. As lendas dizem que ela é o tesouro das sereias, com o poder de manter os marinheiros seguros no mar. Os antigos também acreditavam que essa pedra dava proteção contra os ardis do demônio, e que os sonhos com a água-marinha significam que você vai descobrir novos amigos. Essa pedra ajuda você a se livrar das impressões e influências dos outros.

Psicologicamente: Tem uma grande afinidade com as pessoas que são extremamente sintonizadas com energias sutis e age como pedra da coragem, filtrando energias de discórdia e conflito. Facilita a comunicação com o reino angélico. Aumenta as capacidades psíquicas, em particular a de sintonizar imagens do passado e de outras dimensões.

Mentalmente: Acalma e concentra a mente, o que aguça o raciocínio. Melhora a percepção, o que nos ajuda a identificar padrões subjacentes de comportamento que podem precisar ser abandonados para que possamos progredir na vida.

Emocionalmente: Acalma e suaviza as emoções. Rompe rapidamente bloqueios energéticos e expurga a raiva, a culpa, o ódio, o ressentimento e o medo. Alivia o pesar e a tristeza.

Fisicamente: Alivia dores de garganta, glândulas inchadas e problemas de tireoide. Diminui a retenção de líquidos e o inchaço, e exerce efeitos favoráveis sobre os rins, a bexiga, os olhos e o sistema imunológico. Ameniza ataques de pânico, enjoos em viagens por mar e fobias. Ajuda a combater a febre do feno e reações alérgicas.

Cura: Acalma.

Posição: Todos os chakras. Use como pingente ou anel, engastada em prata ou ouro. Faz uma excelente essência de pedras para ajudar você a seguir com o fluxo (ver página 283).

OS ANJOS E OS
ÓLEOS ESSENCIAIS

O uso de fragrâncias para atrair os anjos

Dentre os instrumentos mais poderosos que podemos usar para atrair a ajuda dos anjos estão as fragrâncias delicadas, especialmente na forma de óleos essenciais, que são substâncias muito conhecidas pelo seu poder de alterar o humor e os estados mentais. Atualmente, há um interesse crescente pela aromaterapia e pelo bem-estar que ela promove. Nossos ancestrais conheciam muito bem as qualidades etéricas dos óleos essenciais, que eram usados com frequência pelos sacerdotes e sacerdotisas de praticamente todas as religiões. Os óleos perfumados eram utilizados para atrair espíritos, deusas e deuses, banir maus espíritos e purificar lugares de adoração. Os devotos untavam o corpo com aromas sagrados para facilitar a comunicação com os deuses.

Óleos essenciais Os óleos essenciais são substâncias extremamente concentradas e aromáticas de origem vegetal. Eles são destilados de muitas espécies de plantas diferentes: alguns são provenientes de

O uso de aromas pode ser um ótimo auxiliar para o desenvolvimento espiritual e a sintonização com os anjos.

pétalas de flores, outros de frutos, sementes, caules, cascas de árvore, brotos, raízes, árvores, resinas ou gramíneas. Por exemplo, o óleo de néroli é produzido a partir de flores; o de gengibre deriva das raízes dessa planta e o de patchouli é extraído das folhas. Os óleos essenciais são produzidos em praticamente todos os países do mundo.

O aroma é uma forma etérea sutil de comunicação, que eleva nossa consciência, pois contém a alma da planta. Apelando para o nosso olfato, as plantas se comunicam conosco num nível instintivo profundo. Nossos receptores de fragrâncias estão localizados na parte mais

Muitos óleos essenciais são destilados de flores, por isso eles são o espírito sagrado da flor.

antiga do nosso cérebro, que é intuitiva e não regida pela nossa mente lógica.

Existem muitas maneiras diferentes de usar óleos essenciais para o corpo, a mente e o espírito. Também existem muitas maneiras de consumirmos óleos essenciais internamente. Uma das mais eficientes é por meio da pele. Esses óleos são substâncias aromáticas preciosas, extremamente concentradas. Guarde-os em locais frescos e sem muita luz, e evite a evaporação deixando-os sempre bem fechados.

Óleos carreadores e advertências

Os aromaterapeutas usam uma ampla variedade de óleos-base ou carreadores aos quais eles acrescentam os óleos essenciais. Os óleos-base a seguir podem ser usados puros na pele ou podem ser a base de óleos para massagem, banho ou perfumes: óleos de amêndoa doce, coco, semente de damasco, semente de uva, cártamo, germe de trigo, jojoba, abacate, girassol e prímula. O óleo de amêndoa doce é fácil de obter, assim como o de girassol e jojoba. O óleo de amêndoa doce é usado na Índia para estimular o intelecto.

Quando escolher um óleo-base, dê preferência aos orgânicos ou ao óleo que pareça o mais puro. Os óleos de amêndoa doce, de coco, de semente de damasco e de semente de uva têm uma textura fina e são facilmente absorvidos pela pele. Outros óleos, como germe de trigo, abacate e jojoba são espessos e gordurosos.

Segurança Os óleos essenciais puros são substâncias extremamente concentradas, que precisam ser manipuladas com cuidado. Abaixo, uma lista de advertências que você deve seguir quando utilizar esses óleos. Se estiver interessado em saber como usar um óleo em particular, consulte um livro sobre o assunto, o que lhe fornecerá as características de cada óleo e destacará as contraindicações de alguns óleos mais fortes e potentes.

- Não ingira óleos essenciais.
- Nunca use óleo essencial não diluído diretamente na pele.
- Mantenha o óleo essencial longe do alcance de crianças, animais de estimação e pessoas com necessidades especiais. Seja muito cauteloso ao usar esses óleos em crianças. Procure um profissional.

- Se você está grávida ou sofre de algum problema de saúde, procure um médico antes de usar qualquer óleo essencial.
- Mantenha os produtos longe da região delicada dos olhos.
- Tome cuidado com certos óleos (principalmente cítricos) antes de exposição direta aos raios do Sol.
- Quando adicionar algum óleo essencial à água do banho, dilua-o primeiro numa pequena quantidade de óleo carreador.
- Tente restringir o uso de qualquer óleo essencial, pois o uso constante, ao longo do tempo, pode causar sensibilidade ao óleo, náusea ou dor de cabeça.
- Certos óleos podem causar sensibilidade na pele ou reações adversas em alguns indivíduos. Interrompa o uso imediatamente caso isso ocorra.
- Não manipule máquinas nem dirija nenhum veículo a motor logo depois de uma sessão de relaxamento, especialmente depois de usar óleos soporíficos.
- Mantenha os óleos longe de superfícies envernizadas, de plásticos e do fogo ou outras fontes de ignição.

É muito útil ter alguns frascos e conta-gotas para misturar os seus óleos essenciais perfumados e óleos de massagem.

Massagens, banhos e inalação de vapor

Existem muitas maneiras diferentes de usar óleos essenciais para o corpo, a mente e o espírito. As quantidades recomendadas podem parecer insignificantes e às vezes o aroma mal é perceptível, mas isso não significa que o óleo não fará efeito. Os receptores olfativos do cérebro se acostumam facilmente com os aromas e por isso você deixa de percebê-los.

Massagem Um dos métodos mais comuns empregados pelos aromaterapeutas, a massagem com óleos essenciais relaxa o corpo físico, aliviando o stress e a tensão. A fragrância trabalha diretamente nos níveis mais profundos das emoções, enquanto a pele absorve os elementos terapêuticos dos óleos.

Faça um óleo de massagem simples misturando 5 gotas do óleo essencial escolhido a 1 colher de sopa de óleo-base, como óleo de amêndoa doce, semente de damasco, semente de uva, soja ou girassol. Se você estiver usando mais de um óleo essencial, misture-os bem primeiro antes de adicioná-los ao óleo-base, e ajuste o número de gotas. Se você tem alergia a perfumes ou cosméticos, é sempre bom

Adicione uma mistura de óleos essenciais à água do banho; uma combinação de camomila e lavanda propicia um sono repousante.

fazer um teste na pele 24 horas antes de usar a mistura de óleos para massagem. (Ver páginas 338-339 para consultar a lista de advertências com relação ao uso de óleos essenciais.)

Banho O banho com óleos essenciais é um método antigo de purificação pessoal. Ele aguça os sentidos e nos ajuda a entrar em sintonia com energias sutis. Misture 8 gotas do óleo essencial escolhido a 1 colher de sopa de óleo-base e adicione a mistura à água da banheira. Agite a água para dispersar os óleos. Lembre-se de fechar a porta do banheiro para que os vapores perfumados não se dissipem. Fique na banheira por pelo menos 15 minutos, inalando profundamente o aroma e relaxando. Certos óleos essenciais não devem ser usados no banho, entre eles o de gengibre, tomilho, hortelã, eucalipto, manjericão, canela e cravo-da-índia.

Você pode também usar os óleos essenciais no chuveiro. Tome banho normalmente e depois pingue 2 gotas de óleo essencial numa esponja e massageie a pele debaixo da água do chuveiro. Inspire profundamente pelo nariz.

Os óleos essenciais são usados na massagem para relaxar o corpo físico e ajudar a desintoxicação.

Inalação de vapor Alguns óleos essenciais podem ser inalados como vapor. Para usar esse método, despeje um pouco de água quente numa tigela e adicione 2 gotas de óleo essencial. Deixe o rosto a uns 25 cm de distância da tigela, cubra a cabeça com uma toalha, feche os olhos e inspire profundamente pelo nariz durante até 2 minutos.

Difusores

Os difusores servem para aquecer os óleos essenciais e liberar moléculas de aroma na atmosfera. Alguns são feitos de cerâmica, mas tigelas com água, velas e aquecedores também servem.

Os difusores de cerâmica têm um recipiente que é aquecido pela eletricidade ou pela chama de uma vela. Coloque o difusor num cômodo que você queira perfumar. Encha o recipiente com água antes de pingar 6 gotas de óleo essencial. Ligue na tomada ou acenda a vela sob o recipiente. Não deixe velas acesas em ambientes vazios.

Tigela com água Feche todas as janelas e portas do cômodo que você quer perfumar. Despeje água quente numa tigela resistente ao calor, acrescente 8 gotas de óleo essencial à água quente e espere 10 minutos, para que o aroma se espalhe pelo ambiente.

Velas Acenda uma vela e deixe-a acesa até a cera do centro derreter. Apague a

Você pode difundir óleos essenciais no ambiente usando difusores, velas, tigelas com água e lâmpadas.

vela e acrescente 2 gotas de óleo essencial à cera derretida. Volte a acender a vela.

Lâmpadas Você pode comprar anéis especiais de metal ou cerâmica feitos para serem encaixados sobre lâmpadas (abajures ou luminárias). Os anéis são ocos no centro para conter o óleo. Com a lâmpada apagada, coloque o anel sobre a lâmpada, depois pingue 5 gotas de óleo essencial sobre o anel. Ligue a lâmpada para liberar a fragrância.

Borrifadores de ambiente Esta é uma maneira celestial de usar os óleos essenciais, pois os borrifadores purificam e santificam o seu espaço sagrado com rapidez. Adicione 5 gotas de óleo essencial a um frasco pulverizador de 50 mL cheio de água. Agite bem o frasco toda vez que for usar a mistura de água e óleo. Borrife o cômodo no alto. Evite superfícies envernizadas e tecidos delicados como veludo e seda.

Lareiras e aquecedores Usando 1 gota de óleo essencial por tora, coloque o óleo na tora uma hora antes de acender a lareira. Se não quiser queimar a tora ou não tiver uma lareira, pingue 8 gotas de óleo essencial numa bola de algodão e coloque-a sobre um aquecedor. Você também pode acrescentar óleo essencial na água de um umidificador de ambientes.

Flores Se você tem flores de seda, papel ou secas, coloque 1 gota de óleo em cada flor. Alguns óleos essenciais são mais transparentes e outros têm cores fortes, por isso escolha um óleo que não estrague o colorido das flores.

Adicione 2 gotas do seu óleo essencial predileto à cera derretida de uma vela e depois volte a acendê-la.

Artigos aromáticos para a casa

Os óleos essenciais podem ser usados para aromatizar suavemente muitos objetos de um cômodo. A fragrância desses objetos se espalhará pelo ar e propiciará uma maravilhosa atmosfera de cura à sua casa. Travesseiros, roupas, lençóis e lenços podem ser aromatizados.

Travesseiros e almofadas Algumas gotas de óleo essencial podem ser borrifadas diretamente nos travesseiros – isso é indicado principalmente para induzi-lo a sonhos com anjos ou para convidá-los para o seu espaço de terapia ou meditação. Alguns óleos mancham, por isso pingue as gotas do óleo numa bola de algodão e coloque-a entre o travesseiro e a fronha. Use o mesmo método nas almofadas.

Roupas Você pode pingar 1 gota de óleo essencial nas suas próprias roupas: tente uma gota numa manga, para que possa inspirar o seu aroma facilmente quando quiser, ou na barra da saia ou da jaqueta, que espalhará o aroma no ar quando você andar. Também é possível perfumar lenços e echarpes com 1 gota de óleo essencial e inspirar o perfume ocasionalmente.

Loções e águas florais Adicione algumas gotas do seu óleo essencial favorito a águas florais e loções sem perfume, preparados em farmácias de manipulação.

As águas florais podem ser usadas para consagrar e purificar espaços mágicos antes de rituais ou da meditação. Também podem ser usadas para aplicação em objetos sagrados e velas, e há muito tempo são as preferidas nos tratamentos de pele. Águas de rosa, lavanda, néroli e jasmim são particularmente apropriadas para o tratamento de pele e muitas vezes usadas como perfumes. Embora o óleo não seja solúvel em água, durante o processo de infusão a energia sutil e a fragrância são transferidas para a água. Adicione 30 gotas de óleo essencial a 100 mL de água mineral. Deixe em infusão durante alguns dias, num local fresco, sem muita luz. Filtre o preparado com um coador de café de papel. Pode ser usado num pulverizador como perfume ou aromatizador de ambientes.

A unção é a mais antiga e tradicional aplicação dos óleos essenciais. Dilua o óleo de acordo com a mesma receita usada no banho ou na massagem. Use como perfume ou para proteção. Aplique em objetos sagrados, como velas ou cristais.

Use a fragrância para atrair anjos; perfume sua roupa de cama para induzi-lo a sonhos com anjos.

Óleos essenciais para problemas específicos

Certos problemas reagem bem a alguns óleos. Nas páginas a seguir, você vai encontrar uma lista extensa de óleos adequados a uma variedade de problemas ou situações. Essa lista de óleos é flexível e adaptável. Os óleos essenciais são complexos: em média, um óleo essencial contém mais de 100 componentes, como ésteres, aldeídos, acetona, fenóis, álcoois e terpenos. Você pode escolher só um óleo da lista ou criar a sua própria mistura num óleo carreador. Quando mistura dois óleos essenciais, você cria um novo composto.

Ao consultar a lista, você pode usar um pêndulo para descobrir que óleo lhe é mais apropriado e a situação que vive. Quando for a lojas que vendem óleos essenciais, sinta o aroma dos óleos e compre o que lhe agradar. Certifique-se, porém, de que está comprando um óleo essencial puro.

Vários óleos estão classificados em mais de uma categoria, porque eles têm mais que uma única função. Por exemplo, limão traz equilíbrio e afeta diretamente o sistema nervoso, estimulando ou relaxando, dependendo da necessidade.

***Limão** traz equilíbrio, aguça o intelecto e ajuda na comunicação e no aprendizado.*

*A **salvia sclarea** favorece a meditação eliminando conflitos interiores.*

*A **camomila** abre os chakras superiores, ajuda na meditação e propicia um sono reparador.*

Quando você lançar mão dos óleos para meditação, divinação ou trabalho com sonhos, use sempre o mesmo óleo ou mistura de óleos, pois essa será uma indicação rápida para o seu subconsciente de que você está mudando de frequência e passando para um estado alterado de consciência.

Cura – Arcanjo Rafael Para abrir o Chakra do Coração e atrair os anjos da cura, do rejuvenescimento, da regeneração e da renovação, use os seguintes óleos: *Camomila* • *Cravo* • *Cravo-da-índia* • *Hortelã-verde* • *Junípero* • *Lavanda* • *Limão* • *Mimosa* • *Néroli* • *Palma rosa* • *Pimenta-da-jamaica* • *Pinho* • *Rosa búlgara* • *Sândalo* • *Tomilho*

Meditação – Arcanjo Tzaphkiel Para abrir os Chakras da Coroa e do Terceiro Olho, e para convidar os anjos da meditação, da contemplação, da reflexão, da introspecção e da busca anímica, use os seguintes óleos essenciais: *Erva-doce* • *Flor do Linden* • *Folha de Violeta* • *Lavanda* • *Olíbano* • Salvia sclarea

Sabedoria espiritual – Arcanjo Zadkiel Para abrir os chakras superiores e invocar à sua presença os anjos da sabedoria espiritual divina, do conhecimento, do discernimento e do entendimento divino, você deve usar os seguintes óleos essenciais: *Alecrim* • *Benjoim* • *Camomila* • *Cipreste* • *Flor do Linden* • *Mirra* • *Olíbano* • *Pau-rosa* • *Sálvia* • Salvia sclarea • *Sândalo* • *Semente de cenoura*

*O **jasmim** tem um aroma maravilhoso que abre nossa consciência para os reinos celestiais.*

*O **narciso** é usado para dar inspiração e propiciar sonhos proféticos e transes.*

Visões – Arcanjo Raziel Para purificar o Chakra do Terceiro Olho, desvelar os segredos do universo e invocar com rapidez os anjos das visões espirituais, da profecia e das revelações, use os seguintes óleos: *Benjoim • Canela • Gálbano • Jasmim • Lima • Louro • Mimosa • Mirra • Narciso • Néroli • Pau-rosa • Rosa búlgara • Sálvia • Sândalo • Semente de cenoura • Tuberosa· • Verbena limão*

Sonhos com anjos – Arcanjo Gabriel Esses óleos de vibração elevadíssima invocam os anjos do destino para que você voe alto enquanto dorme, para propiciar sonhos com anjos e para obter orientação espiritual. Use os seguintes óleos: *Anis-estrelado • Benjoim • Canela • Coentro • Elemi • Endro • Flor do Linden • Hortelã-verde • Louro • Manjericão • Melissa • Mimosa • Mirra • Narciso • Néroli • Perpétua • Ravensara • Rosa búlgara • Salvia sclarea • Semente de angélica • Verbena limão*

Comunicação com os anjos – Arcanjo Haniel Para formar laços duradouros de inspiração angélica e aumentar seu poder de comunicação, purificando o seu Chakra da Garganta, use os seguintes óleos: *Camomila • Cravo • Flor do Linden • Grapefruit • Laranja • Limão • Louro • Mirra • Néroli • Rosa búlgara • Sândalo • Tangerina*

Divinação – Arcanjo Raziel Para facilitar o acesso à orientação superior e ajudar a induzir a estados alterados de consciência, aumentando a sua capacidade de divinação (inclusive fazendo leituras de anjos) e levando-o a um nível espiritual mais alto, você deve usar os seguintes óleos: *Benjoim • Canela • Cravo-da-índia • Flor do Linden • Gálbano • Hortelã-pimenta • Louro • Mimosa • Mirra • Narciso • Olíbano • Pau-rosa • Sálvia • Salvia sclarea • Sândalo • Semente de angélica • Semente de cenoura • Tuberosa • Verbena limão*

Criança Interior – Arcanjo Chamuel
Estes óleos essenciais invocam os anjos que nos ajudam a resolver, curar e fortalecer todos os nossos relacionamentos. Esses anjos amorosos nos ajudam a restabelecer a ligação com a nossa criança interior e suscitam uma cura profunda, conforto e perdão. Eles ajudam a eliminar questões relacionadas com abusos, abandono e negligência do passado. Use os seguintes óleos essenciais: *Benjoim • Camomila • Gerânio • Jacinto • Lavanda • Mandarina • Melissa • Néroli • Olíbano • Rosa búlgara*

*A **mirra** é considerada uma das plantas mais sagradas do mundo, e é usada para purificação e para libertação do passado.*

*O **gerânio** equilibra as emoções, atraindo os anjos de amor para mais perto de nós.*

Transição – Arcanjo Metatron Ao longo dos tempos, as pessoas sempre tiveram o hábito de queimar incenso em torno daqueles que faziam a transição para a vida após a morte. Acreditava-se que os aromas agradáveis atraíam os anjos e que a fumaça da queima do incenso ou de ervas sagradas levavam a alma para os reinos celestiais. Para invocar os anjos da ascensão do Arcanjo Metatron, acelerar a jornada da alma rumo a Deus e ajudar os desencarnados a se desapegar do plano físico e fazer uma transição pacífica, use os seguintes óleos: *Benjoim • Camomila-romana • Cedro • Cipreste • Flor do Linden • Gerânio • Jasmim • Junípero • Lavanda • Mandarina • Néroli • Olíbano • Patchouli • Rosa búlgara • Sândalo • Vetiver*

Solidão – Arcanjo Jophiel Depressão, solidão, tristeza e melancolia podem afetar qualquer um de nós em algum momento da vida, em consequência de acontecimentos externos, como morte, desemprego ou rompimentos. Podem durar alguns dias, semanas, meses ou até anos. Qualquer um que se sinta deprimido deve procurar um médico, pois pode sofrer de desequilíbrio hormonal. Os

*O **junípero** é usado para purificação e proteção, e para banir energias negativas e combater traumas do passado.*

*A **bergamota** eleva o espírito, estimula a autoconfiança e limpa a mente.*

óleos a seguir purificam o corpo, a mente e o espírito, e invocam os anjos da iluminação, da luz solar e da alegria. Use os seguintes óleos: *Benjoim • Bergamota • Camomila • Helicriso • Limão • Narciso • Néroli*

Purificação – Arcanjo Zadkiel Para purificação e limpeza da aura por meio da transmutação da energia negativa em positiva, invoque o Arcanjo Zadkiel, o guardião da Chama Violeta. Usar óleo de lavanda ajuda a liberar emoções negativas, como raiva, ódio, ressentimento ou amargura, e restabelece a integridade da aura. Emoções negativas baixam a sua frequência emocional e atraem energia negativa como um ímã. Use os seguintes óleos: *Alecrim • Cajeput • Cânfora • Capim-limão • Cedro • Cipreste • Citronela • Eucalipto • Gálbano • Hissopo • Hortelã-pimenta • Hortelã-verde • Junípero • Lavanda • Lima-limão • Limão • Louro • Manjericão • Melissa • Mimosa • Mirra • Nardo • Néroli • Niaouli • Olíbano • Pinho • Rosa búlgara • Sálvia • Salvia sclarea • Sândalo • Tea Tree • Tomilho • Valeriana • Verbena*

Consagração – Arcanjo Zadkiel Para consagração de objetos sagrados e para criar um espaço sagrado para meditação, rituais ou trabalho com sonhos, evoque a ajuda do Arcanjo Zadkiel. Para ajudar você nessa invocação, use os seguintes óleos: *Alecrim • Anis-estrelado • Cedro • Erva-doce • Hissopo • Hortelã-pimenta • Lavanda • Limão • Manjericão • Melissa • Niaouli • Olíbano • Pinho • Sálvia • Verbena*

*O **eucalipto** é usado para rituais de cura em que é preciso dispersar energia negativa.*

*O **anis-estrelado** é, por tradição, usado em rituais de consagração e purificação.*

Proteção – Arcanjo Miguel Para proteção, segurança, fortalecimento, superação de obstáculos e libertação do medo, inclusive o medo da falta de confiança em si, evoque o Arcanjo Miguel e suas legiões de anjos. Use um dos seguintes óleos: *Alecrim • Anis-estrelado • Cajeput • Cominho • Cravo • Cravo-da-índia • Elemi • Erva-doce • Gálbano • Gengibre • Gerânio • Hissopo • Junípero • Lavanda • Lima • Melissa • Milefólio • Mimosa • Mirra • Musgo de carvalho • Nardo • Niaouli • Olíbano • Palma rosa • Pimenta-da-jamaica • Pimenta-do-reino • Pinho • Sálvia • Salvia sclarea • Semente de anis • Tea Tree • Tomilho • Valeriana • Vetiver*

Centramento – Arcanjo Jophiel Para centrar, equilibrar e restaurar a luz interior e a harmonia. Use um dos seguintes óleos para invocar o Arcanjo Jophiel: *Amíris • Cedro • Gerânio • Grapefruit • Laranja • Lavanda • Limão • Mandarina • Pau-rosa • Ylang-ylang*

Intenção focada – Arcanjo Jophiel Para concentrar a sua intenção, restaurar a clareza mental e melhorar a memória, use os seguintes óleos: *Alecrim • Cajeput • Cedro • Erva-doce • Hortelã-verde • Junípero • Laranja • Mandarina • Manjericão • Musgo de carvalho • Nardo • Néroli • Olíbano • Palma rosa • Tea Tree*

O **hissopo** é usado para proteção e consagração de objetos rituais e de espaços. Evite na gravidez.

A **lavanda** é usada para meditação, proteção e reparo da aura.

*A **hortelã-pimenta** dissipa formas-pensamento negativas e purifica objetos rituais e espaços sagrados.*

*O **jacinto** é usado para inspirar paz interior e ajuda a combater padrões de comportamento compulsivos.*

Banimento de negatividade – Arcanjo Miguel Para banir a negatividade e dissipar a ansiedade, fobias e apreensão, use um dos óleos essenciais a seguir para invocar o Arcanjo Miguel: *Bergamota • Camomila • Cânfora • Eucalipto • Hissopo • Hortelã-pimenta • Lavanda • Lima • Mandarina • Manjerona-doce • Néroli • Rosa búlgara • Sálvia • Sândalo • Ylang-ylang*

Paz Interior – Arcanjo Uriel Para devolver a paz interior e a harmonia da alma, e para viver a realidade com os pés no chão, use um dos óleos a seguir para invocar o Arcanjo Uriel, que responderá com rapidez ao seu pedido: *Camomila • Cravo • Jacinto • Lavanda • Mandarina • Melissa • Mirtilo • Néroli • Petitgrain • Rosa búlgara • Sândalo*

Confiança – Arcanjo Jophiel Para autoconfiança, autoestima e aumento da criatividade, evoque o Arcanjo Jophiel usando um dos seguintes óleos: *Alecrim • Bergamota • Camomila • Grapefruit • Jasmim • Laranja • Lima • Limão • Litsea cubeba • Mandarina • Manjericão • Ylang-ylang*

Coragem – Arcanjo Uriel Para ter coragem, força, resistência e perseverança, evoque o Arcanjo Uriel usando um dos seguintes óleos para estimular o Chakra da Base. Uriel também ajuda a superar o medo irracional, a paranoia ou os ataques de pânico: *Cravo* • *Cravo-da-índia* • *Erva-doce* • *Gengibre* • *Grapefruit* • *Manjericão* • *Manjerona-doce* • *Milefólio* • *Olíbano* • *Pimenta-do-reino* • *Ravensara* • *Tomilho*

Afrodisíacos – Arcanjo Chamuel Os óleos a seguir são, todos eles, ótimos afrodisíacos, que aumentam a sensualidade. Evoque o Arcanjo Chamuel para ajudar você em todos os relacionamentos e, principalmente, para ter mais consciência da sua energia *kundalini*. O jasmim é tradicionalmente usado em rituais tântricos. Use os seguintes óleos: *Baunilha* • *Cardamomo* • *Cominho* • *Gengibre* • *Jasmim* • *Patchouli* • *Rosa búlgara* • *Semente de cenoura* • *Tuberosa* • *Ylang-ylang*

*A **manjerona** é usada para abrir o Chakra do Coração, debelar o medo e promover a bem-aventurança.*

*A **baunilha** atrai energias de amor e estimula o Chakra da Base, o que aumenta o fluxo de energia.*

Atrair o amor, a alegria, a felicidade ou a alma gêmea – Arcanjo Chamuel Para abrir e curar o Chakra do Coração e atrair o amor para a sua vida, descobrir relacionamentos amorosos alegres e felizes e até atrair a alma gêmea, use um dos óleos a seguir e peça ao Arcanjo Chamuel para ajudar na sua busca: *Baunilha • Canela • Coentro • Cravo-da-índia • Flor do Linden • Jasmim • Laranja • Milefólio • Mimosa • Mirtilo • Palma rosa • Rosa • Ylang-ylang*

Atrair sorte – Arcanjo Jophiel Algumas pessoas atraem boa sorte; já desenvolveram uma consciência de prosperidade. Para entender as leis da manifestação, evoque o Arcanjo Jophiel e use uma combinação de dois ou três dos óleos a seguir, que eliminarão bloqueios nos Chakras da Base, do Sacro e do Plexo Solar: *Canela • Cominho • Cravo-da-índia • Melissa • Mirtilo • Musgo de carvalho • Nardo • Pimenta-da-jamaica • Pinho • Sândalo • Vetiver*

O **milefólio** *expulsa a energia negativa e aumenta o amor, a amizade e os poderes psíquicos.*

A **canela** *estimula os poderes mentais e melhora a concentração.*

OS ANJOS E A ASTROLOGIA

Anjos planetários

Os sete planetas clássicos, amplamente conhecidos desde a era romana, pelo menos, foram associados a seres energéticos arquetípicos, que também regem os dias da semana.

Na Espanha mourisca do século XII, a fertilização intercultural das heranças cristã, árabe e judaica deu origem à era dourada do Renascimento, anunciando o final da Idade das Trevas. Foi na Espanha, durante esse período, que surgiram as primeiras provas documentais dos anjos planetários.

Esse conhecimento foi reprimido e condenado pelo Puritanismo Protestante na Europa, a partir do século XVI, mas a síntese entre a astrologia, a religião, o misticismo e a magia alquímica voltou a emergir. À medida que Urano, Netuno e Plutão eram descobertos, anjos eram atribuídos a eles.

Nos tempos antigos, os sete planetas conhecidos eram associados a entidades divinas ou deuses.

Cada um dos sete planetas tem um ser angélico associado a ele, que ajuda a manifestar os sonhos e aspirações da humanidade.

Os planetas e seus anjos regentes

Planeta	Anjo	Planeta	Anjo
Sol	Arcanjo Miguel	Vênus	Arcanjo Hagiel
Lua	Arcanjo Gabriel	Saturno	Arcanjo Cassiel
Marte	Arcanjo Camael	Urano	Uriel
Mercúrio	Arcanjo Rafael	Plutão	Azrael
Júpiter	Arcanjo Zadkiel	Netuno	Asariel

OS ANJOS E A ASTROLOGIA

OS ANJOS E A ASTROLOGIA

Anjos do Zodíaco

Os anjos planetários também regem o zodíaco, que se divide em 12 signos astrológicos associados às 12 constelações conhecidas. Os anjos do zodíaco podem ajudar você a entender a personalidade do seu signo astrológico de nascimento. Se você já tem o seu mapa astral, também pode trabalhar com outros anjos, como o anjo do seu signo ascendente e o anjo do seu signo lunar.

360

Anjos do zodíaco

Signo	Anjo	Qualidades do signo
Áries	Camael	Assertivo e confiante
Touro	Hagiel	Confiável e prático
Gêmeos	Rafael	Adaptável e sociável
Câncer	Gabriel	Sensível e compreensivo
Leão	Miguel	Generoso e aberto
Virgem	Rafael	Eficiente e analítico
Libra	Hagiel	Harmonioso e diplomático
Escorpião	Azrael e Camael	Intenso e poderoso
Sagitário	Zadkiel	Otimista e ousado
Capricórnio	Asariel	Cuidadoso e responsável
Aquário	Uriel e Cassiel	Idealista e humanitário
Peixes	Asariel e Zadkiel	Artístico e emotivo

Anjos das estações

As tabelas a seguir apresentam os anjos das quatro estações, os anjos dos doze meses e os 28 anjos que regem as mansões da Lua. Essas tabelas vão ajudar você a invocar as forças angélicas para, por meio da magia, atingir seus objetivos e realizar seus desejos.

Anjos das quatro estações

Estações	Direção	Arcanjo	Elemento
Primavera	Leste	Rafael	Ar
Verão	Sul	Miguel	Fogo
Outono	Oeste	Gabriel	Água
Inverno	Norte	Uriel	Terra

Anjos regentes dos 12 meses do ano

Mês	Anjo	Mês	Anjo
Janeiro	Gabriel	Julho	Verchiel
Fevereiro	Barchiel	Agosto	Hamaliel
Março	Machidiel	Setembro	Zuriel
Abril	Asmodel	Outubro	Barbiel
Maio	Ambriel	Novembro	Adnachiel
Junho	Muriel	Dezembro	Anael

Anjos da Lua

Cada dia do ciclo de 28 dias das fases da Lua é governado por um anjo.
Eles têm a seguinte ordem:

1. Geniel	8. Amnediel	15. Atliel	22. Geliel
2. Enediel	9. Barbiel	16. Azeruel	23. Requiel
3. Anixiel	10. Ardifiel	17. Adriel	24. Abrinael
4. Azariel	11. Neciel	18. Egibiel	25. Aziel
5. Gabriel	12. Abdizuel	19. Amutiel	26. Tagriel
6. Dirachiel	13. Jazeriel	20. Kyriel	27. Atheniel
7. Scheliel	14. Ergediel	21. Bethnael	28. Amnixiel

O crescer e o minguar da Lua O poder lunar é a base da magia natural. Durante milênios aqueles que tinham conhecimento esotérico usaram as misteriosas energias lunares que regem as marés da vida e a mente inconsciente para iluminar o espírito que habitava dentro deles.

As luas nova e cheia são períodos de intenso foco mágico. Mesmo hoje, os budistas tibetanos observam a Lua cheia e a nova com meditações silenciosas. Orações especiais são entoadas nas sinagogas, no Sabá, antes dessas duas fases da Lua. A Wicca celebra *esbás*, nesses períodos, e os cristãos calculam a Páscoa com base na primeira Lua cheia depois do equinócio da primavera.

O "crescer" da Lua A Lua "cresce" ao longo de aproximadamente 15 dias, desde a Lua nova até a Lua cheia. Portanto, qualquer coisa que você queira ver crescer ou aumentar, deve ser consagrada ou iniciada nessa época.

O "minguar" da Lua A Lua "mingua" ao longo de aproximadamente 15 dias, desde a Lua cheia até a Lua nova. Ela "mingua" porque dá a impressão de que diminui de tamanho. Portanto, qualquer coisa que você queira ver decrescer ou diminuir, deve ser feita nessa época.

A Lua é associada à autorreflexão, ao trabalho com sonhos e às viagens astrais, e também à capacidade psíquica.

Anjos dos dias e das horas

Cada dia da semana e cada hora do dia e da noite são regidos por um anjo. As tabelas abaixo mostram os anjos da semana e os anjos das horas.

A Temperança, o anjo alado do tempo, nas cartas do tarô, tem um sol na testa. Ele derrama a essência da vida de um cálice para outro.

Anjos dos dias da semana

Anjo	*Dia*
Arcanjo Miguel	*Domingo*
Arcanjo Gabriel	*Segunda-feira*
Arcanjo Camael	*Terça-feira*
Arcanjo Rafael	*Quarta-feira*
Arcanjo Zadkiel	*Quinta-feira*
Arcanjo Hagiel	*Sexta-feira*
Arcanjo Cassiel	*Sábado*

Anjos das horas do dia e da noite

DIA Horas	Domingo	Segunda	Terça	Quarta
1	Miguel	Gabriel	Samael	Rafael
2	Anael	Cassiel	Miguel	Gabriel
3	Rafael	Sachiel	Anael	Cassiel
4	Gabriel	Samael	Rafael	Sachiel
5	Cassiel	Miguel	Gabriel	Samael
6	Sachiel	Anael	Cassiel	Miguel
7	Samael	Rafael	Sachiel	Anael
8	Miguel	Gabriel	Samael	Rafael
9	Anael	Cassiel	Miguel	Gabriel
10	Rafael	Sachiel	Anael	Cassiel
11	Gabriel	Samael	Rafael	Sachiel
12	Cassiel	Miguel	Gabriel	Samael

NOITE Horas				
1	Sachiel	Anael	Cassiel	Miguel
2	Samael	Rafael	Sachiel	Anael
3	Miguel	Gabriel	Samael	Rafael
4	Anael	Cassiel	Miguel	Gabriel
5	Rafael	Sachiel	Anael	Cassiel
6	Gabriel	Samael	Rafael	Sachiel
7	Cassiel	Miguel	Gabriel	Samael
8	Sachiel	Anael	Cassiel	Miguel
9	Samael	Rafael	Sachiel	Anael
10	Miguel	Gabriel	Samael	Rafael
11	Anael	Cassiel	Miguel	Gabriel
12	Rafael	Sachiel	Anael	Cassiel

DIA Horas	Quinta	Sexta	Sábado
1	Sachiel	Anael	Cassiel
2	Samael	Rafael	Sachiel
3	Miguel	Gabriel	Samael
4	Anael	Cassiel	Miguel
5	Rafael	Sachiel	Anael
6	Gabriel	Samael	Rafael
7	Cassiel	Miguel	Gabriel
8	Sachiel	Anael	Cassiel
9	Samael	Rafael	Sachiel
10	Miguel	Gabriel	Samael
11	Anael	Cassiel	Miguel
12	Rafael	Sachiel	Anael

NOITE Horas			
1	Gabriel	Samael	Rafael
2	Cassiel	Miguel	Gabriel
3	Sachiel	Anael	Cassiel
4	Samael	Rafael	Sachiel
5	Miguel	Gabriel	Samael
6	Anael	Cassiel	Miguel
7	Rafael	Sachiel	Anael
8	Gabriel	Samael	Rafael
9	Cassiel	Miguel	Gabriel
10	Sachiel	Anael	Cassiel
11	Samael	Rafael	Sachiel
12	Miguel	Gabriel	Samael

Anjos das quatro direções

O trabalho com os anjos das quatro direções, para criar um círculo sagrado e suscitar equilíbrio e harmonia em nossa vida, é muito semelhante ao da Roda de medicina, dos nativos norte-americanos, e ao da cruz dos celtas.

Arcanjo Rafael Responsável pelo leste, o portal para o espírito, a iluminação e a clareza. Essa é a direção dos novos começos, da inspiração, iluminação e criatividade, do amanhecer e da primavera, do nascimento e da infância.

Representação física para pôr sobre o seu altar: Varinhas de incenso, penas ou sininhos.

Arcanjo Miguel Responsável pelo sul, o portal para o plano físico, a confiança e a inocência. Essa é a direção da vitalidade, do sol quente do meio-dia, do verão e do crescimento vigoroso da juventude e da paixão.

Representação física para pôr sobre o seu altar: Vela, difusor para óleos aromáticos ou imagem do Sol.

Arcanjo Gabriel Responsável pelo oeste, portal para as emoções, a inspiração, a in-

tuição e as mudanças. O oeste é a direção associada com a introspecção, a noite, o outono e a maturidade; também está ligada ao ato de aprofundar e ao amadurecimento.
Representação física para pôr sobre o seu altar: Água, espelho ou uma imagem da Lua.

Arcanjo Uriel Responsável pelo norte, portal para a mente, o conhecimento, a sabedoria, a filosofia, a religião, a ciência. Essa é a direção da noite, do inverno, da sabedoria e da transformação; também está ligada ao ato de abandonar o supérfluo para revelar o essencial.
Representação física para pôr sobre o seu altar: Cristais ou imagens religiosas que inspirem você.

ANJOS DA ASSISTÊNCIA

Quando você precisar de ajuda imediata

Este é um guia de referência rápida para você usar quando precisar da ajuda imediata dos anjos. Deus é onipotente e onipresente, o que significa que ele é todo-poderoso e está em todo lugar. Não existe nada que não seja Deus, mas às vezes nos esquecemos disso; por isso, para nos lembrar, Deus nos envia anjos com atributos divinos. Os anjos, portanto, são a presença ativa de Deus em nossa vida, e amparam tudo no universo, manifesto e não manifesto. A energia angélica sustenta, nutre e protege a humanidade. Existem anjos responsáveis para cada situação conhecida da humanidade; tudo o que temos que fazer é pedir.

Quando invocar a ajuda dos anjos, pense nela na forma de um pedido ou convite. As invocações e cartas para os anjos podem ser formais ou informais, os dois estilos funcionam. Assim como acontece com aqueles que canalizam os "anjos", a "canalização" é sempre influenciada pelo ego da pessoa, por isso alguns estilos são muito formais e outros são mais poéticos. Não existe certo ou errado, basta seguir o seu coração.

Cura física O Arcanjo Rafael é o médico do reino angélico. Você pode pedir que ele cure você ou ajude-o a encontrar a orientação interior e inspiração para curar outras pessoas. O nome "Rafael" significa "Deus curou". Esse arcanjo carrega consigo uma taça com um unguento de cura.

Óleos essenciais de anis-estrelado e lavanda são usados para contatar Rafael. A lavanda propicia a regeneração e cura os danos na aura, enquanto o anis-estrelado é usado para a consagração e para proteger de energias negativas.

O elemento de Rafael é o Ar e seu planeta, Mercúrio. O dia da semana de Rafael é a quarta-feira. Seu cristal é a esmeralda e ele trabalha com o Raio Verde. Sua direção é o leste e ele rege o Chakra do Coração físico. As árvores associadas a Rafael são a aveleira, a murta e a amoreira, e os presságios e sinais ligados a esse arcanjo são a visão de corvos e íbis, na verdade a maioria dos passarinhos, ou penas brancas.

Da amoreira, associada a Rafael, pode-se fazer uma essência que ajuda a liberar emoções dolorosas.

Use velas verdes ou amarelas e espere resultados rápidos, normalmente em sete dias. Use papel verde-claro para escrever o seu pedido de cura.

Cura emocional O Arcanjo Chamuel nos ajuda a curar males emocionais e a cultivar as emoções mais elevadas do Chakra do Coração. Sua cor é o cor-de-rosa (de todos os tons); ele rege o Chakra do Coração da Quarta Dimensão. Seu elemento é o Ar.

O óleo essencial de rosa búlgara é usado para estabelecer contato com o Arcanjo Chamuel, e para abrir o Chakra do Coração, inspirando amor, paz interior e equilíbrio emocional. Seu cristal é o quartzo rosa. O melhor dia para entrar em contato com esse arcanjo é a sexta-feira, que é regida pelo planeta Vênus. Os animais associados a Chamuel são o cervo, a pomba, a borboleta e o coelho. Entre as árvores associadas a Chamuel estão a cerejeira e a macieira.

Use orquídeas ou rosas e velas cor-de-rosa para conseguir uma resposta rápida; se você escrever uma carta para atrair a atenção dele, use papel cor-de-rosa e queime-o depois de 28 dias.

A energia dos elefantes está associada à longevidade, à sabedoria e à superação de obstáculos do nosso caminho espiritual.

Cura espiritual O Arcanjo Zadkiel é o arcanjo da alegria divina. O nome "Zadkiel" significa a "retidão de Deus". Ele é o guardião da Chama Violeta da transformação espiritual e da cura. Zadkiel é o arcanjo da misericórdia, que ensina a confiar em Deus e na Sua benevolência. Ele traz conforto nas horas de necessidade.

O óleo essencial de benjoim é usado para estabelecer contato com Zadkiel, que propicia sabedoria espiritual, entendimento, desapego e libertação de emoções dolorosas. O elemento de Zadkiel é o Fogo e seu domínio, o Chakra da Coroa; seus cristais são a ametista e a amatrina. Ele é regente de Júpiter e seu dia da semana é quinta-feira. O lilás e a lavanda são as flores associadas a esse arcanjo; suas árvores são o carvalho, o freixo ou o cedro; seus animais são os elefantes, as baleias, os cisnes ou os patos.

Velas violeta, lavanda ou cor de ametista devem ser usadas para estabelecer contato com ele. Espere resultados dentro de dias ou semanas.

Educação Peça ao Arcanjo Jophiel e aos anjos da iluminação para ajudar você a estudar e a passar em exames. Eles podem ajudá-lo a absorver novos conhecimentos e oferecem iluminação e sabedoria para abastecer a sua criatividade. Jophiel é o arcanjo da sabedoria. Seu nome significa "Beleza de Deus". Ele estabelece contato entre você e o seu eu superior. Invoque o Arcanjo Jophiel quando se sentir bloqueado e achar que a sua criatividade precisa de um incentivo. Se pedir, ele curará, limpará, ativará e equilibrará o seu corpo mental, que detém sentimentos de baixa autoestima e entorpecimento mental.

O óleo essencial de limão é usado para estabelecer contato com esse arcanjo, pois é muito energizante e traz clareza mental, revigorando o espírito e combatendo a apatia e a inércia. Alimentos amarelos, como o milho na espiga, o pimentão amarelo, a banana, o limão, a tangerina, o mel e a avelã são associados a ele; seus animais são o salmão e o falcão europeu.

O raio de Jophiel é amarelo, por isso acenda velas amarelas e use flores dessa mesma cor, como os girassóis. Espere resultados muito rapidamente e escreva para esse arcanjo num papel amarelo, queimando-o depois de sete dias.

Romance Veja Arcanjo Chamuel (ver página 122). Ele é especialista em relacionamentos e também em cura emocional. Se você pedir a ajuda dele, ele também buscará para você a sua alma gêmea. Ele rege os anjos do amor – os anjos especializados em tornar a sua vida diária mais harmoniosa. Não existem tarefas grandes ou pequenas demais para esses anjos; eles o ajudarão em qualquer situação que exigir uma comunicação sincera.

Passar em exames e acumular sabedoria são ritos de passagem e iniciação.

Casamento Ver Arcanjo Chamuel (ver página 122) e os anjos do amor, que trabalham pela manifestação harmoniosa do amor em todo o cosmos.

Proteção O Arcanjo Miguel é o protetor da humanidade. Invoque-o para obter força e emancipação. O nome "Miguel" significa "Semelhante a Deus". Sua cor principal é o amarelo; o fogo do plexo solar é o seu primeiro domínio, mas, como ele carrega uma espada feita de uma chama azul, é muitas vezes associado ao Chakra da Garganta, à cor azul e ao elemento Éter. Miguel é o comandante em chefe dos arcanjos e lidera as forças celestiais contra os demônios. O Raio Azul representa o poder e a vontade de Deus, além da fé, da proteção e da verdade.

O olíbano e a mirra são os óleos essenciais usados para estabelecer contato com esse arcanjo. O olíbano é usado para purificação e meditação, além de ajudar no combate aos medos e aos sentimentos negativos. A mirra é considerada um dos óleos essenciais mais sagrados. Ela é usada para purificação, para dissipar energia negativa ou prejudicial, para proteção e para amenizar o pesar e a tristeza. O metal de Miguel é o ouro, seus animais são todos os felinos, desde o leão e o tigre até os gatos domésticos, os arminhos e todos os pássaros pretos. Seu planeta é o Sol e o melhor dia para invocá-lo é o domingo. Sua árvore é o loureiro.

Use papel branco e caneta dourada para escrever a Miguel. Guarde a carta de domingo a domingo e, depois, queime-a.

Nascimentos O Arcanjo Gabriel orienta todas as parteiras e tudo o que está associado aos nascimentos. Seus anjos assistentes são Armisael (anjo do útero) e Temeluch (protetor dos recém-nascidos e das crianças pequenas). Gabriel é o arcanjo do despertar, o guardião da alma. O nome Gabriel significa "Deus é minha força". Ele ajuda você a interpretar sonhos e visões. Gabriel também é o anjo da Anunciação, da ressurreição, da misericórdia e da revelação. Ele guia a alma em sua jornada de volta ao paraíso. Carrega uma trombeta para despertar o seu anjo interior e trazer boas novas.

Os óleos essenciais de jasmim e cânfora são usados para estabelecer contato com o Arcanjo Gabriel. O jasmim induz ao otimismo, combate a tristeza e nos abre para os reinos angélicos. A cânfora dissipa a energia negativa, traz purifica-

Invoque o Arcanjo Gabriel para ajudar na hora do nascimento.

ANJOS DA ASSISTÊNCIA

ção e pode ser usada para limpar cristais. O planeta desse mensageiro angélico é a Lua, seu dia é a segunda-feira e seu metal, a prata. Ele está associado aos lilases brancos, aos lobos, às corujas, às pereiras e aos salgueiros.

Para facilitar um nascimento, acenda uma vela verde-clara para Armisael quando o parto começar. O Talmude também aconselha a ler nove vezes o salmo 20. Uma alternativa é escrever uma carta com um pedido a esse anjo, antes de o parto começar. O salmo 20 também pode ser recitado em favor da mãe. Se for necessária uma assistência maior, invoque o Arcanjo Gabriel para ajudar.

Escolha o sexo do seu filho O Arcanjo Sandalphon, o anjo da prece, é supostamente quem decide o sexo de uma criança quando ela é concebida. O Anjo Lailah é o anjo da concepção (peça a intervenção dele se tiver dificuldade para conceber e não se importe com o sexo da criança).

O óleo essencial e o incenso de sândalo são usados para estabelecer contato com esse arcanjo, que traz consciência espiritual, paz interior, sintonia com energias superiores e propósito espiritual.

É importante que você se concentre no seu desejo de ter um filho de determinado sexo. Escreva uma carta para Sandalphon numa sexta-feira à noite (energias de Vênus e do amor), declarando a razão ou razões que o levam a preferir uma criança desse sexo. Na noite da concepção, acenda uma vela branca nova, queime incenso de sândalo, tome um banho relaxante e coloque uma camisola branca limpa.

Acenda uma vela branca e invoque Sandalphon para ajudar na concepção de uma criança.

Transição O Arcanjo Gabriel é o anjo da morte; ele guia a alma em sua jornada de volta ao paraíso. Existem outros anjos "pastores", que podem assistir o ser humano nessa jornada. Se a morte tiver sido repentina, causada por mãos humanas ou desastres naturais, como terremotos ou enchentes, e muitas almas forem ceifadas, você deve invocar o Arcanjo Gabriel e pedir a ajuda de outros anjos pastores, como Suriel, Cassiel, Azrael, Kafziel, Metatron, Yehudiah e Miguel. No caso da morte de animais, invoque Meshabber.

Queimar incenso em rituais é uma prática tradicional em muitas culturas.

Se você estiver ao lado do leito de morte de uma pessoa, mantenha a calma, irradie paz, segurança e conforto. Imagine uma escada de luz dourada e veja os anjos descendo por ela para receber a pessoa e guiá-la de volta para o Céu.

Perda de ente querido De acordo com o *Zohar*, o anjo das perdas é Yehudiah. Quando alguém está à beira da morte, Yehudiah desce do Céu com seus milhares de anjos assistentes para levar a alma ao Céu. Por isso esse anjo é conhecido como o anjo benéfico da morte. A morte de um ente querido, um amigo próximo ou um parente costuma ser uma experiência muito difícil. Muitas vezes somos assolados por um sentimento profundo de pesar, perda ou abandono que pode testar nossa fé em Deus, especialmente se a morte foi repentina ou, a nosso ver, precoce. Podemos achar que a vida perdeu o sentido e pode ser difícil seguir em frente com a dor provocada pelo vazio que sentimos por dentro.

O período de luto varia de acordo com cada religião. Invoque Yehudiah e faça orações a Deus sempre que sentir necessidade. Você também pode rezar todo ano, no aniversário da pessoa e no dia da sua transição. Coloque uma foto do seu ente querido no seu altar dos anjos (ou crie um especial) e então acenda uma vela branca e queime incenso em frente da fotografia.

GLOSSÁRIO

Glossário

ANAMCHARA
Anjo celta ou amigo anímico.

ANGELOLOGIA
O estudo dos anjos. Ao longo dos séculos, muitos manuscritos foram escritos sobre anjos e hierarquias angélicas; essas são as fontes do nosso conhecimento sobre anjos.

ANJO
A palavra deriva do grego antigo *angelos*, que significa "mensageiro". Os anjos obedecem às leis cósmicas e agem como canais entre Deus e o plano físico. Eles são um foco do amor divino por nós e são puro espírito. Assumem todas as formas, algumas complexas e poderosas. Os anjos podem trazer conforto, inspiração, alegria e alguns estão sempre ao nosso lado.

ANJO GUARDIÃO
Toda pessoa tem um anjo guardião, a ela atribuída na primeira encarnação. Esse anjo nunca a deixa e sua tarefa é protegê-la, orientá-la e fortalecê-la contra as forças do mal. Os anjos guardiões canalizam a luz angélica para as pessoas, confortando-as e ajudando-as ao longo da vida.

ANJOS DOS RAIOS
Cada arcanjo é associado a determinado raio colorido de iluminação espiritual. Os raios coloridos afetam tanto o corpo físico quanto o emocional e podem ajudar na cura e na harmonia e bem-estar em geral.

ARCANJOS
Existem sete arcanjos, nomeados pelo Livro de Enoque como Uriel, Raguel, Gabriel, Miguel, Seraquel, Haniel e Rafael. Eles supervisionam e harmonizam tudo o que foi criado por Deus.

AURA

Também conhecida como campo de energia biomagnética. Esse campo de energia sutil que envolve o corpo consiste em sete camadas relacionadas com os sete chakras principais. A palavra "aura" vem do grego *avra*, que significa "brisa".

CABALA

Tradição mística judaica e fonte riquíssima de conhecimentos sobre anjos. A *Kabala*, que significa "receber sabedoria interior", é transmitida por tradição oral. Existem dois textos originais – o *Zohar*, o Livro do Esplendor, e o *Sepher Yetzirah,* o Livro da Criação. O elemento básico da Cabala é a Árvore da Vida, um mapa que tenta representar o caminho de volta a Deus, por meio das dez sephiroth, que são formadas pela energia divina que desce do alto.

CANALIZAÇÃO

A canalização é uma rota mais direta que os sonhos para obter inspiração e contato com o reino angélico. É necessário elevar a frequência vibracional para entrarmos em contato com o nosso anjo guardião, que pode abrir um canal pelo qual você possa receber mensagens espirituais.

CHAKRAS

Centros de energia sutil do corpo, os chakras são importantes para o bem-estar físico e emocional e para o crescimento espiritual. Existem sete chakras principais associados aos órgãos que processam energia espiritual, e todos estão alinhados com a coluna vertebral. A palavra "chakra" vem do sânscrito *Chakram,* que significa "roda".

DHARMA

Obter iluminação por meio do desapego à ilusão.

ELEMENTAIS

Espíritos da natureza que propiciam abundância e equilíbrio ao planeta, os elementais incluem fadas (espíritos da terra), sereias (espíritos da água), salamandras (espíritos do fogo), sílfides (espíritos do ar) e devas – os devas costumam trabalhar com os seres humanos e são mais evoluídos que os elementais. Também habitam os cristais de quartzo transparentes e podem ensinar sobre cura.

ENERGIA SUTIL

A vida é influenciada por diferentes energias, algumas das quais – energia sutil –

não podem ser vistas ou sentidas pela maioria das pessoas. O corpo humano é cercado por um campo de energia sutil (a aura), que contém vários centros energéticos chamados chakras.

ERA DE AQUÁRIO

Em termos astrológicos, estamos saindo da Era de Peixes, um tempo de influência paternal em que as pessoas atribuíam aos outros a responsabilidade pelo seu comportamento e crescimento espiritual, e entrando na Era de Aquário, em que assumiremos a responsabilidade pessoalmente. Os seguidores da Nova Era acreditam que uma nova era dourada se desenvolverá, na qual não haverá mais nenhum tipo de preconceito.

ESSÊNCIA DE PEDRAS

Água destilada que foi fluidificada com a energia sutil dos cristais.

FORÇA VITAL (QI)

Energia vital que se distribui pelo nosso corpo físico por meio dos chakras. É também chamada "*chi*" ou *ki*. Essa energia permeia todas as coisas, e os terapeutas podem concentrá-la e dirigi-la para induzir a cura.

FREQUÊNCIA VIBRATÓRIA

Também conhecida como taxa vibratória ou estado da consciência. Trata-se da frequência da atividade no córtex cerebral. Uma frequência cerebral mais elevada, quando os dois hemisférios estão em equilíbrio, propicia estados de bem-aventurança. Elevando a frequência vibracional, atingimos estados mais refinados de atividade cerebral (espiritualidade) e mais unidade com Deus.

HIERARQUIA CELESTIAL

Existem muitas hierarquias de seres angélicos, inclusive a do Antigo e Novo Testamentos; a de *A Hierarquia Celestial*, de Dionísio; e a da obra de Santo Tomás de Aquino. A primeira esfera contém as três ordens mais elevadas: os Serafins, os Querubins e os Tronos. A segunda esfera contém os Domínios, as Virtudes e os Poderes; e a terceira esfera é constituída das Principalidades, dos Arcanjos e dos Anjos (inclusive os anjos da guarda).

HIERARQUIA ESPIRITUAL

Essa hierarquia é constituída de almas ascensionadas, como os mestres ascensionados, os santos e os bodhisattvas, que supervisionam a evolução espiritual da humanidade.

LIVROS DE ENOQUE

Os três livros de Enoque são escritos extra-canônicos atribuídos ao bisavô de Noé e escritos por vários autores entre 200 a.C e 100 d.C. O Livro de Enoque refere-se ao Primeiro Livro de Enoque, que sobreviveu por inteiro apenas na língua etíope. Mais alguns fragmentos desse livro foram descobertos entre os Pergaminhos do Mar Morto. Existem dois outros livros que sobreviveram: o Segundo Livro de Enoque ou o Testamento de Levi, em esloveno antigo, e o Terceiro Livro de Enoque, em hebraico.

MIASMA

Impressão constituída de energia sutil, que se aloja em qualquer um dos chakras, causando problemas emocionais e físicos. Existem quatro tipos de miasma: kármicos, adquiridos, herdados e planetários.

PORTAL ESTELAR

Uma abertura para outra dimensão ou realidade.

REGISTROS AKÁSHICOS

Arquivo que existe além do tempo e do espaço, contendo informações sobre tudo o que foi, é e será. Esses registros estão armazenados na forma de "códigos de luz" e podem ser acessados com a ajuda de seres superiores ou por meio da elevação da nossa frequência vibracional.

TEMPLO DE LUZ

Cada arcanjo tem um templo "ancorado" no reino etérico (o mundo físico). Eles normalmente situam-se sobre vórtices de "poder" – onde linhas *leys* se cruzam, ou sobre distantes cordilheiras, por exemplo. Esses templos também se localizam em locais sagrados da Terra, como o templo egípcio de Luxor. Os Templos de Luz foram criados pela Hierarquia Espiritual sob a orientação dos Arcanjos. Cada um deles tem um foco e um propósito diferentes – quando buscadores espirituais visitam um templo durante a meditação ou em sonhos, eles são inspirados pela virtude cósmica desse templo em particular.

TRABALHADORES DA LUZ

Alguém que está consciente do seu propósito espiritual maior. Os trabalhadores da luz buscam se curar e curar outras pessoas e o meio ambiente, em todos os aspectos.

ÍNDICE E AGRADECIMENTOS

Índice

Os números em *itálico* referem-se às figuras.

Abraão 70, 116, 176, 178, *184*
Adão 48, 70
Adnachiel 363
afirmações 28-9
  negativas 28
  positivas 28, 29, *29*
Agar 180
Agostinho, Santo 180
água 63, 73, 362
água-marinha 332-3, *332*
Ain 74, 75
Ain Soph 74, 75
Ain Soph Aur 74, 75
Alcorão 9, 185
alma
  as três partes da 82-3
  perdida 57
  protegida pelos Poderes 56
  resgate da 276-7
altar angélico 22
amarras, corte as 266-7
Ambriel 363
ambrosia 20
Ambrósio, Santo 181
Ametista 227, 312-13, *312*
Amon-Rá 192
amor 20

amor, anjos do 34
Anael 363, 366, 367
Anahel 49
ancoramento 150
angélicas, meditações 148-71
  espaço de meditação 151
  meditação com o Arcanjo Uriel para descobrir o seu caminho de vida 164-5
  meditação da auréola angélica 158-9
  meditação da espada do Arcanjo Miguel 162-3
  meditação das asas do anjo 156-7
  meditação de sintonia com as estrelas 170-71
  meditação do templo angélico 160-61
  meditação dos anjos da manhã 166-7
  meditação dos anjos da noite 168-9
  postura de meditação 150, *150*
  preparação 152-3, *153*
  sintonia com os anjos 154-5
angelita 152, 281, 292-3, *292*
angelologia 10, 48
Anjo de Mons, o 204, *205*
anjos
  primeira esfera 54-5
  segunda esfera 56-7
  terceira esfera 59
anjos, fontes dos fatos e tradições sobre os 10-13

anjos akáshicos 260-61
anjos da assistência 370-79
anjos dos raios 102-3
  cores do ambiente natural 134-5
  meditação da chama cor-de-rosa da
    estrela do coração 146-7
  meditação da chama violeta da
    transformação 144-5
  meditação da criatividade e da harmonia
    da alma 142-3
  meditação das cores com os anjos dos
    sete raios 118-19
  meditação do Sol e da Lua em
    harmonia 140-41
  meditação dos raios transmutadores da
    quinta dimensão 132-3
  meditação para ancorar os raios
    chákricos da quarta dimensão
    130-31
  meditação sobre o uso das cores na
    natureza 1346-7
  raio amarelo 108-9, *109*, 221
  raio azul 112-13, *113*, 268
  raio branco 120-21, *121*, 122, 131
  raio branco-dourado 131
  raio cobre 139
  raio cor-de-rosa 122-3, *123*, 131,244
  raio dourado 138-9, 140
  raio índigo 114-15, *115*, 131
  raio laranja 106-7, *107*
  raio lilás 126-7, *127*
  raio platina 139
  raio prateado 138, *138*, 140
  raio rubi 104-5, *105*, 122, 131
  raio turquesa 124-5, *125*, *276*, 277
  raio verde 110-111, *111*
  raio verde-esmeralda 131
  raio violeta 116-17, *117*, 131

raios transmutadores da quarta dimensão
  128-9
anjos guias 61, *61*
Antigo Testamento 10, 48, 52, 54, 55, 59, 90
  anjos do 174
Anúbis 192
Apócrifos 10
Aquário 361
Aquino, Santo Tomás de 53
  Summa Theologica 13, 53
ar 64, *65*, *73*, 362
Arcanjos (anjos regentes) 40, 58-9, *59*,
  181, 257
arco-íris *118*, 136, 243
Áries 361
Aristóteles 52
arte rupestre australiana 178
Árvore da Vida 41, 48, 54, 71, *71*, 74,
  76-7, *76*, 78, *79*, 80, 84, 88, *89*, 90, 94,
  95, 178, *179*, 188
Árvore do Conhecimento 48
árvores *143*
Asariel 359, 361
asas 8-9, 21
  meditação das asas angélicas 156-7
  Serafim 54
  Tronos 55
Asmodel 363
Assírios 13, 48, 54, *175*
astrologia 195, 356-69
  anjos do zodíaco 360-6
  anjos das estações 362-3
  anjos planetários 14, 48, 60, 63, 358-9
aura 9, 38, 99, 145, 230-31, *231*, 281
áuricos, níveis 230-31
  equilíbrio dos 234-5
  sentindo os 232-3, *232*
Auriel, Arcanjo 138, 140, 141, 160, 168

Azeztulita 294-5, *294*
Azrael 359, 361, 378

babilônios 13, 48, 54, 176
banho 25, *25*, 152, 341, *341*
Barbiel 363
Barchiel 363
Bíblia, a 10, 12, *66*, 176, 180
Binah (entendimento) 77, 78, 80, 83, 84, 85, 86, 87, 95
Blake, William 203
Blavatsky, Elena 195
Boaz (Pilar da Severidade) 80
bodhisattvas 13, 40, 182, 188
Brahman 73, 182, *183*
brisa angélica 21
Buda 182, 183
búdica, natureza 61
Budismo 182, 183, 195, 364
budistas, anjos 182, 183

Cabala 13, 68-99
  anjos da 178-9
  arcanjos e as dez sephiroth 76-7
  Caduceu 88-9
  Daath 86-7
  Escada de Luz 90, *91*
  história da 70-71, *71*
  o Absoluto 74-5
  pathworking com os anjos 94-5
  Quatro Mundos 92-3
  raio 84-5
  Ritual da cruz de luz 96-7
  Ritual menor de banimento do pentagrama 98-9
  três partes da alma, as 82-3
  três pilares,os 80-81
  três tríades, as 78-9

Caduceu (Bastão de Hermes) 88, *89*
Caedmon 39
caídos, anjos 8, 48-9, *66*, 67
Caim 56
caldeus 13, 48, 54
Camael, Arcanjo 57, 140, 141, 359, 361, 365
camomila, chá de 25
canalização 42-3, *42*, 195
Câncer 361
candelabro de sete braços 59
cantores, anjos 51
Capricórnio 361
cartas de anjos 32-3, *33*
casa, artigos aromáticos para a 344-5
casamento 376
Cassiel, Arcanjo 51, 56, 359, 361, 365, 366, 367, 378
celestial, visão 208
celestita 23, 152, 281, 282, 290-91, *290*
celtas, anjos (Anamchara) 188-9, *189*
celtas, tradições 178
Cerviel 58
Céu 8
Chakra Angélico (Quinto Olho) 126
Chakra da Coroa (referências principais) *102*, 103
Chakra da Estrela da Alma (Auréola) 120, 158, 158, 159
Chakra da Estrela da Terra 95, 134, 136, 137
Chakra da Garganta (principais referências) 102, 103
Chakra da Raiz (referências principais) *102*, 103
Chakra do Coração (referências principais) *102*, 103
Chakra do Plexo Solar (referências principais) *102*, 103
Chakra do Quarto Olho 140, 141

Chakra do Sacro (referências principais) *102*, 103
Chakra do Terceiro Olho (referências principais) *102*, 103
chakras 95, 102-3, *102*, 128, 129
  equilíbrio dos 228-9
  limpeza 226-7
  pêndulo 224-5
  sentindo os 222-3
Chakras das Palmas 221, *221*, 229, 233, 237, 238, 243
Chama Violeta da Transformação 144-5, 258-9, 271
Chamuel, Arcanjo 34, 57, 122, *123*, 146, 147, 160, 244-7, 275, 349, 354, 355, 373, 375, 376
chayyah 83
Cherubiel 55
Chesed (Misericórdia) 77, 78, 80-1, 84, 85, 86, 88, 95
chocalhos 18
Chokmah (Sabedoria) 77, 78, 80, 84-8, 95
Cidade de Cristo 51
cinco sentidos 14, 18
círculo sagrado dos anjos *256*, 257
Citrino 320-1, *320*
coincidências 21
coloque ordem na casa 18, 19
computadores *285*
consciência angélica 25
cores dos anjos 100-47
coros celestiais 51, 53
corpo astral *ver* aura
Corpo de Luz 253
córtex cerebral 17
cósmica, lei 17, 20
cósmica, virtude 41
cósmica, consciência 41

cozinha, anjos da 35
criação 73
criança, visões de *206*, 207-8
cristais 23, 152
cristais de quartzo transparente 23, 64, 98, 99, *99*, 151, *220, 221*, 224-7, *224, 226*, 229, 234, *234*, 235, 282, 284
Cristianismo 184, 270
  adaptação da presença sétupla 59
  céus, sete 48
  cristãos, anjos 180-1
  fontes dos fatos e tradições sobre os anjos 10
crística, consciência 123, *123*
cromoterapia (terapia com cores) 103
Cura
  à distância 240-1
  anjos da 34-5
  anjos da cura 21, 34-5
  autocura 236-7
  cura de outras pessoas, a 238-9
  emocional 373
  espiritual 374
  física 372-3
  planetária 242-3
  preparação para uma sessão de cura com anjos 218-19

Daath (Conhecimento) 77, 81, 84-7, *86*, 95
daimon 52
Dalquiel 49, 51
danburita 23, 324-5, *324*
Daniel 180, 198, *198*
defumação 283
deixe o passado para trás 256-7
demônios 56
desprogramação *28*, 29

Deus
amor místico de 17
criou o mundo 71
e a sua luz interior 16
energia de 55
luz de 59
morada de 51
perfeição de 24
unidade com 17
vontade de 59
Deus, consciência de 17, 88, 92
devas 63, 64-5, 183
Dharma 124, 183, 260
Dharmapalas 183
Dia do Julgamento 48
diamante 304-5, *304*
diário angélico 36-7, *36*
dias da semana, anjos dos 365
difusores 342-3
Dionísio, o Pseudoareopagita 13, 52
Corpus Areopagiticum 13
Hierarquia Celestial, A 52, 53
Divino, o 74, 75, 78, 80, 134
doenças, as causas das 214-5
Domínios 56

educação 35, 375, *375*
Egito antigo 10, 73, 192-3, *280*, 281
elementais 62-5
elfos 63
Elias 199, *199*
emanação 84
emoções, como equilibrar as 244-5
Enoque 58, 66-7, *67*, 199, *199*
Primeiro Enoque (Livro de Enoque) 9, 12, 58, 66, 67
Segundo Enoque (Testamento de Levi) 9, 12, 66, 179

Terceiro Enoque 12, 66
Era de Aquário 16, 88, 124, 193, *193*
Era de Peixes 16
Ertosi 57
ervas, chás de *24*, 25
Escada de Luz (Escada de Jacó) 41, 90, 91, *93*
Escorpião 361
escrever para os anjos, como 26-7, *27*
Esculápio 88
esmeralda 318-9, *318*
espíritos
como libertar os 264-5
da água 63
da natureza 62
das árvores *62*
das plantas 63
do fogo 63, *64*
espirituais, aceitação e desenvolvimento de dons 274-5
espiritual, caminho 40-1
espiritual, crescimento 216-7, 254-5
espiritual, hierarquia 40
Espiritualismo 195
estacionamentos, anjos dos 35
estações 63
anjos das 362-3
estados da consciência 17
estrela de davi 257
Estrela, Portal da (novo chakra) 158
eternidade 253
Eva 48, 56, 70
evocar os anjos, como 24-5
exames, anjos dos 35
Ezequiel 54, 200, *200*

fadas 63
Fariseus 52
Fátima, Portugal 40

fênix 192
fim do mundo 14
flores 22-3, 152
fogo 63-4, *73*, 362
fortalecimento angélico 268-9
fulgurita 330-1, *330*

Gabriel, Arcanjo (Jibril) 9, *9,* 10, 48, 55, 56,
58, *59,* 106, *107,* 110, 160, 168, 180, 185,
254, 255, 257, 348, 359, 361, 362, 363,
365, 366, 367, 369, 376, 377, *377,* 378
Gandharvas 182-3
Geburah (Severidade) 77, 78, 80, 84, 85,
88, 95
gematria 73
Gêmeos 361
Gideão 180
gnomos 63
gnosis (iluminação) 158
gnósticas, tradições 195
goblins 63
gongos 18
gosto 20
Grécia antiga
anjos da 193, *193*
templos da 41
Gregório I, Papa São 52, 180
guarda, anjos da 13, 14, *16,* 42, 43, 53, 58,
60-1, 180-1, 183, 272, 273

Hagiel, Arcanjo 359, 361, 365
Hamaliel 363
Handel, George Frederick: *Messias* 39
Haniel, Arcanjo 58, 124, *125,* 160, *276,*
277, 348
Hashmal 56
hatha yoga 166
Haydn, Joseph: *A Criação* 39

hebraico, alfabeto 72, 73, *73,* 94
hermética, Gnose 88
hidenita 298-9, *298*
hidrocromática, terapia (tinturas
coloridas) 103
hierarquia dionisíaca 54
hierarquias angélicas 46-67
anjos da guarda 60-1
anjos de Enoque, os 66-7
sete céus, os 48-51
nove ordens de seres angélicos, as 52-3
primeira esfera 54-5
segunda esfera 56-7
terceira esfera 58-9
reino dos elementais, o 62-5
Hildegarda de Bingen 202
Hinduísmo 195
anjos hindus 182-3
Hod (Glória, Majestade) 77, 79, 80, 84,
85, 88, 95
hopi, índios 73, 178
horas do dia e da noite, anjos das 366-7
Hórus 192, *192*

Igreja Católica 13
Igreja Ortodoxa 179
iluminação/inspiração 248-9
incenso 152, 378, 379, *379*
Índia 10
indicações visíveis da presença dos anjos
22-3
índios norte-americanos, lendas dos
190-1
inferno 49
inspiração divina *57*
involução *ver* Raio
iolita 310-1, *310*
Isaac 116

ÍNDICE

Isaías 51, 54
Ísis *192*
Islã 13, 48
  islâmicos, anjos 184-5, *184*
Israel (Jacó) 179, 180
Israfil 185
Izrail 185

Jachin (Pilar da Misericórdia) 80-1
Jacó, Escada de *ver* Escada de Luz
Jagniel 49, 51
Jardim do Éden 70
Jehoel 54
jejum 25
Jesus Cristo 13, 56, 106, 180, 181
Jibril *ver* Gabriel, Arcanjo
jinn 185
Joana D'Arc 202, *202*
João, São 59, 66, 72-3, 201
João Batista, São 49, 180
Jophiel, Arcanjo 35, 55, 108, *109*, 160,
  221, 248, 249, 350, 352, 353,
  355, 375
judaica, tradição 176
Judaísmo 48, 52, 176, 184
Judas, São 181
Júpiter 359

Kadmon, Adão 90, 92
Kafziel 378
karma 51
  eliminação do 270-1
kármicos, miasmas 144, 270-1
Kether (Coroa) 54, 74, 77, 78, 81,
  84, 85, 86, 88, 92, 95
Krishna 182, *183*
Kundalini, energia 85
kunzita 282, 298-9, *298*

Lailah, Anjo 378
Lamy, padre Jean 203
lápis-lazúli 322-3, *322*
Leão 361
Libra 361
limpeza/purificação 18, 19, 25, 152, 283
livre-arbítrio 8, 24, 60
livro de agradecimento aos anjos 38
Livro dos Mórmons 186
Livro dos Mortos 192
Lot 180
lótus, flor de 21, 146
Lua *140*, 254, *254*, 255, 359, 364, *364*
  anjos da 168, 169, 362, 363
  fases da 63
Lúcifer 54
Luria, o rabino Isaac 90
  Despedaçamento dos Vasos, O 90
Luxor, Egito 40
luz, terapia da 103

Machidiel 363
Mãe Terra 150, 167, 281
magia dos cristais, a 280-1
  como dedicar o seu cristal 284, *285*
  seleção, cuidados e limpeza 282-3
  templo dévico 64-5
  ver também nomes individuais dos cristais
Maha Maya, Rainha 183
malaquita *280*, 281
Malkuth (Reino) 77, 79, 82, 84, 85, 88,
  92, 95
Manuscritos do Mar Morto 12, *12*
Maomé 9, 106, 185
marés 63, *140*
Maria, Virgem 55, 106
  anunciação da *9, 59*
  retratada como a Rainha dos Anjos *15*

Marte 359
masculina/feminina, polaridade 239, 252-3
massagem 340-1, *340*
Mathers, S.L.: *Greater Keys of Solomon* 134
Maya 73
meditação 21, *21*, 25, *25*, 30, *31*, 37, 84,
   85, 96, 274
   ver também sob cores angélicas;
   meditações angélicas
Melquisedeque, Arcanjo 70, 128-31, *128*,
   160, 178
menorá 59
mensageiros, anjos 14, 24
mental, ativação do corpo 221
Mente de Deus 74, 75
Mercúrio 359
meridianos 153
Merkabah (carruagem/trono de Deus) 55
Merkabah, Corpo de Luz 128, 129
Merkabah, textos *67*
meses do ano, anjos regentes dos 363
Meshabber 378
Mesopotâmia 48
Mestres Ascensionados 40
Metatron, Arcanjo 54, 67, *67*, 92, 120,
   121, 133, 134, 160, 253, 260, *261*, 262,
   262, 263, 350, 378
Miguel, Arcanjo 10, 35, 51, 54, 58, 66, 106,
   110, 112, *113*, 160, 162-3, *163*, 176, 185,
   211, 250, 251, 257, 265-9, *265*, 352, 353,
   359, 361, 362, 365-8, 376, 378
Moisés 120, 176, *177*
moldavita 296-7, *296*
Mórmon 186
Mórmons 186, *187*
Moroni 186, *187*
Muriel, Arcanjo 56, 160, 363
música 19, 20, 146, 147, 152

nascimentos 376-7, *377*
nefesh 82, *82*
negativas, emoções 26-7
negativos, pensamentos 38
neshamah 82, 83
Netuno 358, 359
Netzach (Vitória) 77, 79, 81, 84, 85,
   88, 95
Nike 193, *193*
Noé 66
nominalização 28, 29
nova era dourada 14
Nova Era, movimento da 13, 126, 188,
   194-5, *194*
Nove ordens de seres angélicos 52-3
   primeira esfera
      Querubim 52, 54-5
      Serafim 52, 54, 55
      Tronos 52, *55*
   segunda esfera
      Domínios 52, 56
      Poderes 52, 56-7
      Virtudes 52, 56
   terceira esfera
      Anjos 52, 59
      Arcanjos 52, 58-9, *59*
      Principalidades 52, 58

Novo Testamento 12, 52, 58, 59, 72, 106
   anjos do 174-5
Nut 192-3
nuvens 22, *22*

óleos essenciais 152, 334-55
   artigos aromáticos para a casa 344-5
   difusores 342-3
   massagens, banhos e inalação de vapor
      340-1

ÍNDICE

óleos carreadores e advertências 338-9
para problemas específicos 346-55
uso de fragrâncias para atrair os anjos,
336-7
ondinas 63
Opala 300-1, *300*
Ophaniel 55
orientação espiritual 272-3
Oriphiel 55
Osíris 192, *192*

Paganismo 195
palavras
sinais angélicos 23
poder das 29
palavras-chave 32, 33
palmas 18-9
Palmas, ativação do centro das 220
paraíso 41, 70
pássaros 64, *65*
Pássaro-trovão 190-1, *190*, *191*
pastores, anjos 378
pathworking 94-5, *94*
Paulo, São 13, 51, 52, 120, 181
pedra da lua 255, 328-9, *328*
pedras, essências de 283, 291
Pedro, São *11*
Peixes 361
penas 23, *23*
pêndulo 224, *224*, 225, 226, *226*, 227,
229, 234, *234*, 235
pentagrama 98-9
percepção angélica 204, 207
perda de ente querido 379
perdão 27
perdidos, anjos dos objetos 35
Pergaminhos de Isaías *12*
Pérsia 10

planetários, anjos *ver sob* astrologia
Plotino 52
Plutão 358, 359
Poderes 56-7
Popul Vuh 73
portais estelares 170, *171*
positivos, pensamentos 38
Prana, energia 136
presença sétupla 58-9
presentes dos anjos 23
Primeiro Raio da Vontade e do Poder
Divino 268, 269
Principalidades 58
proteção 250-1, 376
Protestante, Puritanismo 358

qi, gerando 220, 221, 240
quartzo aura angélica 152, 286-7, *286*
quartzo rosa 146, 316-7, 316
quartzo-rutilado 308-9, *308*
Quatro Direções, Anjos das 368-9
Quatro Guardiões do Trono de Alá
185
Quatro Mundos 92-3
querubim 51, 52, 54-5, 66, 181, 185
Qumran 1, Caverna de *12*

Raaya Meheimna 83
Rabacyle 49, 51
Rafael, Arcanjo 10, 34-5, *35*, 49, 55, 58,
87, 110, *111*, 160, 211, 222, 223, 229,
235-8, 240, 241, 243, 257, 347, 361,
362, 365-8, 372-3, *373*
Raguel 58
raio 84-5, *85*, 86
raiva, purgando a 27
Raziel, Arcanjo 55, 70, 114, *115*, 160,
348, 349

registros akáshicos 51, 56, 260, *261*, 262, *262*
Reiki 274, 284
relacionamentos 28-9
  como harmonizar os 246-7
Requel 58
Rikhiel 55
Ritual da Cruz de Luz 96-7, *96*, 98-9, *99*
Rochel 35
romance 375
roupas 19, 152-3
ruach 82-3
ruach ha kodesh (Espírito Santo) 83, 87
rubi 326-7, *326*

Sachiel 366, 367
Sagitário 361
sagrados, anjos dos locais 62
salamandras 63
Salmos 49, 51
Samael 57, 366, 367
Sandalphon, Arcanjo 51, 134, *135*, 136, 137, 160, 242, 243, 378, *378*
Sansão 180
Santo dos Santos 51, 87
santos 24-5, 40, 56
Sarim 51
Saturno 51, 359
Senhores do Karma 56
sentir a presença dos anjos, como 20-1
Sepher Raziel (o Livro de Raziel) 70
Sepher Yetzirah (o Livro da Criação) 13, 70, 178
sephiroth 76-7, 78, 84, 85, 92, 94, 95, *95*
Serafim 51, 52, 54,55, 181
serafinita 23, 152, 288-9, *288*

Seraphiel, Arcanjo (o Príncipe da Paz) 54, 160
Seraqael, Arcanjo 58
sereias 63
Serifos, quartzo verde 152, 302-3, *302*
sete céus, os
  primeiro céu 48
  quarto céu 51
  quinto céu 51
  segundo céu 48-9
  sétimo céu 51
  sexto céu 51
  terceiro céu 49, 51
sexo da criança 378
Shekinah 178, 179
Shiva 182
sílfides 64
sinos 18, 283
Smith, Joseph 186, *187*
Sócrates 52
Sol 359
som 72,73
sprays angélicos 152, *153*
Stonehenge *137*
Suméria 10, 48
Suriel 378
Swedenborg, Emanuel 13

talentos concedidos pelos anjos, os 39, *39*
tambores 18, *18*
tanzanita 306-7, *306*
Temperança *365*
Templo de Hatshepsut, Egito *41*
templos de luz 40-1, *41*
Teosófica, Sociedade 195

Terra 8, 62, 63, 96, 97, 136, 137, 242, *242*, *362*
Terra, Mãe 139
Tetragrammaton 77
Thoth 73, 88
tigelas tibetanas 18, *19*, 283
Timo (Coração Superior) Chakra do 124
ting-shaws (pequenos címbalos tibetanos) 18, 283
Tiphareth (Beleza) 77, 78, 79, 81, 82, 84, 85, 87, 88, 95
Tobit (Tobias), Livro de 10
topázio azul 314-5, *314*
Torá 176
Touro 361
transformação 258-9
transição 378-9
Trisságio (hino de louvor a Deus) 54
Tronos 51, 52, 54, 55
Tzaphkiel, Arcanjo 55, 126-7, *127*, 160, 247

Urano 358, 359
Uriel, Arcanjo 56, 58, 104, *105*, 143, 160, 164, *164*, 165, *165*, 257, 353, 354, 359, 361, 362, 369

vampirismo energético 266
vapor, inalação de 341
Vedas 73, 182
velas 25, *26*, 31, 59, *86*, 87, *145*, 146, 147, 152, *153*, 378, *378*
Vênus 359
Verchiel 57, 363
viagens, anjos das 35
vibracional, taxa 16-9, 72, 153
vibratória, frequência 16-7, 18

vidas passadas, regresso a 262-3
Virgem 361
Virtudes 56
Vishnu 182
visões de anjos 196-211

Wicca 195, 364

xamanismo 135, 191

Yahariel 56
YAM (mantra *bija*) 146, 147
yang 138, 252, *252*
yehidah 83
Yehudiah, Anjo 378, 379
Yesod (Fundação) 77, 79, 81, 84, 85, 88, 95
YHVH (Yahweh) 77, 92, 99, 260
yin 95, 138, 252, *252*
yoga 274
Young, Bingham 186

Zacarias 180
Zachariel 49
Zachiel 51
Zadkiel, Arcanjo 55, 56, 116, *117*, 144, 145, 160, 258, 259, 271, 347, 351, 359, 361, 365, 374
Zaratustra 174
Zeus 88
zodíaco, anjos do 48, 360-1
Zohar (O "Livro do Esplendor") 13, 70, 82, 83, 90, 178, 379
Zohar (Pilar do Equilíbrio) 81
Zophiel 55
Zoroastrismo 13, 174

Agradecimentos

AGRADECIMENTOS DA AUTORA

Gostaria de agradecer ao reino angélico por toda ajuda e orientação que tive durante a redação e as pesquisas deste livro e dos meus outros livros sobre anjos. Também sou muito grata a todos os meus amigos anjos, especialmente Glennyce Eckersley e Diana Cooper. Um agradecimento especial aos milhares de pessoas que assistiram aos meus seminários sobre o tema, ao longo de 16 anos, e que compartilharam comigo graciosamente suas experiências, histórias e maneiras de ver os anjos. Por fim, quero agradecer à minha família pelo apoio e amor incondicional.

Diretora executiva Sandra Rigby
Editora Jessica Cowie
Editora de Arte Executiva Sally Bond
Desenhista Annika Skoog, da Cobalt Id
Ilustradores Kuo Kong Chen, Stephen Angel
Pesquisadora de ilustrações Jennifer Veall
Controladora de Produção Simone Nauerth

CRÉDITOS DAS ILUSTRAÇÕES

Andrew Alden, geology.about.com 330. AKG, London/British Library 68. Alamy/Eddie Gerald 83, 377. BananaStock 217. Bridgeman Art Library/British Library, Londres, RU 175, 198; /Collegiale Saint-Bonnet-le-Chateau, França, 356; /The De Morgan Centre, Londres 100; /The Detroit Institute of Arts, EUA, Bequest of Eleanor Clay 148; /Galleria degli Uffizi, Florença, Itália, Alinari 196; /Galleria dell'Accademia, Veneza, Itália 370; /Louvre, Paris, França, Peter Willi 15, 193; /MAK, Viena, Áustria 71; /Musée des Beaux-Arts, Rennes, França, Giraudon 61; /Musée du Petit Palais, Avignon, França 91;/Museo del Castelvecchio, Verona, Itália 59; /Art Gallery of New South Wales, Sidney, Austrália 11; /Padua Baptistery, Padua, Itália, Alinari 181; /Palazzo Ducale, Urbino, Itália 177; /Private Collection, cortesia de Julian Hartnoll 212; /Private Collection, Dinodia 183; /São Marcos, Veneza, Itália, Camerphoto Arte Venezia 55; /Santuário de Santa Maria delle

AGRADECIMENTOS

Grazie, Saronno, Itália 53; /Santuário da Virgem Maria dos Milagres, Saronno, Itália 334; /Trustees of the Royal Watercolour Society, Londres, RU 57. **Corbis UK Ltd** 352 embaixo à direita, 355 alto; /Archivo Iconografico, SA 199; /The Dead Sea Scrolls Foundation, Inc. 12; /Digital Vision 362 abaixo centro esquerda; /Emely 214; /LWA-Stephen Welstead 42; /Ron Watts 191. **Getty Images** 202; /Amanda Hall 82; /Gavin Hellier 41; /Jasper James 96; /LaCoppola-Meier 345; /LWA 375; /Manchan 268; /Ralph Mercer 156; /Sasha 189; /Jean-Marc Scialom 211; /Elizabeth Simpson 103; /Siri Stafford 247; /Peter Teller 206; /Vega 161; /Simon Watson 39; /Toyohiro Yamada 162; /Mel Yates 248. **ImageSource** 21, 94, 215, 264, 379. **Octopus Publishing Group Limited** 18, 144, 146, 220, 281 alto direita, 286, 288, 290, 292, 294, 296, 298 alto, 298 embaixo, 300 alto, 300 embaixo, 304 alto, 304 embaixo, 306 alto, 306 embaixo, 308, 310, 312, 314, 316 alto, 316 embaixo, 318 alto, 318 embaixo, 320, 322 alto, 322 embaixo, 324 alto, 324 embaixo, 326 alto, 326 embaixo, 328, 332 alto, 332 embaixo, 342, 347 alto esquerda, 348 alto esquerda, 348 alto direita, 349 centro, 350, 350 centro, 351 embaixo esquerda, 353 alto esquerda, 353 alto direita; /Frazer Cuningham 27, 31, 221, 228, 231, 285; /W. F. Davidson 352 embaixo esquerda; /Walter Gardiner Photography 241; /Janeanne Gilchrist 270; /Marcus Harpur 354 embaixo esquerda; /Mike Hemsley 368; /Ruth Jenkinson 340, 347 alto direita;

/Andy Komorowski 255, 302; /Andrew Lawson 349 embaixo; /William Lingwood 355 embaixo; /David Loftus 147; /John Miller 179; /Peter Myers 232, 237, 238; /Sean Myers 351 embaixo direita; /Ian Parsons 378; /Mike Prior 234, 256, 336, 339; /Peter Pugh-Cook 38; /William Reavell 337; /Russell Sadur 16-17, 24, 25, 28, 29, 33, 34, 36, 99, 153, 194, 258, 266, 272, 341; /Gareth Sambidge 86, 354 embaixo direita; /Unit Photographic 19, 224, 283, 365; /Ian Wallace 35, 145, 343. 346; /Mark Winwood 26, 246 **Lo Scarabeo** 261. **Photolibrary Group/** Botanica 23; /François De Heel 373; /Meyer Richard 254; /Bibikow Walter 165. **PhotoDisc** 9, 22, 49, 50, 62, 64, 118, 136, 140, 141, 155, 158, 164, 168, 170, 242, 358, 359, 374. **The Picture Desk Ltd./The Art Archive**/Dagli Orti 46; /Turkish and Islamic Art Museum Istambul/Harper Collins Publishers 184; /Turkish and Islamic Art Museum, Istambul/Dagli Orti 172; /Eileen Tweedy 200. **Scala Art Resource**/Smithsonian American Art Museum, Washington DC, EUA 278. **Werner Forman Archive** 280